文史論學集

胡詠超著

文史哲學集成

文史哲出版社印行

國家圖書館出版品預行編目資料

文史論學集 / 胡詠超著. -- 初版. -- 臺北市
: 文史哲, 民 86
面 ; 公分. -- (文史哲學集成 ; 381)
含參考書目
ISBN 957-549-068-1 (平裝)

1. 中國文學 - 論文, 講詞等

820.7 86004161

文史哲學集成 381

文史論學集

著者：胡詠超
出版者：文史哲出版社
登記證字號：行政院新聞局局版臺業字五三三七號
發行人：彭正雄
發行所：文史哲出版社
印刷者：文史哲出版社
台北市羅斯福路一段七十二巷四號
郵撥〇五一二八八一二彭正雄帳戶
電話：三五一一〇二八

實價新台幣四〇〇元

中華民國八十六年四月初版

ISBN 957-549-068-1

文史論學集　目次

上編：語文篇

論言文一致之謬妄——文言不死、白話不白、漢字拼音化不化（民初以來「文學革命」及「漢字改革」之檢討）……三
談漢語之規範化問題——兼談漢字在多語社會中之功能及語文分合諸問題……一五
談地域方言與文學語言之相斥性與相得性……三五
論文學語言當用古今通語——兼論口語不足入文之理……六五
古詩「秋草萋已綠」及「涼風率已厲」試解——學習古文辭要探本窮源、通權達變……九五
「詩留正始音」——陶詩造語及思想探析……一一七
晉詩輕綺辯——兼論陸機詩之慷慨任氣……一三九
本音樂解「風骨」——兼釋「氣」爲聲音之訓……一五五

下編：史事篇

「屈賈誼於長沙」與「不問蒼生問鬼神」解故……一七一
漢賦與漢政——論司馬相如辭賦之鳴國家之盛……一九一
《史記·封禪書》微指試析……二一七
爭信安仁拜路塵——元遺山《論詩絕句》質疑之一……二三三
《隋書》榮毗李密二《傳》「書語」一詞試釋——兼論修史刪繁就簡之難……二四九
周洪謨《周正辯》與《雲夢秦簡》記月合辯——與曾憲通先生商榷「秦時楚曆」之問題……二六五
也談「五四運動與中國傳統」……二七九

序言

茲編所輯乃予任教香港嶺南書院（今改稱學院，前身爲廣州嶺南大學）文史系（今改爲中文系），課餘之作。各篇大體推本錢師賓四先生『傳統是揚』（注）之旨而發。間亦自出己意，於所疑之史事與人物，進一辯解，此亦先生治學『詳人所略』之教也。所惜汲深而綆短，未足以窺傳統文化博大之蘊與深厚之藏耳。尙祈大雅君子，進而教之，有厚望焉。

一九九六年歲次丙子冬夕序于香港蘭秀道汲深綆短齋胡詠超永泓

注：此爲錢師歸道山，奉安太湖西山，予所敬悼先生之語。中云：「民初更始，新學橫流，先生講學上庠，『傳統是揚』。抗日軍興，移教西南，振我國魂，民氣其張。國共分疆，棲遲海隅，創辦新亞，澤流香江。烏乎！靡先生之教，吾儕孰知其方。詞曰：西山巖巖，太湖汪汪，先生精神，日月同光。」

上編：語文篇

論言文一致之謬妄

——文言不死、白話不白、漢字拼音化不化（民初以來『文學革命』及『漢字革命』之檢討）

一、狂瀾之形成

自一九一七年（民國六年）一月，胡適之在《新青年雜誌》發表所謂文學革命運動第一篇宣言書——《文學改良芻議》，即掀起亙古未有之『文學革命』浪潮，嗣後波濤洶涌，一風緊於一風，一浪高於一浪，始而『文言』『白話』之爭，進而『白話』與『大衆語』之辯，加上政治之伏流暗涌，終於鼓盪出『漢字革命』之狂瀾。瞿秋白謂：「要寫眞正的白話文，要能夠建立眞正的現代中國文，就一定要廢除漢字採用羅馬字母。」「這種漢字眞正是世界上最齷齪最惡劣最混蛋的中世紀的毛坑！」（《瞿秋白文集》第三卷《論文學革命及語言文字問題》）魯迅亦謂：「漢字和大衆，是勢不兩立的。所以，要推行大衆語文，必須用羅馬字拼音。（即拉丁化，現在有人分爲兩件事，我不懂是怎麼一回事。）」（《且介亭雜文》，一九三四年八月二日，《答曹聚仁先生信》。）瞿氏於一九三二年十二月發表

《新中國文草案》爲漢語拉丁化新文字之首倡設計者，彼於一九二一年赴莫斯科後即深受蘇聯拉丁化運動之影響，一九二七年再度赴蘇，與吳玉章、林伯渠、蕭三及蘇聯漢學家郭質生，龍果夫等共同研究。一九二九年，瞿氏發表《中國拉丁式字母草案》，一九三〇年，再發表《中國拉丁化的字母》。不久，瞿氏歸國，中蘇研究者繼續研究此草案，予以修正充實，於一九三一年提交蘇聯各民族新文字中央委員會批准，並在此委員會指導下，於同年九月十六日在海參崴召開中國新文字第一次代表大會，通過《中國漢字拉丁化的原則和規則》。其《原則》稱：「要根本廢除象形文字（漢字），以純粹的拼音文字來代替。……要造成眞正通俗化、勞動大衆化的文字，要採取合於現代科學要求的文字，要注重國際化的意義。要達到以上的目的，只有採用拉丁字母，使漢字拉丁化才有可能。」「實行新文字並不是立刻廢除漢字，而是逐漸把新文字推行到大衆生活中間去，到了適當的時候才能取消漢字。」（見周有光《漢字改革概論》第二章《漢字改革運動的歷史發展》）而在此之前，錢玄同已祖著先鞭，力主廢棄漢文，其14 March，一九一八《與陳獨秀書》云：「欲廢孔學，不可不先廢漢文；欲驅除一般人之幼稚的野蠻的頑固的思想，尤不可不先廢漢文。……中國文字，論其字形，則非拼音而爲象形文字之末流，不便於識，不便於寫；論其字義，則意義含糊，文法極不精密；論其在今日學問上之應用，則新理新事新物之名詞，一無所有；論其過去之歷史，則千分之九百九十九爲記載孔門學說及道教妖言之記號。此種文字漸漸不能適用於二十世紀之新時代。我再大膽宣言道：欲使中國不亡，欲使中國民族爲二十世紀文明之民族，必以廢孔學，滅道教爲根本之解決，而廢記載孔門學說及道教妖言之漢文，尤爲根本解決之根本解決。」（《獨秀文存》卷三《通信》）孰料四十年後，此鹵莽滅裂喪心病狂之論，竟於一九五八年二月十一日，中共第一屆全國人民代表大會第五次會議批准漢語拼音方案而全國頒布推行。雖然負責此草案工作之中國文字改革委員會（直屬於國務院機構）主任吳玉章辯稱：「《漢語拼音方案》不是漢語拼音文字。《漢語拼音方案》的主要用途是給漢字注音和拼寫普通話，以幫助識字、統一讀音和教學普通話，目的在於便利廣大人民的學習和使用漢字，以及促進漢語的進一步統一，並非用來代替漢字。」然吳氏隨即指出：「至於漢字的前途問題，我們認爲：漢字總是要變的，拿漢字過去的變化就可以證明，將來總要走世界文字共同的拼音方向。」（一九五八年二月三日在第一屆全國人民代表大會第五次會議上《關於當前文字改革工作和漢語拼音方案的報告》）而擬訂《漢語拼音方案的幾點說明》亦清楚說明：「（這個《漢語拼音方案》）可以用來試驗漢語拼音文字，使拼音字母拼寫的普通話逐步發展成爲完善的拼音文字。漢字的偉大功績是沒有人能夠否認的，但是漢字將來要改爲拼音文字，那也是大勢所趨。漢字改爲拼音文字也有一些困難，因此需要一個準備階段。」此即一九三一年九月十六日蘇聯各民族新文字中央委員會所策畫在海參崴召開中國新文字第一次代表大會通過之《中國漢字拉丁化的原則和規則》（見前）一貫之旨，亦即秉承毛澤東先生之指示而作。吳氏在政協全國委員會報告會上的報告——《關於漢字簡化問題》稱：「早在一九四〇年，毛主席就指示我們：『文字必須在一定條件下加以改革。』（《毛澤東選集》第二卷，第六八頁）近年來，毛主席更進一步指出了『中國文字改革要走世界文字共同的拼音方向。』這就是說必須把漢字逐漸改變成爲拼音文字。」

二、謬妄之觀念

通觀文學革命運動與漢字革命運動者之持論，皆主「言文一致」之說；又以歐西諸國爲言文合一，故教育發達，學問易進；此皆無稽之談也。胡適之云：「中國文學當以元代爲最盛；……當是時，中國之文學最近言文合一，白話幾成文學的語言矣。」又云：「今日歐洲諸國之文學，在當日皆爲俚語。迨德文豪興，始以『活文學』代拉丁之死文學；有活文學而後有言文合一之國語也。」（《文學改良芻議》）瞿秋白云：「中國言語和文字的分離而不一致，是比中世紀拉丁文和歐洲各國言語的距離，更加離開的遠。……象形制度之下，文字和言語不但不能夠一致，而且簡直成爲另外一國的言語。……現代普通話的新中國文是必須建立的，……這應當是和言語一致的一種文字。當然，書本上寫的言語和嘴裏面講的言語，多少總有點區別。……書本上寫的言語應當就是整理好的嘴裏傳的言語。……然而他……必須……能夠讀出來而聽得懂。……現代普通話的新中國文必須羅馬化或者拉丁化，就是改用羅馬字母的意思。這是要根本廢除漢字。……漢字不是表示聲音的符號。根據這種符號要創造『新的言語』，一定必然的只能造出比古文更麻煩的言語——僅只是紙面上的書本上的言語。漢字存在一天，中國的文字就一天不能和言語一致。」（《瞿秋白文集》第三卷《論文學革命及語言文字問題》）。

今按胡、瞿二氏之主張『言文一致』，雖取徑不同：一從文章立說，一從文字爲言，而同爲謬妄則一。呂思勉先生曰：「彼輩謂言文一致，則學問易進；又以歐美諸國爲言文一致；此皆無稽之談也。歐美諸國之民，未受教育者，雖無不能言語，而亦不解文字。然則言語自言語，文字自文字可知。言文一致之實安在？取學者所著政法、哲學、教育諸書，朗誦於俗人之前，能理會乎？苟其不能，言文一致之效安在？且言文不一致，乃文章進步之故，不足憂也。夫文章愈進，則格法愈奇，規律愈整；口舌筆札之間，遂相懸隔，此亦自然之勢。所貴乎文者，爲其能達意，有感人之力耳。口舌之間，無論如何巧妙，而無推敲點竄之暇，不能如文字之簡練潤飾。又語言必較文字爲冗，徵諸速記錄自明，故言語必不能如文字之簡勁。果眞言文一致，則其文字之不進步可知。進步之文，必不能與語言一致也。彼持言文一致之說者，實未知文之義也。」（《字例略說》第十三章《中國文字之優劣》）。

呂先生又謂：「語言文字之異，有兩大端：㈠人之發爲言語，及其聽受言語較速，而其作爲文字，及閱讀文字較遲。故文中一語，語言中必化爲二三語，或反覆言之。不如是，則聽者不及領受，即言者之心思，亦不及應付也。又語言過而不留，而文字則有迹可按。故發言時，於緊要之語，慮人遺忘者，必反覆提挈，而文字則不然。故無論如何，語言必較文字爲冗。以語言直書於紙，則蕪雜不堪；不徒不能加明，且恐因之而晦矣。㈡人當發語時，挈音有高低，形態有張弛，皆所以表示其情。言語之感人，固不徒在其所言之理，而在乎言者之情也。作爲文字，則凡聲音之高低，形態之張弛，皆無有矣，果何恃以感人乎？故善爲文者，其詞句必不能與口中之語言相同。變其所言，所以補聲音及形態等之不足也。準是二理，言文必不能一致。今之白話文，苟欲求工，亦必與語言相去日遠。夫爲程度極低之人計，文字稍加修飾，即恐其不解，乃務與口語相近，此原未爲不可。然豈得以此爲文字之極則，且懸此以爲文學所求之鵠邪？」此眞發蒙振聵至當之論，謂白話文學爲中國文字之正宗，又爲將來文學必用之利器者，可以休矣。

抑以俚語入文，雖淺白於一時，而晦蒙於萬世。章太炎先生嘗論之曰：「《尙書》二十九篇，口說者皆佶屈聱牙，敘事則不然，《堯典》、《顧命》，文理明白，《盤庚》、《康誥》、《酒誥》、《洛誥》、《召誥》之類，則艱澀難讀。古者右史記言，左史記事，敘事之篇，史官從容潤飾，時間寬裕，頗加斟酌；口說之辭，記於匆卒，一言既出，駟不及舌，記錄者往往急不及擇，無斟酌潤飾之功。且作篆之遲，遲於眞草，言速記遲，難免截去語助，此異於敘事者也。」（《白話與文言之關係》，《大公報》民國二十四年五月二十七日發表，收入曾聚仁編《國學概論》附錄一，一九五三年，香港創墾出版社）又其《國學概論》曰：「《尙書》中《盤庚》、《洛誥》，在當時不過一種告示，現在我們讀了，覺得『佶屈聱牙』，這也是因我們不懂當時底白話，所以如此。」胡克驌《中國文學改良論》亦謂：「《盤庚》、《大誥》之所以難於《堯典》、《舜典》者，即以前者爲殷人之白話，而後者乃史官文言之記述也。故宋、元語錄，與元人戲曲，其爲白話，大異於今，多不可解。（按：此徐嘉瑞《金元戲曲方言考》，朱居易《元劇俗語方言例釋》，張相《詩詞曲語辭匯釋》，陸澹安《小說詞語匯釋》、《戲曲詞語匯釋》諸書之所由作也。）然宋、元人之文章，則與今日無別。論者乃惡其便利，而欲增其困難乎？」由是觀之，白話限於一時，而文言則貫乎百世，如曰死文學，恐在彼不在此也。善乎姚姬傳之言：「文無所謂古今也，惟其當而已。得其當，則六經至於今日，其爲道也一。知其所以當，則於古雖遠，而於今取法，如衣食之不可釋。」（《古文辭類纂序》）是以新文學運動健將羅家倫，最後亦套用古文『和而不同強哉矯』一詞以悼念其師胡適。其《送給適之先生》一詩云：「人家說你『和易近人』，可是在正義和主張上你卻能和人爭。請你不要罵我用古文的濫調，眞是：『和而不同強哉矯！』」妄分文學爲古今死活者，知所返哉！

又醉心於方言俚語入文者，每以《史記・陳涉世家》爲言。如蔣祖怡稱「《史記》的文學價值，就在寫語言寫得好。……『顆頤！陳涉之爲王，沈沈者！』當陳涉起義之後，他的農民朋友在這樣議論，拿現代話說來，是『啊唷！陳涉做起皇帝來倒是刮刮叫的！』這眞是人民的語言。司馬遷地方跑得多，生活經歷得多，才能寫出這些好文章來。」（《中國人民文學史第七章結論二・人民文字和語言問題》）不知此例於《史記》幾絕無僅有，史遷之於此作逼眞傳神之語，實由於此爲漢世相傳鄙語，不得不爾。然亦隨即爲之補釋一句『楚人謂多爲夥』，否則不解楚語者便不知所云，有違『文以行遠』之旨也。試觀『夥頤』一語，史遷明謂『楚人謂多爲夥』，而轉至蔣氏之手，便訓作『啊唷』，此亦方言俚語艱澀難通之明證也。

瞿秋白知書語與口語之有別，似稍識文義矣，而惑於歐西拼音文字之善，疾漢字與言語不一致，非表聲之符號，務去之而後快，此知二五而不知一十也，其謬妄則又過於胡適爲倍蓰。胡先驌之論曰：「語言若與文字合而爲一，則語言變而文字亦隨之而變。故英文Chaucer去今不過五百餘年，Spenser

去今不過四百餘年。以英國文字爲諧聲文字之故，二氏之詩，已如我國商周國文之難讀。而我國則周秦之書，尙不如是，豈不以文字不變，始克臻此乎？……此正中國言文分離之優點，乃論者以之爲劣，豈不謬哉！」（《中國文學改良論》）又日本人有山木憲者，嘗著《息邪》以闢彼國唱廢漢字節漢字之妄，原文載庚戌歲彼國《近畿評論》，杜亞泉譯爲中文，載於《東方雜誌》。山木氏之論曰：「歐美文字，皆依音製。故因古今音譌，而字形屢變，後人遂不可讀。Angloland譌爲Angland而Angland又譌爲England安知England不更譌爲Ingland乎？音之傳譌，如水之就下，不能禦也，而文字乃蒙其禍。……惟中國字，雖其音屢譌，而其形不變。千百年後，無不可復讀之憂。同文之國，不論語音如何懸異，皆可藉文字以達意。較之歐美文字，孰爲利便，不待智者而知矣。」

日前報載日本二次大戰戰敗四十一周年紀念，日皇裕仁於一九八六年八月十五日前往東京武道館禮堂祭壇，向三百一十萬死於戰火之亡魂默禱致哀。從美聯社傳眞圖片所見，祭壇上之靈位作『全國戰沒者之靈』，全用漢文。又八七年四月九日電視新聞韓國反對黨領袖金大中、金泳三宣佈力組新黨與政府抗衡，其橫額作『金大中金泳三共同議長』全用漢字，韓國戰後力行拼音而亦不能盡棄漢字，夫日韓無愛於中國，而其迄今未廢絕漢文，蓋必有故。國人之醉心漢字改革者，能不深長思哉？

三、優秀之文字

日人山木憲氏嘗言「中國文字之善，爲宇內各種通用文字之冠。世有爲廢漢字節漢字之論者；欲廢漢字而代以羅馬字，或減少漢字之數；是殆狂者之所爲，皆心醉歐風之弊也。此論之生，非關文字，乃國勢消長之關係耳。文字之極則，在於明確簡潔，傳之千百年，讀者仍易於理會。此數事，求其無憾；惟中國文字，足以當之。」（杜亞泉譯《息邪》）呂思勉先生亦謂：「言語之簡，中國殆爲天下最。不獨今日與歐美日本相較爲然也，在昔較諸印度已然。試觀意譯之經必簡，直譯之經必繁可知也。夫文字之簡，不徒省時也。語愈簡則涵義愈富，意味自覺深長，此實文章之所由美。今之效歐美文法者，乃務爲佶屈不可讀之句；作白話文者，只縱筆之所之，不事刪削，一若惟恐其不蕪者；不亦下喬入幽乎？」（《字例略說》第十三章《中國文字之優劣》）王運照《照隅室語言文字論集．我對文學改革問題的某些看法》稱：「有人講聯合國的會議紀錄，用中、俄、英、法等六國文字，結果中文最薄，俄文最厚。……用漢字記錄，的確比其他拼音文字要省事些。」此我國文字簡潔之明證也。王充《論衡．自紀》云：「文貴約而指通，言尚省而趨明，辯士之言要而達，文人之辭寡而章。」信然。

中國語文之所以簡潔，蓋由於中國語言發展至『孤立語』之關係。丹麥語言學大師耶斯芳林在其《語言之進步》一書稱：「中國之『孤立語』，乃語言發展之極峯。」又其《英國語言之生長及結構》稱：「世上除中國語外，英語無與倫比。」而高本漢亦謂：「印度歐洲語言裡，一個語詞具有各種的形式變化……在無論那種語言上，似乎是很可寶貴的東西……但是在事實上，印度歐洲語的演化，有漸漸把他們全部廢除……漸漸變爲中國語的傾向；從這一點來觀察，可以知道中國語比較西洋任何種語言爲先進的，因爲中國語差不多已經到達了無附添語的時期。」（《中國語與中國文》第五章，商務印書館張世祿譯本）可惜瞿秋白輩不達斯旨，反譏接受此觀點之沈步洲、王古魯等言語學者爲「妄自高大」，違反事實。謂中國現代言語，正進化至有字尾之狀態。從而責人爲文須寫多音節有語尾之中國話。如『女友』作『女朋友』，『實』作『實在』，『梨』作『梨子』，『時』作『時候兒』之類，力求言語文字一致。不悟文字與語言，相距較遠者，仍能保其單音之舊，故尤有簡潔之美。此呂思勉先生所以譏白話文棄喬木而入幽谷，惟恐其不蕪者也。

瞿氏又不解文字學，謂漢字非表聲之符號，故惟能造出『書語』。不知漢字同時具有『形』『音』『義』三要素，且三者緊密結合，相互爲用。梁任公嘗言：「凡形聲之字，不惟其形有義，即其聲亦有義。質言之，則凡形聲字，什九皆兼會意。」又謂：「凡轉注、假借，其遞嬗孳乳，皆用雙聲。試舉最顯著之數音以爲例：『戔』，小也，此以聲函義者也：絲縷之小者爲『線』，竹簡之小者爲『箋』，木簡之小者爲『牋』，農器及貨幣之小者爲『錢』，價值之小者爲『賤』，竹木散材之小者爲『棧』，鍾之小者亦爲『棧』，酒器之小者爲『盞』，爲『琖』，爲『醆』，水之小者爲『淺』，水所揚之細沫爲『濺』，小巧之言爲『諓』，物不堅密爲『俴』，小飮爲『餞』，輕踏爲『踐』，薄削爲『剗』，傷毀所餘之小部爲『殘』。（見杜學知《論漢字的難易與其特性》，《大陸雜誌》第五卷第四期。）漢字之歷史發展，始而『寓義於形』，進而『寓義於音』。而且大量出現『記音字』（或稱『通假字』、『假借字』）。因爲如此，「從漢代起，文字學家和注釋家就關心到聲音這個重要因素。《說文解字》中保留了大量的語音材料；《釋名》、《方言》等書大量運用聲訓；注疏中以音別義的條例隨處可見。……

……直到清代，『因聲求義』作爲訓詁的一個重要方法，……乾嘉學者認爲『義以音生，字從音造。』（《揅經室集》）『故訓聲音，相爲表裏。』（戴震《六書音韻表序》）王念孫強調『訓詁之旨，本于聲音。故有聲同字異，聲近義同。雖或類聚群分，實亦同條共貫。譬如振裘必提其領，舉網必絜其綱。』（廣雅疏證序）所以，他著《廣雅疏證》的方法是『就古音以求古義，引申觸類，不限形體。』晚近章太炎先生也說：『夫治小學者，在于比次聲音，推迹故訓，以得語言之本。』（《國故論衡・小學略說》）并進一步以『音義相讎，謂之變易；義自音衍，謂之孳乳』爲條例，著《文始》一書，運用聲音通轉的規律來歸納同源字，……正如黃季剛先生所說：『小學徒識字形，不足以究語言文字之根本。』（《音韻略說》）他還說：『文字之訓詁，必以聲音爲之綱領』，而『完全之訓詁，必義與聲皆相應。』（《訓詁學講詞》）」（以上見陸宗達、王寧《訓詁方法論》）故在昔有王子韶《右文》之編，近賢有《文始》之輯，討源文字，推本音語。故謂中國文字與語言隔絕，乃未窮深詣之淺說。錢賓四師嘗論之曰：「中國文字雖原本於象形，而不爲形所拘，雖終極於諧聲，而亦不爲聲所限。此最中國文字之優秀所在。故中國文字之與其語言乃得相輔而成，相引而長，而不致於相妨。……中國文字又有一獨特之優點，即能以甚少之字數而包舉甚多之意義……考之《說文》，如曰：騭，牡馬也。今則徑稱牡馬。……此因語言之變，自專而通，而文字隨之簡省。……中國語字簡潔，一字則一音，一音則一義。嗣以單音單字不足濟用，乃連綴數字數音，而曰車站，曰橡皮車胎，即目之爲一新字亦無不可也。爲此連綴舊字以成新字，則新字無窮，而字數仍有限，則無窮增字之弊可免。抑且即字表音，而字本有義，其先則由音生義，其後亦由義綴音，如是則音義迴環，互相濟助，語音之變不至於太驟，而字義之變又不至於不及。此中國文字以舊形舊字表新音新義之妙用一也。惟其音義迴環相濟，故方言俗語，雖亦時時新生，而終自環拱於雅文通義之周側，而相去不能絕遠，逡巡既久，有俗語而上躋雅言之列者，有通文而下降僻字之伍者。故中國文字常能消融方言，冶諸一爐。語言之與文字，不即不離，相爲呑吐。與時而俱化，隨俗而盡變。此又中國文字不主故常，而又條貫爲一，富有日新，而能遞傳不失之妙用二也。」（《中國文學講演集·中國民族之文字與文學》，下同）錢師又謂：「若中國經濟向榮，國家積極推行國民教育，多培良師，家弦戶誦，語文運用，豈遽遜於他邦？歐語同一根源，英人肄法文，法人習德語，寒暑未周，略能上口。驟治華籍，驚託其難！今中土學者，群學西文，少而習之，朝勤夕劬，率逾十載，其能博覽深通，下筆條暢者，又幾人乎？今既入黌序，既攻西語，本國文字，置爲後圖，故書雅記，漫不經心。老師宿儒，凋亡欲盡，後生來學，於何取法？鹵莽滅裂，冥行擿埴，欲求美稼而希遠行，其猶能識字讀書，當相慶幸。而尙怪中國文字之艱深，遂有唱廢漢字，創造羅馬拼音者，嗚乎！又何其顚耶？」章太炎先生亦謂：「清末妄人，欲以羅馬字易漢字，謂爲易從。不知文字亡而種姓失。暴者乘之，舉族胥爲奴虜而不復也。夫國於天地，必有與立。所不與他國同者，歷史也，語言文字也。二者國之特性，不可失墜也。」其鍼砭末俗，深遠痛切，敬以爲殿焉。

丙寅夏七月於嶺南愛華堂《嶺南人》第四十三期

談漢語之規範化問題

——兼談漢字在多語社會中之功能及語文分合諸問題

一、前　言

目前本港學子語文程度日低，究其原因，主要爲學習不協調，讀、講、寫三不相應：讀文言文（中學課程向以文言爲主，大學國文更不待言），講廣府話（或其他方言），寫白話文（平常習作及考試，雖云文言、白話不拘，而實際用文言者，渺如鳳毛麟角）。在此無情分割下，語文程度安得不低！故漢語規範化之推廣，實刻不容緩。可惜一般言漢語規範化者，多著意於現代漢語與古漢語之分異，而沒其一脈相承之旨，庸有當乎？蓋自五四新文化運動以來，我國文體砉然歧爲「文言」、「白話」二途，遂使古今以之間隔，眞僞由其相亂。於此，劉師培先生嘗爲兩存之論曰：「中國自近代以來，必經俗語入文之一級。……以通俗之文，推行書報，……以助覺民之用，此誠近今中國之急務也。然古代文詞，豈宜驟廢？故近日文詞，宜區二派：一修俗語以啓瀹齊民，一用古文以保存國學，庶前賢矩範，賴以僅存。」《劉申叔先生遺書・論文雜記》言雖甚周，而實則不至。請觀今日芸芸學子之中，其能用古文者，究有幾人？長此以往，不知伊于胡底？保存國學，徒虛語耳！昔柳虯論文，以爲「時有今古，非文有今古。」（《周書》卷三八《柳虯傳》）姚姬傳氏亦謂「文無所謂古今也，惟其當而已。得其當，則六經至於今日，其爲道也一。知其所以當，則於古雖遠，而於今取法，如衣食之不可釋。」（《古文辭類纂序目》）此皆至確之論也，究心漢語規範化者，宜置諸座右。乃鹵莽滅裂之徒，惑於『言文一致』之說，不解文字與語言之相輔而成、相引而長，與乎文字進於語言之義，妄謂漢字與語音脫節，不能克盡厥職，貿然倡議廢棄漢字，代以拼音，美其名曰『要走世界文字共同的拼音方向』。不知文字亡而種姓失，章太炎先生嘗痛斥清末欲以羅馬字易漢字之妄人曰：「清末妄人，欲以羅馬字易漢字，謂爲易從。不知文字亡而種姓失，暴者乘之，舉族胥爲奴虜而不復也。夫國於天地，必有與立，所不與他國同者，歷史也，語言文字也。二者國之特性，不可失墜也。」（《國學略說附錄》潘重規《國學略說跋》）妄議廢棄漢字者，可不深長思哉！

二、論漢語規範化不當有古漢語與現代漢語之別

未論及正題之前，請先言「漢語規範化」之涵義。「漢語」一詞，不單指漢民族之語言而言，且概括其文字，此觀於王力主編之《古漢語通論及古代漢語（文選）》可知，彼輩固持『言文一致』之說者也。而『規範化』乃確立標準之意，包括語音、詞彙、語法三方面。綜觀各家之說，所謂漢語規範化，即確立漢民族之共同語——以北京語音爲標準音（北京話除易學好聽外，六百多年來，北京常

爲我國首善之區，故傳播最廣）、以北方話爲基礎方言（長江以北，及廣西北部、四川南部、雲南、貴州等地皆說北方話，佔漢民族人口總數百分之七十以上），以典範之現代白話文著作爲語法規範之普通話。

夫以北京語音爲標準音，以北方話爲基礎方言，此亦荀子『君子安雅』、『居夏而夏』與李冲所謂『四方之語，竟知誰是？帝者言之，即爲正矣』之義耳。於今有據，於古有徵，孰不謂然哉？雖然，章太炎猶有更進一境之說。曰：「今各省語雖小異，其根抵固大同。若爲便俗致用計者，習效官音，盧非難事。若爲審定言音計者，今之聲韻，或正或譌，南北皆有偏至。北方分紐，善符於神珙，而韻略省函胡；廣東辨韻，眇合於法言，而紐復多殽混。南北相校，惟江、漢處其中流，江陵、武昌，韻紐皆正，然猶須旁采州國，以成夏聲。」《太炎文錄初編・別錄卷二・駁中國用萬國新語說》此則有助於漢語規範化之盡善盡美者也，不可不知。

至於以典範之現代白話文著作語法爲規範一節，則斷斷以爲不可。蓋我漢民族擁有最富裕豐厚之文學遺產，自先秦散文，漢賦，六朝駢文，唐詩，宋詞，元曲，以至明清小說，在在皆有其特殊成績，與優異貢獻。吾人固當轉益多師，汲取其詞類、字彙、語調、句法，使漢語更形優美生動，安可畫地自限，妄分今古乎？我國語文，原本相輔而成，相引而長。不若希臘文、拉丁文之與英語、法語相去懸絕。太炎先生嘗謂「白話文言，古人不分，《尙書》直言（見《七略》），而讀應爾雅（見《漢書藝文志》），其所分者，非白話文言之別，乃修飾與不修飾耳。」（《國學概論》附錄一《白話與文言之關係》）黃仲蘇先生則謂「古人偶用俗語方言入詩入文亦常有之。《史記．陳涉世家》，司馬遷爲要描寫陳涉那般老伙伴之粗俗，所以引用楚語：『夥頤！涉之爲王沉沉者！』並且怕人不懂，又加上一句解釋：『楚人謂多爲夥。』蜀人見物，表示驚異，便發出『噫嘻』的一種驚嘆詞，李太白作《蜀道難》第一句便是：『噫吁嘻危乎高哉！蜀道之難難於上青天。』蘇東坡爲四川人，作《後赤壁賦》，有：『嗚呼噫嘻，我知之矣。』……近代文人如黃遵憲、梁啓超所作詩文，專爲平易暢達，時於其作品中雜以俗語、諺語及外國語法，縱筆所至，不加檢束。……俗語之被引用於詩文者，在古今大作家作品中已屢見不鮮。」（《學術界》第一卷第二期．《談談中學的作文》）要之，白話與文言，除修辭略有繁簡外，皆無分別。試以衆所奉爲白話文之祖之《水滸》、《紅樓》爲例，節其繁辭，即成文言之作：

（後來感得）天道循環，（向甲馬營）中生（下）太祖武德皇帝（來）。（這朝）聖人出世，紅光滿天，異香經宿不散，乃（是上界）霹靂大仙下降。英雄勇猛，智量寬洪，自古帝王（都）不及（這朝天子）：一（條桿）棒（等）身齊，打四百（座）軍州（都姓趙）！（那天子）掃清寰宇，蕩靜中原，國號大宋，建都汴梁。九朝八帝班頭，四百年開基帝王。（因此上，）邵堯夫先生讚道：『一旦雲開復見天！』（正）爲教百姓再見天日（之面一般）。（那）時西嶽華山（有個）陳摶處士，（是個）道高有德（之人），能辨風雲氣色。一日，騎驢（下山，向那）華陰道中（正行之間），聽（得路上客）人傳說：『（如今）東京柴世宗讓位與趙檢點

（登基）。』（那陳摶先生聽得，）心中歡喜，（以手加額，在驢背上大笑，）攧下驢來。人問其故。（那）先生道：『天下從此定矣！（正乃）上合天心，下合地理，中合人和。』（《水滸傳》第一回《張天師祈禳瘟疫洪太尉誤走妖魔》）

此開卷第一回也。作者自云曾歷（過一番）夢幻（之後），故將眞事隱去，而借『通靈』說此《石頭記》一書也，故曰『甄士隱』云云。但書中所記何事何人？自己又云：今風塵碌碌，一事無成，（忽）念及當日所有（之）女子，一一細考（較去），覺其行止見識，皆出我（之）上，（我）堂堂鬚眉，（誠）不若（彼）裙釵。（我）實愧則有餘，悔又無益，（大無可如何之日也！當此日，）欲將已往所賴天恩祖德錦衣紈袴之時，飫甘饜肥之日，背父兄教育之恩，負師友規訓之德，以致今日一技無成，半生潦倒之罪，編述一集，以告天下。知我之負罪固多，然閨閣中歷歷有人，萬不可因我之不肖自護己短，一並使其泯滅也。（所以）蓬牖茅椽，繩床瓦竈，（並）不是妨我襟懷。況（那）晨風夕月，階柳庭花，更覺（得）潤人筆墨。我雖不學無文，（又）何妨用假語村言敷衍（出來），亦可使閨閣昭傳，復可破一時之悶，醒同人之目，不亦宜乎？故曰『賈雨村』云云。更於篇中間用『夢』『幻』等字，卻是本書本旨，兼寓提醒閱者之意。（《紅樓夢》第一回：《甄士隱夢幻識通靈賈雨村風塵懷閨秀》）

蓋嚴格言之，一切章回說部，其始皆非文章，實乃說書者之話本耳，因方便當時周遭聽眾之領會，於是不得不施以口語。苟以文章出之，彼豈不知節其繁詞耶？而古之爲語錄者，則有異於是，乃不善修飾與不通文章之故，二者不可同日而語。顧亭林嘗曰：「文章在是，性與天道亦不外乎是，故曰有德者必有言。夫子不曰其旨遠，其辭文乎？不曰言之無文，行而不遠乎？曾子曰出辭氣，斯遠鄙俗矣。嘗見今講學先生從語錄入門者，多不善於修辭，或乃反子貢之言以譏之曰，夫子言性與道可得而聞，夫子之文章不可得而聞也。」（《日知錄集釋》卷一九《修辭》）錢辛楣亦曰：「佛書初入中國，曰經曰律曰論，無所謂語錄也。達摩西來，自稱教外別傳，直指心印，數傳之後，其徒日衆，而語錄興焉。支離鄙俚之言，奉爲鴻寶。甚矣人之好怪也。」（《十駕齋養新錄》卷一八《語錄》）姚惜抱更謂「唐世僧徒不通文章，乃書其師語以俚俗，謂之語錄。宋世儒者弟子效之，以弟子記先師，懼失其實，猶有取也。明世自著書者，乃亦效其詞，此何取哉！」（見《劉申叔先生遺書．論文雜記注》。）

太炎先生嘗云，今人思以白話易文言，陳義未嘗不新，然白話究能離去文言否？此疑問也。抑語言之與文字，爲用不同，不當渾爲一談。於此章行嚴氏辨之詳矣：「夫語以耳辨，徒資口談，文以目辨，更貴成誦，則其取旨之繁簡連截。有其自然，不可強混。如『園有桃』，筆之於書，詞義俱完。今日此於語未合也，必曰『（花）園裏有（棵）桃樹。』『二桃殺三士』，譜之於詩，節奏甚美。今日此於白話無當也，必曰『兩個桃子殺了三個讀書人。』是亦不可以已乎！」（《評新文化運動》）而瞿秋白輩（瞿氏於一九三二年十二日，發表《新中國文莫案》，爲漢語拉丁化新文字之首倡設計者）不達斯旨，謂「中國言語和文字的分離而不一致，是比中世紀拉丁文和歐洲各國言語的距離，更加離開的遠。……象形制度之下文字和言語不但不能夠一致，而且簡直成爲另外一國的言語。」「現代普通的『新中國文』應當有一個總的原則，就是，適應從象形文字轉變到拼音文字的過程，簡單些說，就是只能夠看得懂還不算，一定要聽得懂。現在只舉一個例子：說『閉關主義』會和普通話讀音的『悲觀主義』相混的，那麼，我們應當放棄文雅的『閉關』兩個漢字，而寫『關門』兩個字。——不寫閉關主義而寫關門主義。」又謂「現代普通話的新中國文必須是眞正現代化的。這就是說，必須寫現在人口頭上講的話。中國現代的言語，正在進化到字尾的狀態。例如各詞的字尾『子』（桌子、凳子、椅子的子），『兒』（瓶兒的兒）；動詞的語尾『著』、『子』，形容詞的語尾『的』等等。再則，中國的言語已開始變成『多音節的』，尤其是現代的中國話，單音節的字眼已經很少的了。因此，我們應當注意，現在人口頭上講的『人話』已經是多音節的有語尾的中國話。但是，新式白話之中，時常可以看見違背『人話』規則的文字。例如『他的女（朋）友，實（在）令（叫）我（覺得）驚奇（奇怪）』——這樣一句小句子裡面，就要有許多錯誤！」（《瞿秋白文集》第三卷《論文學革命及語文字問題》）。

其實漢語於同音字之遞增，早已知用音調別之。又將同義或近義之單詞相綴，以免混淆。如『意』易與『億』、『異』、『邑』、『益』相混，『思』易與『斯』、『廝』、『私』、『司』相混，則將『意』『思』相綴成『意思』，遂判然有別，無混淆之虞。又語尾之外，於名詞之前繫以量詞，以資辨別。如『衫』則曰『件』，『山』則曰『座』，則釐然有則，不易相淆矣。（見張世祿譯高本漢著《中國語與中國文·導言》）此種巧妙安排，蓋不自今日始，特一向用之於口語，而不施書辭耳。瞿氏不察，以爲語尾乃中國現代語之進化。並懸以爲『新中國文』之準則，此亦不思之甚矣。氏又惟漢語拉丁化是務，遂謂『閉關主義』之『閉關』與『悲觀主義』之『悲觀』相混，則寧棄文雅之『閉關主義』不用，而用『關門主義』。不知『關門主義』之『關門』與『官門』相混，又將作何改動耶？此眞削足適屨之尤，漢字之『閉關』與『悲觀』相去懸絕，經眼便知，瞿氏又何必杞人憂天，監人有目不用，而偏作盲瞽耶？

馴至林燾，於其《關於漢語規範化問題》一文曰：「文學語言不但是要以活的方言爲基礎，而且要和人民大衆日常生活的口語相接近，日常生活的口語一般說起來都有其地方性，文學語言只有和它相接近才有可能把各方言中有價值的東西吸收進來。如果文學語言和人民大衆日常生活的口語之間，存在著較大的差異，那就等於拒絕用活的方言口語來豐富自己，其結果就使得文學語言不能向前發展（中國的文言文就是這性質）。」（北京大學中國語言文學系漢語語言學教研室編：《文學語言問題討論集》又曹伯韓《寫文章必須去掉不要的文言字眼》曰：「葉聖陶先生在《新觀察》第二卷第一期上面發表一篇文章，叫『寫話』。他說：『寫話不是爲了求淺近。實際上隨你怎麼樣高深的意思都可以用話說出來，只要你想得清楚，說得明白。』這是改進寫文章的方法的一個很正確的見解。」（同上）自來但有云『寫文章』，未聞有云『寫話』者，葉聖陶標奇立異，曹氏引以爲當。於是以『得了很多的益處』爲是，而以『得益匪淺』爲非；以『尙未』爲非，而以『還沒有』爲是矣。

葉蜚聲．徐通鏘《語言學綱要》亦謂「書面語完全脫離口語是違背語言發展規律的反常現象。隨著社會的發展，人們會根據社會的需要，採取必要的措施，改革書面語，使它與口語一致。」（第六章《文字和書面語》）並舉呂居仁《軒渠錄》一則爲證，以見宋代書面語與口語之脫節云：

族嬸陳氏頃寓岩州，諸子宦遊未歸。偶族侄大琮過岩州，陳嬸令作代書寄其子，因口授云：「孩兒要劣嬭子，又闟闟（音吸）霍霍地，且買一把小翦子來，要翦腳上骨出（上聲）兒肐（音胖）胝（音肢）兒也。」大琮遲疑不能下筆。嬸笑云：「原來這廝兒也不識字！」聞者哂之。因說昔時京師有營婦，其夫出戍，嘗以數十錢托一教學秀才寫書寄夫云：「窟賴兒娘傳語窟賴兒爺，窟賴兒自爺去後，直是愾（音肝）憎，每日恨（入聲）轉轉地笑，勃騰騰地跳，天色汪（去聲）囊，不要吃溫吞（人聲）蠖托底物事。」秀才沉思久之，卻以錢還云：「你且別處倩人寫去！」

不知此適足爲口語不足入文之證耳。是故太炎先生曰：「昌黎謂：『凡作文字，宜略識字』。余謂欲作白話，更宜詳識字！識字之功，更宜過於昌黎！今通行之白話中，鄙語固多，古語亦不少。古人深通俗語者，皆精研小學之士。顏之推在益州，與數人同坐，初晴，見地下小光，問左右是何物？一蜀豎就視，云：『是豆逼耳』。皆不知何謂？取來，乃小豆也。蜀土呼豆爲『逼』，時莫之解，之推云：『《三蒼》、《說文》，皆有皀字，訓粒，《通俗文》音方力反』，衆皆歡悟（見《顏氏家訓・勸字篇》）。其孫師古作《匡謬正俗》，人問：『礪刃使利曰略刃，何故？』師古曰：『《爾雅》，略，利也，故礪刃曰略刃』。以顏氏祖孫小學之功如此，方能盡通鄙語，其功且過昌黎百倍。余謂須有顏氏祖孫之學，方可信筆作白話文！」《國學概論附錄一：白話與文言之關係》準是言之，何怪乎陳大琮之遲疑不能下筆，教學秀才之別倩高明乎？謂白話文淺白易曉，實未窮深詣、皮相之論耳！

要之，一切妄論之生，皆緣『言文一致』之說而起。不塞不流，不止不行。呂思勉先生蓋嘗藉山木憲氏之言闢之矣：「言文不一致，乃文章進步之故，不足憂也。夫文章愈進，則格法愈奇，規律愈整；口舌筆札之間，遂相懸隔，此亦自然之勢。所貴乎文者，爲其能達意，有感人之力耳。口舌之間，無論如何巧妙，而無推敲點竄之暇，不能如文字之簡練潤飾；又語言必較文字爲冗，徵諸速記錄自明，故言語必不能爲文字之簡勁。果其言文一致，則其文字之不進步可知。進步之文，必不能與語言一致也。彼持言文一致之說者，實未知文之義也。」又云：「語言文字之異，有兩大端：㈠人之發爲言語，及其聽受言語較速，而其作爲文字，及閱讀文字較遲。故文中一語，語言中必化爲二三語，或反覆言之。不如是，則聽者不及領受，即言者之心思，亦不及應付也。又語言過而不留，而文字則有迹可按。故發言時，於緊要之語，慮人遺忘者，必反覆提絜，而文字則不然。故無論如何，語言必較文字爲冗。以語言直書於紙，則蕪雜不堪，不徒不能加明，且恐因之而晦矣。㈡人當發語時，絜音有高低，形態有張弛，皆所以表示其情。言語之感人，固不徒在其所言之理，而在乎言者之情也。作爲文學，則凡聲音之高低，形態之張弛，皆無有矣，果何恃以感人乎？故善爲文者，其詞句必不能與口中之語言相同。變其所言，所以補聲音及形態等之不足也。準是二理，言文必不能一致。今之白話文，苟欲求工，亦必與語言相去日遠。夫爲程度極低之人計，文字稍加修飾，即恐其不解。乃務與口語相近，此原未爲不可。然豈將以此爲文字之極則，且懸此以爲文學所求之鵠邪？」（《字例略說》第十三章《中國文字之優劣》）是故曰漢語規範化，不當強劃古漢語與現代漢語之鴻溝，使今古以之不純，眞僞由其相亂。所貴乎文者，爲其能調洽殊方，溝貫絕代，前有所承，而後有所啓。則斯文之傳，莫大乎是矣。

三、論漢語規範化不當與漢字改革相提並論

蔣維崧．殷煥先於其《漢字改革和漢語規範化》一文中曰：「由於祖國社會主義建設事業的突飛猛進，漢字改革，推廣普通話和實現漢語規範化便有了可能並成爲必要。……這裏，我們提出《漢字改革和漢語規範化》一篇短文，想從論證老漢字（指我們現在所用的方塊字）的根本缺點和拼音文字的根本優點來說明老漢字在實現漢語規範化上的阻礙作用亦即在祖國社會主義建設上的阻礙作用以證明老漢字必須改革，說明拼音文字在推廣普通話和實現漢語規範化上的積極作用亦即在祖國社會主義建設上的積極作用，以證明『走世界文字共同的拼音方向』的完全正確。……拼音文字和規範化的語言這兩件事互相配合，正如車有兩輪，鳥有雙翼。」（《文史哲叢刊》第四輯，《漢語論叢》）篇中力陳漢字之根本缺點在於字形結構複雜，雖然企圖表音表義，而終與字音字義失其聯繫。既不能正確表音，亦不能正確表義。因之，不利於正字法之規範化。在其深文周納下，漢字幾罪無可逭。然略窺王子韶《右文》之編，與章太炎《文始》之輯，便不作如是觀。此乃淺說，未窮深詣。

昔日人山木憲著《息邪》，所以闢彼國唱廢漢字節漢字之說者之妄，曰：「中國文字之善，爲字

內各通用文字之冠。世有爲廢漢字節漢字之論者；欲廢漢字而代以羅馬字，或減少漢字之數；是殆狂者之所爲，皆心醉歐風之弊也。此論之生，非關文字，乃國勢消長之關係耳。文字之極則，在於明確簡潔，傳之千百年，讀者仍易於理會。此數事，求其無憾，惟中國文字，足以當之。歐美文字，皆依音製。故因古今音譌，而字形屢變，後人遂不可讀。音之傳譌，如水之就下，不能禦也，而文字乃蒙其禍。夫依音制字，雖似易於通俗，實亦未必盡然。況音譌字變，使人不可復讀乎？惟中國字，雖其音屢譌，而其形不變。千百年後，無不可復讀之憂。同文之國，不論語音如何懸異，皆可藉文字以達意。較之歐美文字，孰爲利便，不待智者而知矣。」（見呂思勉《字例略說》第十三章《中國文字之優劣》）

而漢字之調洽殊方，溝貫絕域，嘗使嘉慶年間，隨英使來華之船長霍爾氏大感驚異，氏於其《朝鮮西岸及琉球群島遊記》曰：「中國、日本、朝鮮及其近海諸島，雖言語各自不同，而文字則完全無異。一中國人或不解朝鮮人與日本人之所語，而筆談則彼此即能明瞭。蓋吾歐人心中構思而以一定之聲音表之，此聲音則國與國異，故不諳其語言者即不能讀其書籍。中國及其他東洋人則不然，被以單字作爲發表思想符號，遂無聲音之妨累，但能辨其形，則彼可以書翰通意焉」（見楊炳堃《中國文字價值論》第四章《漢字在世界語言中的地位》）

去歲日本二次大戰戰敗四十一周年紀念，報載日皇裕仁前往東京武道館禮堂祭壇，親向戰歿之三百一十萬亡魂致哀，圖照所見，其祭壇靈位書作『全國戰歿者之靈』，全用漢字。而今年四月九日，香港電視新聞報導，韓國反對黨領袖金大中及金泳三，宣佈另組新黨，與政府抗衡。其黨總部之榜題及『金大中金泳三共同議長』之宣傳榜額，皆全用漢字。日、韓無厚愛於中國，而迄今未廢絕漢字，蓋必有故。此可從英國文豪蕭伯納臨終所爲，得其消息。氏遺言將其部分遺產，獎與英語拼寫法之最佳改革設計者，並囑將此新拼寫法刊印其未發表之一部作品，以作倡導。結果雖有所試，而終不能行。蓋此新拼寫法一經施行之後，則再難閱讀前此之書面語言。且「音之傳譌，如水之就下，不能禦也。語音一變，斯文字隨之。如與影競走，身及而影又移，寧有已時？又如積薪，後來居上。語音日變，新字疊起。文字遞增，心力弗勝。數百年前，已成皇古，山河睽隔，即需異文。惟中國文字雖與語言相親接，而自具特有之基準，可不隨語言而俱化，又能調洽殊方，溝貫絕代，此則中國文化綿歷之久，鎔凝之廣，所有賴於文字者獨深也。」（錢先生《中國文學講演集．中國民族之文字與文學》）

瞿秋白輩，不解文字而強作解人，謂漢字非表聲之符號，故惟能造出書語。不知漢字同時具有「形」「音」『義』三要素，且三者緊密綰合，相互爲用。梁任公嘗言：「凡形聲之字，不惟其形有義，即其聲亦有義。質言之，則凡形聲字，什九皆兼會意。」又云：「凡轉注、假借、其遞嬗孳乳，皆用雙聲。試舉最顯著之數音以爲例」：戔、小也，此以聲函義者也：絲縷之小者爲『綫』，竹簡之小者爲『箋』，木簡之小者爲『牋』，農器及貨幣之小者爲『錢』，價值之小者爲『賤』，竹木之散材者爲『棧』，鐘之小者爲『棧』，橋之小者爲『棧』，酒器之小者爲『盞』，爲『琖』，爲『醆』，水之小者爲『淺』，水所揚之細沫爲『測』，小巧之言爲『諓』，物不堅密爲『俴』，小飲爲『餞』，輕踐爲「踐」，薄利爲「剗」，傷毀所餘之小部爲「殘」。（見《大陸雜誌》五卷四期杜學知《論漢字的難易與其特性》）錢賓四師亦謂：「中國文字雖曰形符，實多音標。而形聲會意，錯綜變化，尤臻妙境。姑舉古聲之一例言之。大抵古語作「辟」音者，皆有分開在旁之意，故「臂」，上肢在身兩旁也。「壁」，室之四旁也。「擘」，大指獨分一旁也。「躄」，下肢離披不良於行也。「擗」，以手裂物分兩旁也。「劈」，刀剖物開也。「襞」，布幅兩旁相縫疊也。「璧」，玉佩身旁也。「嬖」，女寵旁侍也。「僻」，屏開一邊，側陋邪僻，不在正道也。「闢」，門開兩旁也。「避」，走向旁也。「譬」，以旁喻正，使人曉瞭也。「癖」，宿食不消，僻積一旁也。又嗜好所偏也。故凡形聲字，聲亦有義，形聲實亦會意也。再進言之，聲相通轉，義亦隨之，如辟通邊，邊通旁，又通偏，故通其聲斯識其義。凡謂中國文字僅由一種形符者，皆不識中國文字之荒言也。」（《中國文學講演集・中國民族之文字與文學》）

此外，如「青」，東方色也，色之美者明者，凡作「青」音者，皆有美好不亂，信實不可磨奪之義，故「精」，簡米之謂，明潔粹美也。「倩」，士之美稱，又好口輔也。「婧」，有才也，妍好也。「清」，澂水貌，純潔光鮮也。「情」，誠實無僞也。「靖」，立容安靜也。「猜」，測也，亦函才智之意。「請」，謁也，告也，白也，凡謁告白事，以至乞求，皆函誠實不僞之義。「靜」，丹青明審，潔清而美也。「靚」，艷麗貌，分佈五色，疏密得宜也，又人心審度事理而無紛亂也。「彰」，清飾也。「菁」，華英也。

又如『侖』，思也，從亼從冊。亼象三合之形，讀若集。思與理義同也，凡人之思必依其理。字作『侖』音者，皆有順理不亂之義，故『倫』，順其理也。『論』，言得其倫理也。『淪』，水文相次有倫理也。『綸』，糾合青絲成綬，作之有倫理也。『掄』，擇也，貫也，謂比次有倫理也。『惀』，欲知之貌，集思以求知也，亦順理之義。『棆』，禾束也，亦函束之使整不亂之意。『輪』，有輻之稱，輪之言倫也，從侖。侖，理也，三十輻，兩兩相當而不迆，故曰輪。又輪，綸也，言彌綸也，周帀之言也。

再如『夋』，凡從『夋』音者，皆有優越銳利之義。故『俊』，材智過人也。『狻』，狻猊之省，似虦貓，食虎豹，即獅子也，爲獸中之王。『駿』，馬之良材者。『峻』，山之高也。『浚』水之深也。『梭』，木之茂也。『悛』，更改寬瘖也，又敬也謹也。『逡』，亦作⿰夋兔，良兔也。『餕』，食之餘也。『鋑』，刀也，錐也；又古鐫字，破木器也；皆器之利者也。

蓋漢字之歷史發展，始而『寓義於形』，進而『寓義於音』。並大量出現『記音字』（或稱『通假字』、『假借字』）。陸宗達．王寧《訓詁方法論》曰：「從漢代起，文字學家和注釋家就關心到聲音這個重要因素。《說文解字》中保留了大量的語音材料；《釋名》、《方言》等書大量運用聲訓；注疏中以音別義的條例隨處可見。……直到清代，『因聲求義』作爲訓詁的一個重要方法。……乾嘉學者認爲『義以音生，字從音造。』（阮元《揅經室集》）『故訓聲音，相爲表裏。』（戴震《六書音韻表序》）王念孫強調『訓詁之旨，本於聲音。故有聲同字異，聲近義同。雖成類聚群分，實亦同條共貫。譬如振裘必提其領，舉網必絜其綱。』（《廣雅疏證序》）所以，他著《廣雅疏證》的方法是『就古音以求古義，引申觸類，不限形體。』晚近章太炎先生也說：『夫治小學者，在於比次聲音，推迹故訓，以得語言之本。』（《國故論衡．小學略說》）並進一步以『音義相仇，謂之變易；義自音衍，謂之孳乳』爲條例，著《文始》一書，運用聲音通轉的規律來歸納同源字。……正如黃季剛先所說：『小學徒識字形，不足以究語言文字之根本。』（《音韻略說》）他還說：『文字之訓詁，必以聲音爲之綱領』，而『完全之訓詁，必義與聲皆相應。』（《訓詁學講詞》）故謂中國文字與語言隔絕，此乃淺說，實未窮深詣。

議者又謂漢字不能如實記錄聲音之變，此亦未窮深詣之淺說。實則漢字因其字形不變，反更能反映古今語音遞變之迹。例如『打』字，原作『朾』，與『成』同爲一字。朾、撞也，從木丁聲；成、就也，從戊丁聲。《呂氏春秋．長攻篇》『反斗而擊之，一成腦塗地』注：一成一下也，此則一成，謂朾一下耳；《書》言簫韶九成，成、撞鐘擊鼓一終則爲一成。一成者，朾一次也。最初古文成、朾當祇作丁，《周南》『椓之丁丁』，《傳》曰，丁丁椓杙聲也，丁之本義當爲椓杙，字則象形，音則象聲，今人皆稱椓杙爲丁，椓亦擊也。凡有所動作者，字多從殳從攴，故撞擊之義，轉訓成就，猶攷本訓敂，而轉訓成矣。丁壯謂之成人，丁亦與成不異。今人言朾轉入馬韻，鮮讀宅耕、都挺二切者，然義仍與古近，自訓撞擊而外，有所作爲，無不言朾，如言朾坐，朾躬，朾招呼，此猶有所作爲者，字皆從殳從攴也。從某處過曰朾某處過，此朾即是丁字。《爾雅》：丁、當也。其以聲假借者，如朾飯、朾酒，此朾乃借爲盛，《說文》：盛、黍稷在器中也。占卜謂之朾卦，此朾乃借爲貞，《說文》：貞，卜問也。廉察謂之朾聽，此朾乃借爲偵，《史記・淮南王傳》：爲中詗長安，服虔曰，偵，候之也。然則音雖譌變，而上尋假借，韻部未遷，明其傳之自古矣。又丁爲椓杙丁聲之朾，訓刺，故引伸之今謂蝨蝻嚙人曰丁。《說文》：貞、卜問也，《周禮》：天府陳玉以貞來歲之媺惡。《大卜》：凡國大貞。鄭司農曰：貞、問也。今人謂詰問窮柢曰貞，音如丁，古無舌上音，貞本讀丁也。凡貞異於常問，以有固必審諦之意，故引伸爲貞實貞固。今人音如丁者，亦有堅實義。《說文》丁訓丁實，義得兩通。《爾雅》：丁、當也。字亦通鼎。《漢書・賈誼傳》曰，天子春秋鼎盛；《匡衡傳》曰，匡鼎來，皆訓當。今市井以己所設坫肆迻貿於人，謂之鼎坫。鼎者，謂其名實相當也。又凡以是人充當彼人，謂之鼎名，俗以頂字爲之。《爾雅》丁與昌、敵、彊、應，皆訓爲當。故今用力抵拒以言抵拒，皆謂之鼎，俗亦以頂字爲之。（以上採自《章氏叢書・新方言二》及《文始四》）綜上所言，「朾」字之聲則轉入馬韻，形則譌而爲打。世俗言語之訛，一至於此！尚幸「丁」之字形不變，使小學功深之太炎先生，討源文字，推本音語，一一窮其韻部通轉之迹，遂使『舉世君子小人皆同其謬』（歐陽修《歸田錄》語）之『打』字，復歸於正。百代𣡽疑，渙爾冰釋。苟採拼音之法，依音製字，誰得察其訛誤者？

再如『甄』字，古讀作堅（賢）音。張悛爲吳令，謝詢《求爲諸孫置守冢人表》：「破董卓於陽人，濟神器於甄井。」《釋文》：「甄，音堅（賢）。」《史記・田敬仲完世家》：「昔日趙攻甄，子弗能救。」甄，正義音絹。絹押霰韻，與押先韻之堅、涓同類（見陳澧《切韻考卷三韻類考平聲下》）。說者謂三國之後，因吳諱改音眞韻。今粵音統作因音，無作先韻者。莊季裕《雞肋篇》云：「甄徹字見獨，登進士時，林攄爲樞密，當唱名讀堅音，上以爲眞音，攄辯不遜，坐敗。《吳志》：『孫堅入洛，屯軍城南，甄宮井上旦有五色氣，令人入井，探得傳國璽，以甄與已名音叶，爲受帝之符。』則三國以前，未有音之人切者。孫權即位，尊堅爲帝，江左諸儒爲吳諱，故改音眞。」而孫奕《示兒編》則云：「甄有二音，學者皆押甄字在先韻，獨眞韻反未嘗押，此皆相承之久，信耳不信目之過。文選張華《女史箴》云：『散氣流形，既陶且甄，在帝句（庖）羲，肇經天人。』則已押入眞韻矣。」《康熙字典午集上瓦部九畫甄字條》駁之曰：「按：《女箴》在三國以後，孫氏未詳考，前此甄無眞音也。」今按：甄字不獨有堅眞二音，且有稽音。《字彙》曰：「古奚切，音稽。《春秋命曆敘》：『神農甄四海，白阜脈山川。』白阜人名，佛經甄明之甄，亦音稽。」甄之讀眞，孫奕舉張華《女史箴》爲證，雖有未周，而遽謂三國之前甄無眞音，亦未爲當也。彼蓋忘其下文云：《集韻》：鐘病聲。《周禮・春官典問》『薄聲甄』注：『甄讀爲甄燿之甄。甄、掉也。』《釋文》：音震。震、眞同一韻紐，鄭玄爲東漢人，且出《周禮》，安得云三國以前甄無眞音乎？其前後互異，彼此相迕，蓋書成衆手之過歟？

要之，甄字從瓦垔聲，垔、從土西聲，於眞切，又伊眞切。徐鍇《說文解字繫傳》曰：「古賦多呼西爲先叶韻，故得與垔爲聲，伊倫反。」宋保《說文諧聲補逸》稱：「垔，古文作　，重文作陻，皆鹵聲。鹵、古讀若先。鹵垔同部，聲相近。」又邵瑛《說文解字群經正字》曰：「垔、今經典多作堙，亦作陻，正字當作垔，其從西聲者，古音相似，故石經尚書殘字，陻作伊。」今按從垔聲之字如甄、堙、湮、陻等，均作因、燕（平讀）二聲，獨煙作烏前切，不作於眞切。竊以爲垔音惟當作烏前切一音讀，作垔旁之字亦然。甄、堙、陻、湮之讀之讀作因，乃南北異言，古今音譌之故，其實因音作北音讀，便與燕音無異。此觀於煙之或作烟，咽之或作嚥，因垔互通，燕因相假，而其音皆讀作燕可知。復觀陸機《弔蔡邕文》云：「彼洪川之方割，豈一簣之所堙？故尼父之惠訓，智必愚而後賢。諒知道之已妙，曷信道之未堅。」此身爲東吳名將陸遜之孫陸機，不獨不爲吳諱改音，且不避堅字，益知莊季裕避諱之說爲無根之談。近有電視節目教人識字者，謂湮字正音讀因，俗音讀燕，不知其正俗之分，出於何據？

準上二例言之，苟採拼音之法，依音製字，則安所察其訛誤遞變之迹、與乎觀其會通之旨也？

排斥漢字者，以爲難於認識。夫苟教授得法，則事固非難。如現今學校之教授，而以識漢字爲難，則亦誣矣。章太炎先生有言：「若夫象形，合音之別，優劣所在，未可質言。合音之字，視而可識者，徒識其音，固不能知其義，其去象形，差不容以一黍。國人能偏知文字以否，在強迫教育之有無，不在象形、合音之分也。」（《太炎文錄初編．別錄卷二．駁中國用萬新語說》）錢賓四師亦曰：「若中國經濟向榮，國家積極推行國民教育，多培良師，家弦戶誦，語文運用，豈遽遜於他邦？歐語同一根源，英人肄法文，法人習德語，寒暑未週，略能上口。驟治華籍，驚詫其難。今中土學者，群學西文，少而習之，朝勤夕劬，率逾十載，其能博覽深通，下筆條暢者，又幾人乎？今既入黌序，即攻西語，本國文字，置爲後圖，故書雅記，漫不經心。老師宿儒，凋亡欲盡，後生來學，於何取法？鹵莽滅裂，冥行擿埴，欲求美稼而希遠行，其猶能識字讀書，當相慶幸。而尙怪中國文字之艱深，遂有唱廢漢字，創造羅馬拼音者，嗚呼！又何其顚耶？」《中國文學講演集．中國民族之文字與文學》二先生之言，語重心長，妄議廢棄漢字者，其知所返哉！知所返哉！

——《香港語文教育學院第四屆國際研討會論文集》

談地域方言與文學語言之相斥性與相得性

一、前　言

元周德清於其《作詞十法・造語》中論列作詞曲之法有云：「可作天下通語，不可作俗語、方語。」近人任中敏復申之曰：「爲天下通語，則天下盡通，後世易曉。若爲市語、方言，則雖便捷一時，稱快一地，要無以明於天下後世，是自限其文字之作用矣。」誠哉是言！時下香港學子爲文，恒以『廣州話』入文，議者以爲語文程度低落之病竄焉。然雅言、通語之與方言，實有椎輪大輅、增冰積水之關係。況『廣州話』乃南腔北調之混合體，本與古之雅言、通語接氣，何可一概棄之？茲篇之作，一方指出方言與文學語言之相斥性，以免俗語、方言妨礙文學語言之功能；一方探討方言與文學語言之相得性，使文學語言益增其美富，臻於調洽殊方，溝貫絕代之境。則斯文之傳，莫大乎是矣。

二、文學語言之瞭解及其與語言之關係

本篇所稱之『文學語言』，其概念與時下語文學者所瞭解者略有不同。時下語文學者皆強調其以『口語』爲基礎，同時以『語體』爲文學語言之正宗。此則指能溝貫絕代、調洽殊方之文語而言。而

所謂『文語』，又指其異於『口語』而說。蓋文學語言之所以爲文學語言，當以文語爲上，口語爲下者也。彼持言文一致之說者，實未知文之義也。

夫『文學語言』之與『語言』，雖有踵事增華，變本加厲之關係。『然椎輪爲大輅之始，大輅寧有椎輪之質？增冰爲積水所成，積水曾微增冰之凜。』此不可不辨。蓋聲之精者爲言，言之精者爲文。文辭以精簡爲上，繁淺爲下，此不易之理。而王充《論衡．自紀》竟謂：「直露其文，集以俗言；形露其指，爲分別之文。夫文由語也，或淺露分別，或深迂優雅，孰爲辯者？故口言以明志，言恐滅遺，故著之文字，文字與言同趨，何爲猶當隱閉指意？」其言大爲提倡語體文者所激賞。不知此實欲悟俗人而發，究與經藝之文殊軌。所謂『文貴約而指通，言尚省而趨明，辯士之言要而達，文人之辭寡而章』，仲任已自言之矣。又亭林先生曰：「文章在是，性與天道亦不外乎是，故曰有德者必有言。夫子不曰其旨遠，其辭文乎？不曰言之無文，行而不遠乎？曾子曰出辭氣，斯遠鄙倍矣。嘗見今講學先生從語錄入門者，多不善於修辭。或乃反子貢之言以譏之曰，夫子之言性與道可得而聞，夫子之文章不可而聞也。」（《日知錄》卷一九《修辭》）錢辛楣先生亦曰：「佛書初入中國，曰經曰律曰論，無所謂語錄也。達摩西來，自稱教外別傳，直指心印，數傳以後，其徒日衆，而語錄興焉。支離鄙俚之言，奉爲鴻寶，甚矣人之好怪也！」（《十駕齋養新錄》卷一八《語錄》）善乎呂思勉先生之言曰：「今之白話文，苟欲求工，亦必與語言相去日遠。夫爲程度極低之人計，文字稍加修飾，即恐其不解，乃務與口語相近，此原未爲不可。然豈得以此爲文字之極則，且懸此以爲文學所求之鵠邪？」（《字例略說》第十三章《中國文字之優劣》）此今日從事語文教育者所當審，而究心於文學語言之建設大任者，尤當三復斯言也。

三、文學語言與方言之相斥性

『文學語言』既爲民族之共同文語、直接交際之工具，則自有其統一之標準，而不容方言以妨礙其作用。故文學語言無論其爲狹義之藝術文，或廣義之書面語，皆忌俚俗。顧亭林嘗曰：「五方之語，雖各不同，然使友天下之士，而操一鄉之章，亦君子之所不取也。故仲由之喭，夫子病之；鴃舌之人，孟子所斥。至於著書作文，尤忌俚俗。《公羊》多齊言，《淮南》多楚語，若《易傳》、《論語》，何嘗有一字哉！（按：《論語》亦有魯語之成分存焉）是則惟君子爲能通天下之志，蓋必自其發言始也。」又謂「《金史國語解序》曰，『《今文尚書》，辭多奇澀』。蓋亦當世之方音也。」（《日知錄》卷二九《方音》）

試以雅俗兼收，而又以能俗爲主之元曲爲例，元人周德清於其《中原音韻》所附作詞十法中，其二之《造語》云：「可作樂府語、經史語、天下通語，不可作俗語、蠻語、謔語、嗑語（嘮叨瑣屑之語）、市語、方語（各處鄉談）。」近人任中敏復申之曰：「周氏主張作天下通語，而不主張作市語與方語，爲其易時易地，人多不解也。王氏《曲律・雜論》云，世有不可解之詩，而不可令有不可解之曲，曲之不可解，非入方言，則用僻事之故也。又王氏曲集之中，亦有『方言他方不曉』一條，此雖與元曲情形，多所不合，但其意實至正至當。也黃周星《製曲枝語》云：「曲有三易：可用襯字襯語，一也；一折之中，韻可重押，二也；方言俚語，皆可驅使，三也。可見曲家自來不禁方言。元曲之中，又嚮以詞料豐富、文質雜揉爲貴者，方言當愈非其所禁也。然語言雖極應入曲，而所入者爲天下通語，則天下盡通，後世易曉。若爲市語、方語，則雖便捷一時，稱快一地，要無以明於天下後世，是自限其文字之作用矣，可乎？今日展玩元曲，每苦於所有當時方言，不能盡解，因而減興，可見曲家用語，宜通宜方，孰利孰害矣！」誠如所言，若爲市語、方言，則雖便捷一時，稱快一地，要無以明於天下後世，是自限其文字之作用矣。蓋以曲學名家之任中敏（任氏有《散曲叢刊》十五種，其中《作詞十法疏證》、《散曲概論》、《曲諧》三種，可以探討作曲之法，而詔示後來者），亦每苦方言，不能盡解而減興，況其餘哉！而其間尤以『蠻語』爲甚。王驥德《曲律．論曲集第二十三》所列各集凡四十條，約法大備，獨無『蠻語』之集，豈歸入他方人不曉之『方言』乎？任氏謂『蠻語』指粗蠢狠戾之語，蓋非是。茲據陸澹安先生之《戲曲詞語匯釋》，摘舉數則，以見其與文學語言之相斥性，固不單減興而已也：

《降桑椹》一白廝賴曰：哥也！俺打刺孫（蒙語謂酒）多了，您兄弟莎塔八（蒙語謂酒醉）了，俺牙不約兒赤（蒙語謂走）罷。

《流星馬》二〔醉春風〕曲：虎兒赤（蒙語謂走）罷。

《錯立身》戲文〔鎖南枝〕曲：告相公，沙八赤（蒙語謂原諒）。

《岳飛精忠》一鐵罕曰：皮紋裏盛酥酪，帳房裏藏著俊哈敦（女眞語謂女人）。

《紫泥宣》三〔尾聲〕曲：您兩個拜了阿媽（女眞語謂父親，媽亦作馬），殺的那黃巢順風走。

《哭存孝》一〔元和令〕曲：則是著阿者（女眞語謂母親）今日向父親行題，想著他從前出力氣。

其餘若『阿那忽』之爲女眞曲名，『哈剌』之爲蒙語殺頭，『撒因』之爲好，『撒髏』之爲頭，『啞不』之爲快走，『虎剌孩』之爲混蛋等等，皆教人無從索解。此徐嘉瑞《金元戲曲方言考》，朱居易《元劇俗語方言例釋》，張相《詩詞曲語辭匯釋》，以及陸澹安《戲曲詞語匯釋》之所由作也。

又如《遼史·禮樂志》之『迺捏咿呢』爲正月朔旦，『討賽咿呢』爲重午日，『必里遲離』爲重九日，『敵烈麻都』爲掌禮官；《營衛志》之『國阿輦』爲收國，『奪里本』爲討平，『耶魯盌』爲興旺，『蒲速盌』義與興旺同，『女古』爲金，『孤穩』爲玉，『窩篤盌』爲慈恩，『阿斯』爲寬大，『何魯盌』爲輔佐，『得失得本』爲孝，『監母』爲遺留；《列傳》之『可敦』爲突厥皇后之稱，『忒里賽』爲遼皇后之稱等等，苟無《國語解》之撰，孰知其所指？誠如脫脫所云：『遼之初興，與奚室韋密邇，土俗言語，大概近俚，故史之所載，率以國語爲之稱號，不有註釋以辨之，則世何從而知？後何從而考哉！』（《遼史·國語解序》）

至於《金史》，以蠻語入文尤夥，俚雜更甚於《遼史》，如官稱之『都勃極烈』（索倫語謂高爲都），即漢語之冢宰，『諳版勃極烈』爲官之尊且貴者，『國論勃極烈』爲尊禮優崇得自由者，『胡魯勃極烈』爲領官之稱，『阿買勃極烈』爲治城邑者（蒙語謂關隘爲阿馬），『乙室勃極烈』爲迎迓之官（蒙語謂詔旨爲額西），『扎失哈勃極烈』爲守官署之稱（蒙語謂管轄爲扎斯喇胡），『昃勃極烈』爲陰陽之官，『迭勃極烈』爲倅貳之官（蒙語謂其次曰德特），『猛安』爲千夫長，『謀克』爲百夫長（索倫語謂鄉里爲墨由克），『諸糺詳穩』爲邊戍之官（糺即軍字，詳穩即長官，見《遼史》），『諸移里堇』爲都落墟砦之首領（詳堇、移里堇本遼語，金人因之而稍異同焉』，『禿里』爲掌部落詞訟察非違者，『烏魯古』爲牧圉之官，『斡里朵』爲官府治事之所。

人事之『孛論出』爲胚胎之名，『阿胡迭』爲長子，『骨赧』爲季，『蒲陽溫』爲幼子，『益都』爲次第之通稱，『按答海』爲客之通稱，『山只昆』爲舍人（索倫語謂寨人爲沙因齊因庫因），『散亦孛奇』爲男子，『撒答』爲老人，『什古乃』爲瘠人（索倫語謂瘦長爲西沽訥），『撒合輦』爲黧黑，『保活里』爲侏儒（蒙語謂矮小爲播和尼），『阿里孫』爲貌不揚，『阿徒罕』爲採薪之子，『答不也』爲耘田者（索倫語謂耕種者爲達胡哩），『阿土古』爲善採捕者（索倫謂打牲者爲阿穆塔哈），『阿里善』爲圍獵，『拔里速』爲角觝戲者（蒙語謂角觝者爲巴哩勒都），『阿離合懣』爲臂鷹鶻者，『胡魯刺』爲戶長，『阿合』爲人奴，『兀朮』爲頭，『粘罕』爲心，『畏可』爲牙（又曰吾亦可），『盤里合』爲將指，『三合』爲人醫，『牙吾塔』爲瘍瘡，『蒲剌都』爲目赤而盲，『石哥里』爲溲疾，『謾都訶』癡騃之謂，『謀良虎』無賴之名、不美之稱，『忽都』爲與人同受福，『阿息保』爲以力助人，『辭不失』爲酒醒，『奴申』爲和睦之義，『訛出虎』爲寬容之名，『賽里』爲安樂，『迪古乃』爲來，『撒八』爲迅速之義，『烏古出』爲再不復，『后論』爲凡章之知者，『阿里白』爲以物與人已然之謂，『吾里補』爲蓄積之名，『習失』猶云常川（索倫語謂行走勤者爲西英西棄勒），『兀帶』爲市物已得之謂。

物象之『兀典』爲明星，『阿隣』爲山，『太神』爲高，『哈丹』爲山之上銳者，『阿賴』爲陂陀，『斜魯』爲大而峻（索倫語謂山之高峻爲碩嚕英），『忒隣』爲海（索倫語謂淀湖爲特禮因），『沙忽帶』爲舟，『斡論』爲生鐵，『闍母』爲釜，『斜烈』爲刃，『婆盧』爲槌，『按春』爲金，『銀朮可』爲珠，『蒲盧渾』爲布囊，『阿里虎』爲盆，『活女』爲罐，『烏烈』爲草廩，《沙剌》爲衣襟，『活臘胡』爲色之赤者，『胡剌』爲竈。

物類之『桓端』爲松，『阿虎里』爲松子，『孰輦』爲蓮，『活離罕』爲羔，『合喜』爲犬子（索倫語謂小犬爲喀齊喀），『訛古乃』爲犬之有文者（蒙語謂有花文者爲額哷納伊），『斜哥』爲貂鼠，『蒲阿』爲山雞，『窩謀罕』爲鳥卵等等，必待乾隆命大學士訥親、張廷玉，尚書阿克敦，侍郎舒赫德，用國朝校定切音，詳爲辨正，然後讀史者始知金時國語之本音本義也。而《清史稿・世宗本紀》載雍正令其弟胤禩易名爲『阿其那』，胤唐爲『塞思黑』，清史專家蕭一山先生以爲前者爲狗之滿語，後者爲豬之滿語（見《清代通史》頁七一〇及七一一）。而富麗先生則以爲『瑟思赫里』近似『塞思黑』，《清文匯書》釋爲迂俗可厭之人，正切合雍正敕令更名以示侮辱之本意。而『阿其那』

爲『阿其』（去馱）之命令式讀法，引申爲畜牲之意。特撰《『阿其那』『塞思黑』新解》一文辨章之。（載一九八〇年中華書局出版之《文史》第十輯）方言、蠻語之窒礙難通，有如是之甚者。是故《史記・陳涉世家》載涉之故人入宮見殿屋帷帳曰：『夥頤！涉之爲王沈沈者。楚人謂多爲夥。』太史公必補入『楚人謂多爲夥』一句，正見方言之不足入文，而又不得不傳此漢世相傳之鄙語，遂創此一法。其後《金史・世紀》載獻祖「徙居海水，耕墾樹藝，始築室有棟宇之制，人呼其地爲納葛里。納葛里者，漢語居室也。」此蓋師遷史之筆法，可惜其以大量之蠻語入文，遂使語言混雜，體例不純，致勞《金史國語解》之撰。而劉知幾《史通・言語》竟曰：「（崔）彥鸞修僞國諸史，（魏）收、（牛）弘撰《魏》、《周》書，必諱彼夷音，變成華語，等楊由之聽雀，如介葛之聞牛，斯亦可矣。而于其間則有妄益文彩，虛加風物，援引《詩》、《書》，憲章《史》、《漢》，遂使沮渠、乞伏，儒雅比于元封；拓跋、宇文，德音同于正始，華而失實，過莫大焉。惟王（邵）、宋（孝王）敘元、高時事，抗詞正筆，務存直道，方言世說，由此畢彰。……而作者皆怯書今語，勇效昔言，不其惑乎！……若事皆不謬，言必近眞，庶幾可與古人同居，何止得其糟粕而已。」子玄之言必近眞，力張今語，斯亦可矣。而務存方言，庸有當乎？劉向《說苑・善說篇》載：鄂君子晳之汎舟於新波之中也，榜枻越人擁楫而歌曰：『濫兮抃，草濫予，昌枑澤予，昌州州，鍖州焉乎，秦胥胥，縵予乎，昭澶秦踰，滲惿隨河湖。』不特千載之下難索解人，即當時之鄂君子晳亦茫然不解，必待譯成楚語：『今夕何夕兮搴中洲流，今日何日兮得與王子同舟。蒙羞被好兮不訾詬恥，心幾煩而不絕兮知得王子。山有木兮木有枝，心悅君兮君不知。』然後鄂君子晳始得領會其情，然後千載下讀者乃得激賞。（按：楚語早已雅化爲雅言也。）所謂文學語言與方言之相斥性者，以此。

四、文學語言與方言之相得性

『文學語言』既由方言基礎發展而來，自以方言爲取資之源。劉勰《文心雕龍・辨騷篇》嘗盛稱書楚語，作楚聲，紀楚地，名楚物之代表方言文學之《楚辭》曰：「枚（乘）、賈（誼）追風以入麗，馬（相如）、揚（雄）沿波而得奇，其衣被詞人，非一代也。故才高者菀其鴻裁，中巧者獵其艷辭，吟諷者銜其山川，童蒙者拾其香草。」而《論語》之用魯語，《公羊》之多齊言，《淮南子》多楚語，皆顯示古之雅言實兼有方言之成分，特其以化俗爲雅而演進耳。宋釋惠洪《冷齋夜話・詩用方言》謂：「句法欲老健有英氣，當間用方俗言爲妙，如奇男子行人群中，自然有穎脫不可干之韻。」其言與顧炎武異，要亦方言與文學語言相得之一端也，惟視其所用之當與不當而已。

目前漢語文學語言，無疑以北京方言爲其基礎語言。周祖謨先生在其《從文學語言的概念論漢語的雅言、文言、古文等問題》中稱：

五四時期提倡用白話文寫文章，無疑問，對於現代漢語就起了肯定爲民族的文學語言的作用；而且經過這一番文學語言的鬥爭以後，現代文學語言的基礎也就逐漸奠定下來了。五四運動時期提倡白話文，不僅代表文學發展過程中言文一致的要求，而且標識著白話已經是全民交際的語言了。……『白話』的『白』是從戲劇中『說白』的『白』來的。我們現在所談的現漢語的文學語言就是以口語爲基礎的加了工的人民語言。它以北方方言爲基礎，同時吸收了文言成分、方言成分和外來語成分，有機地組成爲統一的文學語言。五四時期所說的『白話』基本上也就是這樣的內容。

苟純從李沖『四方之語，竟知誰是？帝者言之，即爲正矣』（《魏書·咸陽王禧傳》語）之標準言之，毫無疑問，此一以北京語音爲標準音，以北方話爲基礎方言，以典範之白話文著作爲語法規範之語體文，足爲現代漢語之文學語言。蓋自十三世紀以來，北京爲歷代王都所在，而使用此方言之省分及人口，又佔全國之大多數。然若以『調洽殊方，溝貫絕代』之標準繩之，則尚非其任。尤以『溝貫絕代』一事爲然。周祖謨先生嘗謂「白話代表的是現代語，文言代表的是古代語，這兩者之間又不是截然沒有關係的東西。現代語就是以過去的豐富的古代語爲基礎而發展起來的。如果認爲古代語和現代語之間完全沒有歷史繼承的關係，那是錯誤的。事實上古代的文學語言和現代文學語言之間有一脈相承的關係。要說明這件事實，就不能不了解文言與活的口語的關係，同時也就必須批判反動派胡適對於文言的錯誤看法。」（《從文學語言的概念論漢語的雅言、文言、古文等問題》）

周氏雖能駁正胡適對文言之錯誤看法，了解白話與文言一脈相承之關係，然終亦無法否定因白話文之出現，而形成『古代漢語』與『現代漢語』之鴻溝。所貴乎文學語言者，爲其能『調洽殊方，溝貫絕代』耳。然則匡濟現代漢語文學語言之不逮者，其爲方言之汲納乎？西漢揚雄以古籍之先代雅言，異國殊語，存於各地方言，故窮二十餘年之力，編撰『輶軒使者絕代語釋別國方言』，以釋舊書雅記。劉師培序太炎先生《新方言》曰：「語言遷變，罔可詰窮，惟僻壤遐陬之間，田夫野老，宥於鄉音，而語不失方，轉與雅記故書相合。……光漢自幼治小學，竊有志於此，以爲《淮南》之言，雖稍歧出，然皆有所承受。如事逾其期謂之『愒』，而『翫愒』之訓載於《左傳》；身傾於前謂之『磬』，而『磬折』之義著於《禮經》；觸類引伸，庶幾古義益顯。……抑自東晉以還，胡羯氐羌，入宅中夏，河淮南北，間襍夷音，重以蒙古建州之亂，風俗穨替，虜語橫行，而委巷之談，婦孺之語，轉能保故言而不失，此則夏聲之僅存者。昔歐洲希、意諸國，受制非種，故老遺民，保持舊語，而思古之念，沛然以生，光復之勳，灌蒞於此。今諸華夷禍，與希、意同，欲革夷言而從夏聲，又必以此書爲嚆矢，此則太炎之志也。」今中華諸族共和，無革夷言以謀光復之需要，而從中摭拾先代之遺言，殊方之絕語，以光大現代漢語，使與古之雅言接氣，臻於『調洽殊方，溝貫絕代』之境，則斯文之傳，莫大乎是矣。

至於方言之精彩詞彙，『文學語言』尤當兼收並蓄以益增其美富。惟必以有所增益爲原則。如廣州方言之『搶眼』原屬生動傳神，然『搶眼』即古之雅言『奪目』，其詞見於《北史・竇泰傳》「泰母夢風雷暴起，若有雨狀，出庭觀之，見電光『奪目』，駛雨霑灑，寤而驚汗，遂有娠。」古既有之，兩詞一義，何必雷同，施於口語可也，無須入文。又如『倔（屈）頭巷』一詞，本亦生動非常，亦因劉向《說苑・善說》有「詘折厭襲於窮巷，無所告愬」之『窮巷』一詞用之在先，亦只得施諸口語，不宜入文。至於北京方言之『胡同』（衚衕），因『巷』字早已成爲雅言之習用詞，尤不得躋身於『文學語言』之列，此非因其爲蒙古語，實以其不能與古漢語接氣故耳。

五、餘論

至於方言之中，則以『廣州方言』最能保存夏聲。陳澧《廣州音說》稱：「廣州方音，合於隋唐韻書切語，爲他方所不及者，約有數端：平上去入四聲，各有一清一濁，他方之音，多不能分上去入之清濁，其善一也；上聲之濁音，他方多誤讀爲去聲，惟廣音不誤，其善二也；侵尋覃談鹽添咸銜嚴凡九韻，皆合唇音，（上去入聲倣此）他方多誤讀，與眞諄臻文殷云魂痕寒桓删山先仙十四字無別，其善三也；庚耕清青諸韻，合口呼之字，他方多誤讀爲東冬韻，其善四也；廣音直超越乎唐季宋代之音而上，合乎《切韻》《唐韻》，其善五也。廣中人聲音之所以善者，蓋千餘年來，中原之人，徙居廣中，今之廣音，實隋唐時中原之音，故以隋唐韻書切語核之，而密合如此也。」（《廣東文徵・卷二十二》）

又徐松石《粵江流域人民史》第二十一章《極有趣味的粵語》曰：「粵語……與自然聲音非常密接。例如鴨字音狀鴨之聲，鴉字音狀鴉之聲，粵音實最近似。又如啄字粵音須伸兩唇，其音則象啄木。開字粵音須開口，合字粵音須合口，其音則像風箱之開合。喋喋二字粵音須張口合口，如同游魚喋水，其音則像喋水之聲。是則用音像聲而兼用口像形，更是北音之所遠遠比不上的。單就合字而論，北音並不合口，自非古人造字之意。所以粵音雖不能說起源於古代的北音，而他與廣義原始漢音①最爲接近，實非虛語。（呷字和合字在粵語也是以音象聲而兼以口象形）」

又曰：「雞聲喔喔（喔字粵音爲Ook），蹄聲得得（得字粵音爲Duck），爆竹之聲辟拍（辟拍二字粵音爲Peck Park），犬鬥之聲吽呀（吽呀二字粵音爲Ngao Ngah），蟲聲唧唧（粵音Djick Djick），管絃嘔啞（粵音Au Ah），閱者試以國音讀這些字而與粵音比較，馬上就會發現粵音正與自然聲音符合，國音卻與自然聲音相離霄壤之遠。單就辟拍二字而論，國音乃是Peh Poh，全世界那裏有這樣的爆竹聲音呢？」所言誠是。嘗於電視節目見有教人識字者，謂『禁』字有三音——禁、襟、金，不禁爲之愕然。蓋從未聞粵音有讀『禁』爲金音者，原來彼不解音有南北之異，見字書『禁』字條除記蔭切，沁韻外，復作基音切，音金，侵韻。遂懵然謂『禁』可讀『金』音，不知北音讀『襟』（衿）與『金』，皆作基音切，音今，侵韻。故『禁』字之粵音，實只有『禁』、『襟』二音耳。此亦見北音『襟』、『金』不分之不善。宜乎高本漢謂「北京的國語是一種最可憐的方言，老實說，他只具有四百二十個各異的音綴，而即在這四百二十個的音綴中，也有許多彼此容易相混的。」（《中國語與中國文》第三章，張世祿譯本）②

又本港傳播界每將『轉捩點』之『捩』字讀作『烈』音者，此亦北音南讀之誤。抑『捩』之古字爲『戾』，郎計切，《說文解字》但有『戾』而無『捩』。『戾』字經傳以之爲『盭』，而《史》、《漢》則多以『盭』爲之，顏師古以爲『盭』乃『戾』之古字，恐非是。蓋《說文解字》分作二字，前者解爲弼戾，徐鉉謂繫罪人見血也，而後者則解爲曲也，《廣雅·釋詁一》謂盭，曲也。故謂之通假字可也。要之，二字在漢時皆讀作郎計切，或婁惠反，未有其他音讀。逮唐，而音有轉移，『戾』乃有讀作『烈』音者，李善《文選・潘安仁射雉賦》『戾翳旋把』注曰：『戾，力結切。』於是『戾』字遂有二音，故《唐韻》將『戾』、『捩』、『盭』三字，並收入於去聲之十二霽，及入聲之十六屑部中。（見顧炎武《音學五書》《唐韻正》卷十七）《廣韻》同。按：『烈』字古作『厲』音讀。陳第《毛詩古音考》謂『烈』音厲，《集韻》引『烈假不瑕』作『厲假不瑕』，古音可證。舉本證《七月》『一之日觱發（去聲），二之日栗烈，無衣無褐，何以卒歲（音試）！』旁證曹植《潛志賦》『潛大道以遊志，希往昔之遐烈，矯貞亮以作矢，當苑囿乎呈藝』爲證。顧炎武《唐韻正》卷十七《十七薛》亦謂『烈』上聲則良底反，去聲則音例。舉《禮記・祭法》『是故厲山氏之有天下也』註：厲山氏，炎帝也，起於厲山，或曰烈山氏。《莊子》『厲風濟，則衆竅爲虛。』厲即烈字爲證。由是觀之，『捩』、『烈』原本一音，『捩』亦作『攦』，則『捩』字之從郎計切之麗字得聲可知。而粵音之『戾』字，如『冤戾』、『狼戾』、『戾橫折曲』、『戾手戾腳』、『戾頸』『戾轉』等等，自始至終，皆讀作郎計切，或婁惠反。此粵音保存古音之一證也。而將『轉捩點』之『捩』字讀作『烈』音者，此實北音南讀，猶將『弱不禁風』之『禁』字讀作『金』音，可乎？故『轉捩點』之『捩』字，粵音當讀作郎計切也亦審矣。

關於粵語之保存古音，徐松石先生於其《粵江流域人民史》第二十一章《極有趣味的粵語》中復有如下之闡釋：

錢大昕考古音，指明古有舌頭音而無舌上音。例如「蟲」字古音讀如「同」，或如「東」。《詩經》「蘊隆蟲蟲，」《釋文》謂「蟲、從東反。」「豬」字古音讀如「都。」《書經》「大野既都，」《史記》引豬爲都。「追」字古音讀如「堆。」《禮記・郊特牲》「母追，」《釋文》謂「追多雷反。」「陳」字古音讀如「田。」陳完奔齊，以國爲氏，《史記》稱爲田氏。這舌頭音的繁多，也確是今日兩粵白話語音的一個特點。關於這事，我們須知在嶺南的粵語區，古代北音存留最多的地方不是廣州，而是廣州以外的各縣。因爲廣州爲嶺南最大的城市，也是嶺南歷代的政治中心。他的言語隨著時代變遷，在今日已經大量的國語化了。然而廣州以南各縣，和廣西的東南部，（尤其是唐朝容管所轄的地方）舌頭音仍極豐富。在這些地方「姐」字多讀爲徒野反da。「請」字多讀爲調響反Tang或徒影反Ting。像這樣的舌頭音，多至不能枚舉。甚至讀「陳」爲「田」的，嶺南也有。大約五胡亂華以後，北方多故，語音變化甚劇，嶺南尚能保存多量的北方古音。

抑粵語匪特保存古音、溝通絕代，而又得能調洽殊方焉。同上曰：

粵語……有人說他是兩粵原有的土話，有人說他是最古的北音即周秦音。……其實他乃僮和北方漢語的混合體。……大抵音素方面出於僮系爲多，語調方面則爲中原漢語。換一句說，就是用南僮的腔，去發北漢的調。南腔北調的混合體，便是粵語。……北方古語有許多字是發生於南方的，現在兩廣還保存著。索字和綯字就是一個很好的例子。……《詩・七月》「宵爾索綯，』《箋註》謂索綯就是絞索，宵爾索綯乃夜作絞索的意思。索指繩，綯指絞；索綯顯然是倒裝語。現在北方不用這兩個字，可是兩粵仍然普遍的用著。……這兩個字是發生於四川古代的僮族的。僮人有音無字，他們只稱繩子爲 Sock，北方漢人最初譯爲笮字。字典說：『笮，疾各切，藥韻，筊也，西南夷尋之以渡水。』按這就是西南夷的索橋。

又曰：

粵語與吳、越音也有一種特殊的關係。雙方都屬南音系統。例如粵語呼美好爲嫸（粵音盞）。……現在蘇州、上海、寧波等地仍沿用這字。又粵語有『噉多』『噉好』這種語法，其實就是吳、越地方所謂『吤多』『吤好』。……又《吳都賦》有『抗足以跐之』一語，跐音采（讀如踩），乃以足踐踏的意義。現在吳、越和兩廣仍然一同沿用著。……最可異的，就是字書謂吳人呼赤子爲孲孲。客家人也以孲孲二字稱呼赤子，（見黃釗《石窟一徵》）非但如此，就是全廣東、廣西說白話的人，都是這樣稱呼。非但粵語如此，就是傜、僮也呼小兒爲孲或勒孲。……自暹羅以至廣西莫不如是。『勒』指子，『孲』指孩。『勒孲』便是『孩子』的倒裝。這又可稱吳越、山越、傜人、客家人和傜、僮人言語並兩廣土白共同質點之一。像這許多的例子，都表示著粵語和吳、越語互相接近的程度。

又粵語呼偏險爲儆Mun去聲；呼想爲捻Num上聲；呼忽然間爲塞（霎）時間，（桂省南部則兼呼『有些時候』爲塞時；）呼柚子爲卜六或六僕，（僮音本作勒薄，勒乃果字，薄乃柚字，廣西白語訛爲六僕或六卜，本係倒裝，廣州改爲順裝而稱卜六；）呼物件有洞孔爲穿『窿』；呼平地凹處爲宀 Lum下，（指宀爲Lum篷頭；）呼房子爲欄，而別爲果欄、魚欄、菜欄、牛欄等類，（僮人呼屋爲蘭或千蘭或麻蘭；）呼稜爲歛，呼羊桃爲五歛子；呼飯菜宿氣爲臭『收rthou。諸如此類，出於僮語的白話句辭千千百百，不能盡舉。

復次，屈大均《廣東新語》卷十一《文語・土言》云：「廣州謂平人曰佬，亦曰獠，賤稱也。」③《北史》：「周文帝討諸獠，以其生口爲賤隸，謂之壓獠，威壓之也。謂平人之妻曰夫娘，夫娘之稱頗古，劉宋、蕭齊，崇尙佛法，閤內夫娘令持戒，夫娘謂夫人娘子也。廣州則以爲有夫之娘也。」又云：「廣州謂橫恣者曰蠻④，又曰蠻澄鋹。鋹，劉鋹；澄，龔澄樞也。言其不循法度，若此二人也。」⑤而廣州謂邪曰『歪』，此『靡』之俗字。《史記・司馬相如傳》：『敝周靡徙』《索隱》曰，『失正義。』足徵粵語字字皆有來歷，謂粵語往往有聲無字者，乃未窮深詣之淺說耳。然則未來之漢語文學語言，又安得不汲納此南腔北調之混合體——粵方言哉！

爰摘錄詹憲慈《廣州語音本字》附錄於後，以爲粵語保存古音古義之證，並以畢本文，且爲識字者之資焉。

倣手　《廣雅》：倣，動也。倣手即動手也，俗讀椒若毓。

埋　《爾雅》：埋，塞也。《禮記・孔子閒居》，志氣塞乎天地。注：塞，滿也。埋訓塞，而塞又訓滿，故廣州謂其事完滿了結曰埋。

漸　《方言》：『漸索』郭注：漸，盡也。《曲禮正義》：今俗呼盡爲漸，舊語之猶存者也。廣州言盡曰漸，讀曰隆殺之殺。

睇委委　《廣雅》：睇，視也。廣州言視皆曰睇。《爾雅》：委委，美也。廣州謂物之華美者曰委，讀若威，誘小兒視華美之物曰睇委委是也。

精㦜　《呂覽》：『簡選欲其精也。』注：精猶銳利也。利之反爲鈍，精，不鈍也。《方言》：虔，獧慧也，晉謂之㦜。郭注：㦜，莫佳反。廣州謂人敏慧曰精㦜，俗寫作精乖，誤也。

鬼脈　《方言》：『關以東趙、魏之間謂黠或曰鬼。』郭注：謂鬼脈也。廣州謂黠慧者曰鬼馬，蓋脈之轉音也。

㒼　《說文》：㒼，平也。讀曰蠻。《廣韻》：㒼，無穿孔狀。廣州謂物之平滿無孔曰㒼，讀若萌。

摩　《禮記·禮器》：不摩蚤。《釋文》：齊人謂快爲摩，不摩蚤，言不以先時爲快也。摩之訓爲快，言快樂。快又有速義，《左傳》：今民餒而君逞欲。杜注：逞，快也。《方言》：逞，疾也，楚曰逞。是快有疾速之義。快之反爲遲，廣州謂遲曰摩，蓋反言之。《方言》：苦，快也。注：苦而爲快，猶以臭爲香，治爲亂，以摩爲遲，即此例也。

酒㢈　《類篇》，㢈，低下也，音浥。《淮南子》：奇牙出，靨輔搖。注：靨輔者，頰上窐也。頰上窐，口輔微渦也。廣州謂物之有微窐者曰㢈，故口輔之窐謂之酒㢈。又銅錫器受挫撞而成凹形者亦曰㕷，俗讀㕷若米粒之粒。

耳聹 《說文》：益、梁之州，謂聾爲聹。廣州謂聽不聰曰耳聹。《唐韻》：聹，作亥切，俗讀若焙火之焙。

⿺氏垔 《說文》：⿺氏垔，臥也。《集韻》：⿺氏垔，伊刃切，音印。廣州謂睡眠曰⿺氏垔，俗讀⿺氏垔若訓。

鈔 《說文》：鈔，叉也。段注：叉者，手指相遣也。廣州謂徧翻檢取衣物曰鈔。《唐韻》：鈔，是交切。俗讀若錢鈔之鈔。

⿱爫壬 《說文》：⿱爫壬，近求也。从爪壬，徼幸也。段注：爪壬，言提取其爪，妄有所取，徼幸之意。廣州謂探取囊中物曰⿱爫壬，用近求之意也；謂摸竊囊中物曰⿱爫壬荷包，用徼幸之意也。《集韻》：⿱爫壬，余箴切。

檇 《說文》：檇，以木有所擣也。擣，椎擊也。廣州謂以竹木直擊曰檇。《集韻》：檇，將遂切。俗讀若對聯之對。

豛 《說文》：豛，椎擊物也。讀如篤。廣州謂以竹木直擊曰豛。

炈 《說文》：炈，下擊上也。凡擊物皆曰炈，引申之被物所擊亦曰炈，以頭撞物亦曰炈。《唐韻》：炈，知朕切。俗讀若坎。

毃 《說文》：毃，擊頭也。《唐韻》：毃，口卓切，音搉。廣州言毃頭殼。

摼 《說文》：摼，擣頭也。《集韻》：摼，丘耕切，音鏗。旁敲亦謂之摼。

行來　《詩》：『貽我來麰。』《漢書・劉向傳》作『貽我釐麰。』是來可讀若釐也。廣州言行來若行釐，以此。

眳痏　眳痏或寫作眳雞，不可解。《文選・西京賦》注：眳，眉睫之間也。《說文》：疻，痏也。瘡痏謂瘢痕也。眳痏者，眉睫間生瘡之瘢痕也。《玉篇》：眳，迷盈切。俗讀眳若盟上聲。《韻會》：痏，羽軌切，音洧。洧、雞音近，故譌作雞。

𤿰眼　𤿰眼或寫作雞眼，不可解。《廣韻》：𤿰，側持切，音緇。手足生堅皮也。緇雞音近，故譌作雞。

細氓崽　《說文》：氓，民也。廣州謂小兒曰細氓崽，謂幼小之民。《方言》：崽，子也。郭注：崽，音宰。或寫崽爲仔，誤也。《詩》：佛時仔肩。《傳》：仔，任也。《集韻》：仔，祖似切。經籍無訓仔爲小兒者。

蘇孲崽　《集韻》：孲，赤子也。於家切，音鴉。廣州呼小兒曰蘇孲崽。蘇，生也。言新生者也。俗讀蘇孲若蘇蝦，音之轉也。

阿婆纙　《類篇》：纙，小兒帽也。粵俗小兒彌月，外祖母饋以帽曰阿婆纙。《集韻》：纙，驅園切。俗讀纙若經傳之傳。

口水䙔　《廣雅》：䙔，次衣也。王念孫曰：次即今之涎字。《集韻》：䙔，烏侯切。

打風舊　《三國志・吳志》：蒼梧歲有舊風障氣之害，風則折木飛砂轉石。廣州所謂打風舊，蓋折木飛砂轉石者也，即《吳志》之言舊風也。風舊二字甚古，俗寫風舊爲風颶，不知舊爲本字耳。

日頭晟　《集韻》：晟，時正切，音盛。《正字通》：晟，日光充盛也。廣州謂日光赫盛曰日頭晟。俗讀晟若證。

今物　《左傳》是其生也，與吾同物。注：物，日也。今物，今日也。

散眗　《周禮注》：司馬法旦明鼓五通爲發眗。眗音煦，日出也。廣州人於昧爽時擂鼓曰散眗，散即發也。俗讀散眗若散累，音之轉也。

角落頭　《禮記》「公室視豐碑」《疏》：角落相望，故云四角。廣州謂室隅曰角落頭本此。

甂爐　《方言》：甂，陳、魏、宋、楚之間謂之甂。郭注：甂，音邊。河北人呼小盆爲題。《廣韻》：盆，瓦器。《漢書食貨志》：『募民煮鹽，官與牢盆。』注：盆，煮鹽器。蓋小盆可以煮物者，古謂之甂。廣州所謂打甂爐，置瓦器於爐上煮生物食之也。俗寫甂作邊。邊與煮食不相涉，殆不知甂爲本字耳。

涫水　《說文》：涫，鬻也。段注：今江蘇俗語沸水曰滾水，滾即涫之轉。廣州呼涫水爲滾水，東莞人仍呼涫水，其漢人言之猶存者歟？

鬻　《說文》鬻，納肉入菜湯中薄出之也。薄者，迫也。迫者，急也。謂以湯略熟肉菜而急出之也。廣州謂鬻熟即此義。《廣韻》：鬻，弋灼切。俗讀若倬。

胚 《說文》：胚，大熟也。廣州謂肉大熟而柔輭曰胚。

烝 《詩・韓奕》《箋》：炰，以火熟之也。《疏》引字書：烝，蒸也。又曰烗煮曰烝。烗，俗燥字。《一切經音義》十七引字書：少汁煮曰烝。廣州食品所謂烝雞，蓋少汁煮之者也。烝俗讀若蹲蹀之蹀（踮）。

馞 《字彙》：馞，香也，音涂。廣州謂氣息曰馞。香曰馞，臭亦曰馞。猶香氣曰臭，惡氣亦曰臭也。俗讀馞曰徐，蓋涂又有除音。《集韻》：除，陳魚切。廣州讀除若徐，故亦讀馞若除也。

䶕 《集韻》：䶕，臭不可近也。廣州言臭䶕䶕，丘耕切，音鏗。

蔫 《韻會》：不鮮也。《增韻》：蔫，食物餲也。《唐韻》：蔫，於乾切。俗讀若煙。

葾 《廣雅》：㮃葾，敗也。《集韻》：葾，於袁切。俗讀若深淵之淵。

膱 《周禮・攷工記・工人》注：樴，讀爲脂膏膱敗之膱。《釋文》引呂忱云：膱，膏敗也。廣州言油膱讀若益。

豚 《集韻》：豚，都本切，臀也。《周禮・攷工記》『㮚氏爲量其臀一寸』注：臀，底也。廣州有打爛沙盤問（當作璺。《方言》：秦晉器破而未離謂之璺。《集韻》：璺，玉破。文運切，音問。）之語。沙盤碾物瓦器，言窮問（按此由璺之諧聲引伸而出，本義當云破也）到底也。《詢芻錄》：嘗聞人言打破沙鍋問到底，不知其說，後知秦晉方言，廣州言義亦如此。

穀　廣州言穀盅。俗作宂盅，宂、字書所無。《類篇》：穀，物相值合也。凡言穀，有恰當不差之意。穀盅蓋淺而盅深，以蓋覆盅適相合而不差，故曰穀盅。穀，口陷切。

爪續　《釋名》：爪，紹也。筋極爲爪，紹續指端也。廣州以錢與人不足而續與之謂之爪續。或單言爪，或單言續。又與人之錢有餘，人反之於我亦名曰爪，引申之凡換易錢銀皆曰爪。俗寫作找，誤也。《集韻》：找，胡瓜切，音華。與划同。

除䩞　《說文》：䩞，量物之䩞也。廣州稱物以器載之，名其器曰䩞，除其䩞之重量不計曰除䩞。《集韻》：䩞，於袁切。俗讀若遠。古以革爲䩞，故從革，今則銅器竹器亦名䩞矣。

稱𢍭　《說文》：𢍭，升高也。稱物而稱梢升高，廣州謂之稱𢍭。俗寫作先，誤也。

㩉　《集韻》：㩉，繒欲壞也。篇夷切。廣州謂綢緞之起毛將壞者曰㩉。俗讀曰批。

勑厚　《廣雅》：勑，動也。王念孫曰：凡相恩勤謂之勑。廣州所謂勑厚，恩勤而相厚者也。俗讀勑若酹酒之酹。

大邁　《詩》：『視我邁邁。』《傳》：邁邁，不顧也。廣州謂高傲而不理人曰大邁以此。（按：俗讀邁若牌）

冤戾　《說文》：戾，曲也。《廣雅》：冤，曲也。廣州謂誣枉曰冤戾人。蓋誣人者必曲造事實，故曰冤戾也。又俗有戾横折曲之語。《正韻》：戾，音麗。

誁　《字彙》：誁，助言，補梗切。廣州謂在旁助言曰誁，謂助人歡樂曰誁人歡喜。俗讀誁曰鄧。

侹　《方言》：侹，代也。江淮陳楚之間曰侹。廣州人謂代替曰侹，俗寫作頂，誤也。

徯醯　《方言》：徯醯，危也。郭注：醯，居枝反。廣州謂置物而危曰徯醯，屋之不堅固而危者亦曰徯醯。俗寫作兒嬉，或寫作兒戲，誤也。

攬軭　《廣雅》：軭，戾也。《攷工記・輪人》：『輪雖敝而不匡。』鄭衆注：匡，枉也。枉亦戾也。廣州謂將事攪壞，與本旨相乖戾曰攬軭。俗讀軭若桂林之言汪。

鉎　《一切經音義》十六引埤蒼：鉎，鐵衣也。鉎即繡也。廣州言刀生鉎讀鉎音近問覡之覡。

鏩　《正韻》：鏩，切草器也。查鎋切，音㳐。廣州謂切檳榔曰鏩檳榔，斷檳榔之器如切草之鏩也。俗讀鏩若閘。

盌　《集韻》：盌，器不平也。於散切，音靿。俗讀若熬。

局　《詩》『子髮曲局』注：局，卷貌。廣州謂物之縐而卷者曰局起。俗讀局若菊。

𪛊　《玉篇》：𪛊，仰也。《集韻》：𪛊，弋灼切，音藥。廣州謂物之仰起曰𪛊起。俗讀𪛊若咢。

敂矗企　《說文》：敂，直項貌。廣州謂竪立曰敂，取直竪之意。《正韻》：矗，高起也。《增韻》：矗，聳上貌。廣州謂物之高聳者曰矗。《廣雅》：企，立也。《漢書・五行志》『

上林苑中大柳樹斷仆地，一朝起立。』注：立，直起也。廣州謂立曰企。如云樓梯企言梯之直起聳上而不斜也。合敁矗企三字爲一語，形容物直起高聳之詞。敁在董韻，俗讀若棟。《廣韻》：矗，丑六切。俗讀若篤。

乜　乜，什沒也。常語以甚麼爲問詞，由甚麼轉爲什麼，由什麼轉爲什沒，二字其音如乜，什沒之爲乜，猶不可之爲叵也。廣州之所謂乜，作何字用。如云乜事，謂何事也；乜人，謂何人也，皆借用乜字之音，非乜字本義也。《廣韻》：乜，米野切。廣州語有曰係乜者，即是勿也。《因語錄》：元宗問黃幡綽是勿兒得人憐？對曰：自家兒得人憐。注：是勿兒猶何兒也。蓋古音勿讀如沒，是勿即什沒。又廣州語問何事曰乜野，問食何物曰食乜野。所謂乜野，即米野也。米野者，乜之切音，俗不言乜而言米野，用其切音也。

恁　《正韻》：恁，忍甚切。徐鍇曰：恁，俗言如此也。廣州言如此曰恁，讀若紺，音之轉也。俗寫恁作咁，誤也。《集韻》咁與嗛同音擔，口有所銜也，無如此之義。《方言》沅澧之間，凡言如此曰㴐。《方言》之㴐，言或如此也，廣州之恁，言如此也，一爲疑詞，一爲決詞，截然不同。

𧇾　《字彙》：𧇾，往也，音祚。凡言𧇾者，謂其事已完也。廣州言造完事曰造𧇾事，讀𧇾如俎。

俤　《集韻》：俤，困劣也，丁計切。廣州謂人物之劣皆曰俤。俗讀俤若曳。

頻鄰　《詩》：『國步斯頻。』《傳》：頻，急也。《管子・五行》：『五穀鄰熟。』注：鄰，緊也。廣州謂緊急曰頻鄰以此。

儹　《說文》：儹，最也。段注：最，聚也。廣州謂積蓄資財曰儹錢。俗讀儹若儹步之躦。

掘　《老子》：『虛而不掘。』《釋文》引顧注：掘，竭也。廣州謂貧極曰窮掘。

㼣　《周禮・形方氏》注：正之使不㼣邪。疏：㼣者，兩頭寬中間狹也。廣州謂兩頭寬中間狹者曰㼣腰。《集韻》：㼣，枯瓜切，俗讀㼣若揸。

嶓　《易・賁卦》《釋文》：皤，《荀子》作波。是皤波通。元曲科白中常用波字爲助詞。廣州語之皤，即元曲之波也。俗讀皤若播。

只　《左傳・襄二十七年》：『諸侯歸晉之德只。』注：只，辭也。凡言只者，有衹如此之意。廣州語多於語末用只字，俗寫作啫，誤。

涊　涊，汙垢也。俗讀涊若紙撚之撚。《廣雅》：淟涊，垢濁也。廣州謂物受垢曰整涊。

磢　郭璞《江賦》『奔溜之所磢錯』注：磢，瓦石洗物也。《唐韻》：磢，楚兩切。廣州謂以瓦石擦物曰磢，以鹼洗手亦曰磢手，讀磢若節省之省。

徑水　徑水，行（淺）水中也。俗讀若桂林語之絳（耕之去聲）。《漢書・高帝紀》：夜徑澤中。注：徑，行也。

頞水　頞水，納頭於水中也。俗讀頞若味。《說文》：頞，内頭水中也。《廣韻》：頞，烏沒切。

縮水　《禮記郊特牲》：『縮酌用茅。』鄭注：泲之以茅縮，去滓也。廣州謂以布就水而受之曰縮。又物受水曰縮水，不受水曰不縮水，皆讀縮若朋友數之數（音索）。

沙潭　潭者，水旁之有沙者也。俗讀潭若坦。《爾雅》『稀水』注，今河中呼水中沙堆爲潭。《唐韻》：潭，徒旱切。《正韻》：潭，沙渚也。

沈底　浮沈之沈本平聲。廣州謂墜於水下曰沈底。沈讀若朕。《周禮・大宗伯》：『以狸沈祭山林川澤。』注：祭山林曰狸，祭川澤曰沈。狸者，埋玉以祭也；沈者，沈玉以祭也。劉注：沈，眞蔭反。此沈可讀若朕之證。

（詹書載入《番禺縣續志》，足爲陳蘭甫謂廣州方音合於隋、唐韻書切語之證。其餘廣東各方志及諸賢專著，亦皆有收錄方言詞彙之撰，可參閱《珠海學報》第十四期何文華先生之《廣東方志中之方言詞彙初探》）

【附註】

① 徐松石《粵江流域人民史》第七章《漢語溯源》：現時中國南部的方言如吳越語、閩越語和兩廣土白等，實與漢語的原始音聲和原始形式較爲接近。但與這些原始聲音形式更爲接近的，當推苗、傜、僮、暹等族的言語。暹羅語和僮語所保存的漢語原始聲音和原始形式，更爲豐富。並非中原國語由閩、粵、苗、傜、僮、暹

等方言蛻化而來。乃因時代遷移，和部落混合，中國語音和中原語式，與廣義漢族（包括軒轅族、神農族、苗、傜、僮、遲等族）原始語離得較遠罷了。

②同上曰：高元國音學，說廣東有九聲；浙江有八聲；江蘇有七聲；西南國語有五聲；北方國語有四聲，入聲是沒有的。英人衛廉氏在他所著Middle Kingdom一書，則謂廣州有八聲七〇二音，平上去入均分陰陽；汕頭有七聲六七四音；廈門有九〇〇音；福州有九二八音；上海有六六〇音；南京有五聲；北平沒有入聲，只有陰陽平和上去，而不同的音也只有五三三個。據作者研究所得，則廣東和廣西兩省的南部有十二聲，而苗、傜、僮音也同樣的複雜。可見苗、傜、僮、遲語實係最原始的現存漢語。

粵語十二聲表列如下：

(1)鐘（陽平）	(2)種（陽上）	(3)衆（陽去）	(4)竹（陽入）	(11)陽抑
(9)中（中平）			(10)捉（中入）	
(5)蟲（陰平）	(6)重（陰上）	(7)仲（陰去）	(8)軸（陰入）	(12)陰抑

③徐松石《粵江流域人民史》第十章《僮在史籍上的別名》曰，兩粵人民喜歡稱人爲佬。例如廣東佬、廣西佬、廣佬、白話佬、客家佬、外江佬之類。又尊稱人爲大佬，自己謙稱爲細佬。稱有錢人爲財主佬，稱有學問人爲讀書佬。這佬字即是獠字的異寫。元史肖乃左傳，『廣東盜起，寇肇慶，其魁鄧大獠居前寨，劉大獠居後

寨，相依爲固。』這佬字在兩廣的通用，亦證明古時獠（獠）僮是兩粵土著。而所謂獠原是土人的意思，獠人即是『路』人或『駱』人或『六』人或『陸梁』人或『陸量』人。獠路駱六陸黎乃是一音異譯。是獠原非賤稱，所言近實。

④ 徐松石《粵江流域人民史》第四章《苗蠻總察》謂古代南方中國人原本一律稱自己做䜌。䜌乃蠻的古字，本來不是從虫的。古時南蠻只有語音而無文字，䜌字也不過是中原的人把這些南方部落的語言譯音而已。從言，表示南人都有言語。從系，表示南方發明蠶織之術。然而因爲是譯音，所以有䜌、岷、蒙、閩、苗、麻、曼、慢、蔓、滿、蔴、孟、猛、毛等種種的互譯。這個䜌字絕對沒有不好的意思存在裏頭，現在西南苗人仍然自稱爲 Mun，廣西、廣東、雲南、暹羅的僮人仍然以蠻字、曼字、晚字、慢字、或孟字、猛字、板字等代表人群的集體。可見䜌字並非一個不好的稱謂。

⑤ 劉鋹爲五代南漢亡國之主，性剛愎而多猜忌，爲政奢酷，作燒煮剝剔、刀山劍樹之刑。劉鋹嬖倖龔澄樞，軍國之務皆決於澄；澄置酷刑之具，民甚苦之。

一九九〇年十二月十九日完稿

——《香港語文教育學院第六屆國際討會論文集》

論文學語言當用古今通語

——兼論口語不足入文之理

我國目前文字體裁，主要歧為文言、白話二途（方言除外），而國人之語文程度乃日下。惑於言文一致之說者，以為苟憑漢字教學語文，不易獲其效績。甚者謂漢字與語言脫節，不惜去之而後快。不知言語自言語，文字自文字，二者為用不同，安得一致？蓋言語乃用於當下之聽者，宜出之口語化，使其易了，故愈白愈佳。而文字則施諸異時異地，故須以文雅出之，《左傳》所謂『言之無文，行而不遠』，此自然之理。況口語地有南北之殊，時有古今之異，苟以入文，勢必古今成間隔，南北為異域，安望其能行遠耶？所貴乎文者，調洽殊方，溝貫絕代，以濟語言之不逮耳。是故曰口語不足以入文，而文學語言當用古今通語也。

一、文學語言及古今通語之瞭解

㈠文學語言之界說

漢語「文學語言」一詞，源自俄語。高名凱先生於其《對文學語言概念的了解》一文中云：「文學語言是固定在文字中的民族共同語。它給文藝、科學、技術、政治、法律工作、政論等各種體裁服務。」（北京大學中國語言文學系語言學漢語教研室編：《文學語言問題討論集》）岑麒祥先生《西方資產階級語言學家對文學語言的看法及其批判》又云：「文學語言這個概念，我們應該了解爲某一民族共同語的加了工的形式。它不只是文藝作品的語言，並且是科學研究、政治論文、報章、雜誌等的語言，也可以口頭的形式而服務于社會。」（同上）而魏建功先生《胡適文學語言觀點批判》更曰：「我們理解的文學語言是加了工的人民語言，包括古代的和現代的，主要的是書面語，而有口頭語的基礎。」（同上。）

總而言之：文學語言乃古往今來，以書面爲主之精簡之民族共同語。

(二)古今通語釋義

「通語」一詞，始見於揚雄《方言》。《方言》卷一曰：「娥、㜲，好也。秦曰娥；宋魏之間謂之㜲；秦晉之間，凡好而輕者謂之娥；自關而東河濟之間謂之媌，或謂之姣；趙、魏、燕、代之間曰姝，或謂之妦；自關而西秦、晉之故都曰妍；好，其通語也。」通語亦曰凡語。同上曰：「嫁、逝、徂、適，往也。自家而出謂之嫁，由女而出爲嫁也。逝，秦、晉語也；徂，齊語也；適，宋、魯語也；往，凡語也。」

由上觀之，『通語』相當於古所謂『雅言』與今之『普通話』。然『雅言』之得爲正音（標準話），蓋基於政治之力。張行孚先生《釋雅》曰：「劉台拱謂雅之爲言夏，雅夏古字相通，引荀卿《榮辱篇》『

越人安越，楚人安楚，君子安雅。』及《儒效篇》『居楚而楚，，居越而越，居夏而夏』爲證。」按《說文》云：「夏，中國之人也。」所謂中國者，以天下言之，則中原爲中國；以列國言之，則王都爲中國。劉氏所謂王都之音最正，故以雅名，列國之音不盡正，故以風名是也。（見《說文解字詁林》佳部雅字條）《魏書咸陽王禧傳》稱：「孝文引見朝臣，詔斷北語，一從正音。（李）冲言四方之語，竟知誰是？帝者言之，即爲正矣，何必改舊從新！」所謂『帝者言之，即爲正矣。』此即『雅言』基於政治力量之證。而『普通話』亦然。其以北京語音爲標準音，以北方話爲基礎方言，以典範之白話文著作爲語法規範，主要由於十三世紀以來，北京皆爲王都所在之故。而『通語』則有異於是。如美好之通語爲『好』，而自關而西秦晉故都之『妍』不與焉。又如出歸之凡語爲『往』，而秦晉之『逝』不與焉。又再如食飪之通語爲『熟』，自關而西秦晉之郊之『胹』又不與焉。是知『通語』本於約定俗成，與王都帝力無涉。

釋『通語』既竟，請進言『古今通語』。所謂古今通語，即元人周德清《作詞十法。造語》所稱之『天下通語』據任中敏先生《作詞十法疏證》稱：「周氏主張作天下通語，則天下盡通，後世易曉。」特周氏之天下通語，指當時天下通行之語言而言。此則指前有所承，後有所啓，調洽殊方，溝貫絕代，可大可久之民族共同語。

二、文學語言以文語為上口語為下

夫聲之精者爲言，言之精者爲文。文辭以精簡爲工，繁淺爲下，此不易之理。而王充《論衡自紀》曰：「直露其文，集以俗言，形露其指，爲分別之文。夫文由語也，或淺露分別，或深適優雅，孰爲辯者？故口言以明志，言恐滅遺，故著之文字，文字與言同趨，何爲猶當隱閉指意？」其言大爲提倡語體文者激賞。不知此實矯激之辭，究與經藝殊軌。所謂「文貴約而指通，言尙省而趨明，辯士之言要而達，文人之辭寡而章。」《論衡．自紀》仲任巳自言之矣。亭林先生有言：「文章在是，性與天道亦不外乎是，故日有德者必有言。夫子不日其旨遠，其辭文乎？不日言之無文，行而不遠乎？曾子曰，出辭氣，斯遠倍矣。嘗見今講學先生從語錄入門者，多不善於修辭，或乃反子貢之言以譏之曰，夫子之言性與道可得而聞，夫子之文章不可得而聞也。」（《日知錄集釋》卷一九《修辭》）

錢辛楣先生亦曰：「佛書初入中國，曰經曰律曰論，無所謂語錄也。達摩西來，自稱教外別傳，直指心印，數傳之後，其徒日衆，而語錄興焉。支離鄙俚之言，奉爲鴻寶。甚矣人之好怪也。」又曰：「釋子之語錄始於唐，儒家之語錄始于宋，儒其行而釋其言，非所以垂教也。君子之出辭氣，必遠鄙倍，語錄行，而儒家有鄙倍之詞矣。有德者，必有言，語錄行，則有德而不必有言者矣！」（《十駕齋養新錄》卷一八《語錄》）姚惜抱先生更謂「唐世僧徒不通文章，乃書其師語以俚俗，謂之語錄。宋世儒者弟子效之，以弟子記先師，懼失其眞，猶有取也。明世自著書者，乃亦效其詞，此何取哉！」（《劉申叔先生遺書．論文雜記》注）。乃蔡元培先生在其《國文之將來》之講辭中，竟謂「白話是用今人的話，來傳達今人的意思，是直接的。文言是用古人的話，來傳達今人的意思，是間接的。間接的傳達，寫的人與讀的人，都要費一番翻譯的工夫，這是何苦來？……司馬遷的《史記》，……記唐虞的事，把欽字都改作敬字，克字都改作能字，其餘改的字很多。記古人的事還要改用今字，難道記今人的事反要用古字麼？又如六朝人喜作駢體文，但是譯佛經的人，別創一種近似白話的文體，不過直譯印度文與普通話不同罷了。後來禪宗的語錄，就全用白話，宋儒也是如此，可見記載與說明，應用白話，古人已經見到，將來的人，自然更知道了！」（《蔡元培先生全集·言論與演說之部》）蔡先生言文不分，又以字與文混，遂謂《史記》爲白話，斯亦不思之甚矣！

馴至有議漢字不如拼音文字之正確表音與義，因主廢棄漢字者。余行達《從漢字發展的歷史看文字改革》曰：「漢字……主要的缺點是漢字使文字和語言分離，不能從字面上就自然讀出音來，而人民口頭的語言，又很難寫成文字；……現在隨著祖國社會主義建設事業的需要，『要走世界各國文字共同的拼音方向』。」（《文史哲叢刊》第四輯《漢語論叢》）

溯自文學革命以來，凡商略語文之問題者，莫不固執「言文一致」之曲說。如林燾《關於漢語規範化問題》曰：「文學語言不但是要以活的方言爲基礎，而且要和人民大眾日常生活的口語相接近，日常生活的口語一般說起來都有其地方性，文學語言只有和它相接近才有可能把各方言中有價值的東西吸收進來。如果文學語言和人民大眾日常生活的口語之間，存在著較大的差異，那就等於拒絕用活的方言口語來豐富自己，其結果就使得文學語言不能向前發展（中國的文言文就是這種性質）。」（北京大學中國語言文學系語言學漢語教研室編：《文學語言問題討論集》）又曹伯韓《寫文章必須去掉不必要的文言字眼》曰：「葉聖陶先生在《新觀察》第二卷第一期上面發表一篇文章，叫《寫話》。他說：『寫話不是爲了求淺近。實際上隨你怎麼樣高深的意思都可以用話說出來，只要你想得清楚，說得明白。』這是改進寫文章的方法的一個很正確的見解。……文字是不應該脫離現代的話的語言而單獨發展的。」（《語文問題評論集》）

自來但云『寫文章』，未聞有『寫話』者也。葉聖陶譁衆取寵，曹氏引爲改進寫文方法之正確見解。於是以『得了很多的益處』爲是，而以『得益匪淺』爲非。以『尙未』爲非，而以『還沒有』爲是矣。葉蜚聲與徐通鏘又謂：「書面語完全脫離口語是違背語言發展規律的反常現象。隨著社會的發展，人們會根據社會的需要，採取必要的措施，改革書面語，使它與口語一致。」（《語言學綱要》第六章《文字和書面語》）二氏並舉呂居仁《軒渠錄》爲例，以見宋代書面語與口語之脫節：

族孀陳氏頃寓岩州，諸子宦游未歸。偶族侄大琮過岩州，陳孀令作代書寄其子，因口授云：「孩兒要劣妳子，又閱閱（音吸）霍霍地，且買一把小翦子來，要翦脚上骨出（上聲）兒肐（音胖）胝（音肢）兒也。」大琮遲疑不能下筆。孀笑云：「原來這廝兒也不識字！」聞者哂之。因說昔時京師有營婦，其夫出戍，嘗以數十錢托一教書秀才寫書寄夫云：「窟賴兒娘傳語窟賴兒爺，窟賴兒自爺去後，直是㦬（音肝）憎，每日恨（入聲）轉轉地笑，勃騰騰地跳，天色汪（去聲）囊，不要吃溫吞（入聲）蠖托底物事。」秀才沉思久之，卻以錢還云：「你且別處倩人寫去！」（引文據《說郛》）

不知此適足以爲章太炎先生所言『昌黎謂凡作文字，宜略識字。余謂欲作白話，更宜詳識字』之證耳。章氏嘗撰《白話與文言之關係》，於民國二十四年五月二十七日，在《大公報》上發表，謂「白話文言，古人不分，《尚書》直言，（見《七略》）而讀應爾雅（《見《漢書藝文志》）），其所分者，非白話文言之別，乃修飾與不修飾耳。《尚書》二十九篇，口說者皆結屈聱牙，敘事則不然，《堯典》、《顧命》，文理明白，《盤庚》、《康誥》、《酒誥》、《洛誥》、《召誥》之類，則艱澀難讀。要之，白話中藏古語甚多，如小學不通，白話如何能好？且今人同一句話，而南與北殊，都與鄙異，聽似一字，實非一字，此非精通小學者斷不能辨。須有顏氏祖孫之學，方可信筆作白話文。」所言誠是，又何怪乎陳大琮之遲疑不能下筆哉！由是觀之，謂白話爲淺白易曉者，實皮相之論耳。

嘗翻檢顏師古《匡謬正俗》所載，如『俯』（低頭也）之訛爲趺（山東俗謂伏地爲趺），『何等』之省爲『等』而訛爲『底』（俗謂何物爲底，丁兒反），『扛』（舉也，音江，字或作舡）之訛爲『剛』（吳楚之俗謂相對舉物爲剛），『鬌』（髮墮也）之訛爲『椎』（關中俗謂髮落頭禿爲椎），『率』（音律，義爲總計大數）之訛爲『埒』或『耒』（俗監檢田畝，知其所獲，總計大數謂之埒田，而官文書乃作耒字，爲其語涉田農，故用耒耜之字），『巫蠱』（巫祝厭蠱）之訛爲『蟇姑』（俗曰小兒羸病謂之蟇姑），『鹵莽』（輕脫不盡其分）之訛爲『砢麼』（俗謂輕忽其事，不甚精明爲砢麼，上力可反，下眞可反），『兩』（相偶之名，履之屬，二乃成具，故謂之兩）之訛爲『量』（今人呼履爲屐屩之屬，一具爲一量，字當作兩，兩音轉變故爲量耳。古者謂車一乘亦曰一兩，《詩》云『百兩御之』是也，今俗音訛，往往呼爲車若干量），『啁』（《禮三年問》曰，『至於燕爵猶有噍啁之類焉』。此言燕雀見其儔類死亡，悲痛驚愕，相聚集吟噪也）之訛爲『罩』（太原俗謂事不妥帖有可驚嗟爲渴罩。彼處土俗謂群雀聚噪爲雀啁，音竹孝反，此亦古之遺言，故呼可驚之事爲罩爾），『⿰羊巽』（音選，未晬羊也）之訛爲『旋』（小羊未成爲旋〔音祥變反〕子，蓋語訛耳，當言⿰羊巽子也）。此皆由於語音之訛變而成，必有師古之小學功深，方言鄙語，然後乃得其解。

夫音之傳譌，如水之就下，不能禦也，而文字乃蒙其禍。漢字猶然，況依音製之拼音文字乎？英國十三、四世之英人喬瑟與史賓塞，距今不過四、五百年耳，而其詩非別求訓詁，即不能讀。醉心漢字拼音化者，可不鑒哉！錢賓日師曰：「至於中國，文字之發明既早，而語文之聯繫又密。形聲字，於六書占十之九。北言河洛，南云江漾，方言各別，製字亦異。至於古人言厥，後世言其。古人稱粵，後人稱曰，亦復字隨音變，各適其宜。故在昔有《右文》之編，近賢有《文始》之輯，討源文字，推本音語。故謂中國文字與語言隔絕，此乃淺說，未窮深詣。惟中國文字雖與語言相親接，而自具特有之基準，可不隨語言而俱化，又能調洽殊方，溝貫絕代，此則中國文化綿歷之久，鎔凝之廣，所有賴於文字者獨深也。」（《中國文學講演集・中國民放之文字與文學》）

抑言語文字，爲用不同，不當混同。章行嚴先生論之詳矣。曰：「夫語以耳辨，從資口談，文以目辨，更貴成誦，則其取旨之繁簡連截，有其自然，不可強混。如『園有桃』，筆之於書，詞義俱究。今日此於語未合也，必曰『（花）園裡有（棵）桃樹。』『二桃殺三士』，譜之於詩，節奏甚美。今日此於白話無當也，必曰『兩個桃子殺了三個讀書人。』是亦不可以已乎！（《評新文化運動》）瞿秋白輩不解斯旨，遂謂「現代普通話的『新中國文』（按：瞿氏於一九三二年十二月，發表《新中國文草案》，爲漢語拉丁化新文字之首倡設計者。）應當有一個總的原則，就是，適應從象形文字轉變到拼音文字的過程，簡單些說，就是只能夠看得懂還不算，一定要聽得懂。現在只舉一個例子：說『閉關主義』會和普通話讀音的『悲觀主義』相混的，那麽，我們應當放棄文雅的『閉關』兩個漢字，而寫『關門』兩個字。——不寫閉關主義而寫關門主義。」又謂「現代普通話的新中國文必須是眞正現代化的。這就是說，必須寫現在人口頭上講的話。中國現代的言語，正在進化到有字尾的狀態。例如名詞的字尾『子』（桌子、凳子、椅子的子），『兒』（瓶兒的兒）；動詞的語尾『著』『了』；形容詞的語尾『的』等等。再則，中國的言語早已開始變成『多音節的』，尤其是現代的中國話，單音節的字眼已經很少的了。因此，我們應當注意，現在人口頭上講的『人話』已經是多音節的有語尾的中國話。但是，新式白話之中，時常可以看見違背『人話』規則的文字。例如『他的女（朋）友，實（在）令（叫）我（覺得）驚奇（奇怪）』——這樣一句小句子裏面，就要有許多錯誤！」（《瞿秋白文集》第三卷《論文學革命及語言文字問題》）

其實漢語漢語於同音字之遞增，早已知用音調別之。又將同義或近義之單詞相綴，以避混淆。如『意』，易與『億』、『異』、『邑』、『益』相混，『思』易與『斯』、『私』、『司』相混，則將『意』『思』相綴成『意思』，遂無混淆之虞。又語尾之外，於名詞之前繫以類別之詞，以爲辨別。如

『衫』則曰『件』，『山』則曰『座』，而『衫』『山』區以別矣。（見張世祿譯高本漢《中國語與中國文》此等巧妙安排，蓋不自今日始。特向施之於口語，而不用於書辭耳（書辭無此需要）。瞿氏失察，以語尾爲中國現代語之進化。又懸以爲『新中國文』之準則——『看得懂還不算，一定要聽得懂。』此亦非理之求矣。夫文章用以觀而非用以聽者也。故韓文公云『非三代兩漢之書不敢觀』。莊子云『瞽者無以與乎文章（按：畫繢之事，青與赤謂之文，赤與白謂之章，後世因以爲文辭之稱。）之觀，聾者無以與乎鐘鼓之聲。』瞿氏唯漢語拉丁化是務，遂謂『閉關主義』之『閉關』與『悲觀主義』之『悲觀』相混，則棄『閉關主義』不用而用『關門主義』。此庸人自擾，漢字『閉關』與『悲觀』，相去甚遠，無一畫一筆之同，著眼便知，瞿氏又何必監人有目不用，偏作盲瞽哉！

又趙元任先生，亦嘗以『尸』字之四聲作《施氏食獅史》，以『一』音作《漪姨》（據倫敦大學天文台江濤初稿添改），以『ㄐ一』音節之四聲作《饑雞集機記》，諷刺漢字以單音素詞爲文，令聽者不知所云。茲舉其《施氏食獅史》以見：

石室詩士施氏，嗜獅，誓食十獅。氏時時適獅市視獅。十時，適十獅適市。是時，適施氏適市。氏視是十獅，恃矢勢，使是十獅逝世。氏拾是十獅尸，適石室。石室溼，氏使侍拭石室。石室拭，氏始試食是十獅尸。食時，始識是十獅尸，實十石獅尸。

趙氏「硬造」（用趙先生之語）此文，若持『文以目辨』一義觀之，吾不知其所諷焉。夫漢字之同音詞雖多，寧無甄拔之餘地乎？自古綴文之士，莫不講求文字之聲節。沈休文云：「夫五色相宣，八音協暢，由乎玄黃律呂，各適物宜。欲使宮羽相變，低昂舛節。若前有浮聲，則後須切響。一簡之內，音韻盡殊；兩句之中，輕重悉異。妙達此旨，始可言文。」（《宋書謝靈運傳論》）劉海峰亦曰：「一句之中，或多一字，或少一字；一字之中，或用平聲，或用仄聲；同一平字，仄字，或用陰平、陽平、上聲、去聲、入聲，則音節迥異。」（《論文偶記》）世間幾見有趙氏一聲到底之文乎？要之，一切妄論之生，皆緣『言文一致』之謬說而起。不塞不流，不止不行。呂思勉先生蓋嘗辭而闢之矣，亟錄之於下，俾『文學語言』一滌污染，且知方焉。曰：

言文不一致，乃文章進步之故，不足憂也。夫文章愈進，則格法愈奇，規律愈整；口舌筆札之間，遂相懸隔，此亦自然之勢。所貴乎文者，爲其能達意，有感人之力耳。口舌之間，無論如何巧妙，而無推敲點竄之暇，不能如文字之簡練潤飾；又語言必較文字爲冗，徵諸速記錄自明，故言語必不能如文字之簡勁。果其言文一致，則其文字之不進步可知。進步之文，必不能與語言一致也。彼持言文一致之說者，實未知文之義也。

又曰：

語言文字之異，有兩大端：㈠人之發爲言語，及其聽受言語較速，而其作爲文字，及閱讀文字較遲。故文中一語，語言中必化爲二三語，或反覆言之。不如是，則聽者不及領受，即言者之心思，亦不及應付也。又語言過而不留，而文字則有迹可按。故發言時，於緊要之語，慮人遺忘者，必反覆提絜，而文字則不然。故無論如何，語言必較文字爲冗。以語言直書於紙，則蕪雜不堪；不徒不能加明，且恐因之而晦矣。㈡人當發語時，絜音有高低，形態有張弛，皆所以表示其情。言語之感人，固不徒在其所言之理，而在乎言者之情也。作爲文字，則凡聲音之高低，形態之張弛，皆無有矣，果何恃以感人乎？故善爲文者，其詞句必不能與口中之語言相同。變其所言，所以補聲音及形態等之不足也。準是二理，言文必不能一致。今之白話文，苟欲求工，必與語言相去日遠。夫爲程度極低之人計，文字稍加修飾，即恐其不解。乃務與口語相近，此原未爲不可。然豈得以此爲文字之極則，且懸此以爲文學所求之鵠邪？（《字例略說》第十三章《中國文字之優劣》）

三、文學語言當用古今通語

元人周德清於其《中原音韻》一書中，有論作曲之十法，其中造語一法，有可作『天下通語』及不可作『俗語』、『市語』、『方語』（各處鄉談）之目。明人王驥德《曲律・論曲禁》，亦有『俚俗』（不文雅）『方言』（他方人不曉）之條。任中敏先生《作詞十法疏證》釋之曰：「按周氏主張作『天下通語』而不主張作『市語』與『方語』，爲其易時易地，人多不解也。王氏《曲律・雜論》云：『世有不可解之詩，而不可令有不可解之曲。曲之不可解，非入方言，則用僻事之故也。』又王氏《曲禁》之中，亦有『方言』（他方人不曉）一條。此雖與元曲情形，多所不合。然語言雖極應入曲，而所入者爲『天下通語』，則天下盡通，後世易曉。若爲『市語』、『方言』，則雖便捷一時，稱快一地，要無以明於天下後世，是自限其文字之作用矣，可乎？今日展玩元曲，每苦於所有當時方言，不能盡解，因而減興，可見曲家用語，宜通宜方，孰利孰害矣。」

夫以任氏之精研曲學，尚苦於不能盡解元曲之『方言』，況其餘乎？此雖論曲藝，推之其他文字，何莫不然。試觀劉向《說苑．善說》一則：

> 鄂君子晳之汎舟於新波之中也，乘青翰之舟，極𦶟芘，張翠蓋，而檢犀尾班麗桂，社會鐘鼓之音畢，榜枻越人，擁楫而歌。歌辭曰：「濫兮抃草濫予昌枑澤予昌州州𩜱州焉乎秦胥胥縵予乎昭澶秦踰滲惿隨河湖。」鄂君子晳曰：「吾不知越歌，子試爲我楚說之。」於是乃召越譯，乃楚說之曰：「今夕何夕兮搴中州流，今日何日兮得與王子同舟。蒙羞被好兮不訾詬恥，心幾煩而不絕兮知得王子。山有木兮木有枝，心悅君兮君不知！」於是鄂君子晳乃榆脩袂，行而擁之，舉繡被而寢之。

按《說苑》所載越人歌辭，不但千載之下難索解人，即當時鄂君子晳亦不知所云，必召越譯楚說之，然後乃得其解也。

或謂楚辭書楚語，作楚聲，紀楚地，名楚物之作也，何以越歌楚說，不惟鄂君子晳相悅以解，千載之下，亦無隔越？曰：此則中國文學崇尚雅化之效也。錢賓四師嘗辨章之曰：「騷賦之與雅詩，早自會通而趨一流。故楚辭以地方性始，而不以地方性終，乃以新的地方風味與地方色彩融入傳統文學之全體而益增其美富。漢書藝文志載：吳楚汝南歌詩十五篇，燕代謳雁門雲中隴西歌詩九篇，邯鄲河間歌詩四篇，齊鄭歌詩四篇，淮南歌詩四篇，左馮翊秦歌詩三篇，京兆尹秦歌詩五篇，河東蒲坂歌詩一篇，雒陽歌詩四篇，河南風詩七篇，周謠歌詩七十五篇，周歌詩二篇，南郡歌詩五篇。此所謂漢樂府，亦即古者十五國風之遺意，亦自不脫其鄉土之情味與色調。然當時文學大流，則不在風詩而在騷賦。魏晉以下詩人模擬樂府舊題者綿綴不絕。此如漢人之效為楚辭，前此地方性之風味，早已鎔解於共通之文學大流，實不在其能代表地方性，而尤在其能代表共通性。此即所謂雅化也。」（《中國文學講演集・中國民族之文字與文學》）

原夫文字之興，所以濟言語之窮。唐孔沖遠稱「言者，意之聲；書者，言之記。聲不能傳於異地，留於異時，於是乎書之為文字。」文字既用以明於天下後世，則宜通不宜方亦明矣，故曰文學語言當用古今通語也。

四、司馬遷推廣通語

《東塾讀書記》卷十一《小學》曰：「《漢書藝文志》云：『古文讀應爾雅，故解古今語而可知也。』觀於《史記》，采《尚書》以訓詁代正字而曉然矣。如『庶績咸熙』，《史記》作『衆功皆興』。庶，衆也；績，功也；咸，皆也；熙，興也；皆見《釋詁》。其一二字，以訓詁代者，如『賓寅』，作『敬道』，『方鳩』作『旁聚』。寅，敬也；鳩，聚也；亦見《釋詁》。此所謂讀應爾雅也。」按爾為近而取正之義。爾，近也；雅，正也。郝懿行《爾雅義疏・釋詁篇》稱：「此篇自『始也』以下，『

終也』以上，皆舉古言，釋以今語。」是《漢書藝文志》所謂『古文讀應爾雅，故解古今語而可知。』即以當時通行之字訓釋古文，蓋古今異言，代以今字，即無隔礙也。蘭甫先生稱太史公撰《史記》，采《尚書》以訓詁代正字而曉然。則太史公實我國古代推廣古今通語之第一人。爰本蘭甫先生之旨，對舉《史記》所采《尚書》、《左傳》、《戰國策》之文，尋繹其因仍變通之處，以觀古代語言發展之迹：

《尚書堯典》（十三經注疏本）	《史記五帝本紀》（開明本）
克明俊德，以親九族。	能明馴德，以親九族。
九族既睦，平章百姓。	九族既睦，便章百姓。
百姓昭明，協和萬邦。	百姓昭明，合和萬國。
黎民於變時雍。乃命羲	乃命，羲
和，欽若昊天厤象日月	和敬順昊天數法日月
星辰，敬授人時。分命	星辰，敬授民時。分命
羲仲宅嵎夷，曰暘谷。	羲仲居郁夷，曰暘谷。
寅賓出日，平秩東作	敬道日出，平程東作，
，日中星鳥，以殷仲春	日中星鳥，以殷中春
，厥民析，鳥獸孳尾。	，其民析，鳥獸字微。

厥民夷允釐百工，庶績咸熙。
帝曰：疇咨若時登庸？
放齊曰：胤子朱啓明。
帝曰：吁！嚚訟可乎？
帝曰：疇咨若予采？驩
兜曰：都共工方鳩僝功
。帝曰：吁！靜言庸違
象恭滔天。帝曰：咨四
岳！湯湯洪水方割，蕩
蕩懷山襄陵，浩浩滔天
下民其咨。有能俾乂？
僉曰　：於！鯀哉！帝
曰：吁！咈哉！方命圮
族。岳曰：异哉！試可
乃已。帝曰：往欽哉！
九載績用弗成。帝曰：

其民（夷）易信飭百官，眾功皆興。
堯曰：誰可順此事？
放齊曰：嗣子丹朱開明。
堯曰：吁！頑凶。不用。
堯又曰：誰可者？　驩
兜曰：共工旁聚布功。
可用。堯曰：共工善言
其用僻似恭漫天不可。堯又曰：嗟四
岳！湯湯洪水滔天，浩
浩懷山襄陵。
下民其憂。有能使治者？
皆曰：鯀可。堯
曰：　　鯀負命毀
族。不可。嶽曰：异哉！試不可用
而已。堯於是聽嶽用鯀。
九載功用不成。堯曰：

咨四岳！朕在位七十載，汝能庸命，巽朕位。岳曰：　否德忝帝位。曰：明明揚側陋。師錫帝曰：有鰥在下曰虞舜。帝曰：俞。予聞如何？岳曰：瞽子父頑母嚚象傲，克諧以孝，烝烝乂不格姦。帝曰：我其試哉！女于時觀厥刑于二女，釐降二女于嬀汭，嬪于虞。帝曰：欽哉！

嗟四嶽！朕在位七十載，女能用命，踐朕位。嶽應曰：鄙悳忝帝位。堯曰：悉舉貴戚及疏隱匿者。眾皆言於堯曰：有矜在民間曰虞舜。堯曰：然。朕聞之。其如何？嶽曰：盲者子父頑母嚚弟傲，能和以孝，烝烝治不至姦。堯曰：吾其試哉！於是堯妻之二女。觀其德於二女。舜飭下二女於嬀汭，如婦禮。堯曰善！

《左傳僖公二四年》（十三經注疏本）　　《史記晉世家》（開明本）

晉侯賞從亡者，介之推不言祿

晉……賞從亡，未至隱者介子推，推亦不言祿

祿亦弗及。推曰：獻
公之子九人唯若在矣，
惠懷無親，外內棄之，
天未絕晉，必將有主，
主晉祀者，非君而誰？
天實置之，而二三子以
爲己力，不亦誣乎？竊
人之財，猶謂之盜，況
貪天之功以爲己力 ？
下義其罪，上賞其姦，
上下相蒙，難與處矣！
其母曰：盍亦求之，以
死誰懟？對曰：尤而效
之，罪又甚焉。且出怨
言，不食其食。其母曰
：亦使知之若何？對曰

，祿亦不及。推曰：獻
公子九人，唯君在矣，
惠懷無親，外內棄之，
天未絕晉，必將有主，
主晉祀者，非君而誰？
天實開之， 二三子以
爲己力，不亦誣乎？竊
人之財，猶曰是盜，況
貪天之功以爲己力乎？
下冒其罪，上賞其姦，
上下相蒙，難與處矣！
其母曰：盍亦求之，以
死誰懟？推曰：尤而效
之，罪有甚焉。且出怨
言，不食其祿。 母曰
：亦使知之若何？對曰

：言，身之文也。身將
隱　焉用文之？
是求顯也。其母曰：能
如是乎？與爾偕隱。遂
隱而死。晉侯求之不獲

以緜上爲

：言，身之文也。身欲
隱　安用文之？文之
是求顯也。其母曰：能
如此乎？與爾偕隱。至
死不復見。
介之推從者憐之，乃懸
書宮門曰：龍欲上天，
五蛇爲輔，龍已升雲，
四蛇各入其宇，一蛇獨
怨，終不見處所。文公
出見其書曰：此介子推
也。吾方憂王室，未圖
其功，使人召之，則亡
，遂求所在。聞其入緜
上山中，於是文公環緜
上山中而封之，以爲介

之田，曰：　以志
吾過；且旌善人。

《戰國策燕策一》（國基本）
說燕文侯曰：燕東有朝
鮮遼東，北有林胡樓煩
，西有雲中九原，南有
呼沱易水，地方二千餘
里，帶甲數十萬，車七
百乘，騎六千匹，粟支
十年，南有碣石鴈門之
饒，北有棗栗之利，民
雖不由田作，棗栗之實
，足食於民矣。此所謂
天府也！　夫安樂無事
，不見覆軍殺將之憂，

推田，號曰介山，以記
吾過；且旌善人。

《史記蘇秦列傳》（開明本）
說燕文侯曰：燕東有朝
鮮遼東，北有林胡樓煩
，西有雲中九原，南有
呼沱易水，地方二千餘
里，帶甲數十萬，車六
百乘，騎六千匹，粟支
數年，南有碣石鴈門之
饒，北有棗栗之利，民
雖不　佃作，而足於棗
栗矣。　　此所謂
天府者也！夫安樂無事
，不見覆軍殺將

無過燕矣！大王知其所以然乎？夫燕之所以不犯寇被兵者　，以趙之爲蔽於南也！秦趙五戰，秦再勝而趙三勝，秦趙相弊，而王以全燕制其後，此燕之所以不犯難也！且夫秦之攻燕也，踰雲中九原，過代上谷，彌埊踵道數千里，雖得燕城，秦計固不能守也，秦之不能害燕亦明矣！今趙之攻燕也，發興號令，不至十日，而數十萬之衆軍於東垣矣。度呼沱，涉易水，

無過燕矣！大王知其所以然乎？夫燕之所以不犯寇被甲兵者，以趙之爲蔽於南也！秦趙五戰，秦再勝而趙三勝，秦趙相斃，而王以全燕制其後，此燕之所以不犯寇也！且夫秦之攻燕也，踰雲中九原，過代上谷，彌地　　數千里，雖得燕城，秦計固不能守也，秦之不能害燕亦明矣！今趙之攻燕也，發號出令，不至十日，而數十萬之軍軍於東垣矣。渡嘑沱，涉易水，

不至四五日距國都矣。
故曰：秦之攻燕也，戰
於千里之外；趙之攻燕
也，戰於百里之內。夫
不憂百里之患，而重千
里之外，計無過於此者
！是故，願大王與趙從
親，天下爲一，則燕
必無患矣！燕王曰：
　寡人國小，西
迫強秦，南近齊趙。齊
趙強國也，今主君幸教
詔之，合從以安燕，
　敬以國從。於是　蘇
秦車馬金帛以至趙。

不至四五日而距國都矣。
故曰：秦之攻燕也，戰
於千里之外；趙之攻燕
也，戰於百里之內。夫
不憂百里之患，而重千
里之外，計無過於此者
！是故，願大王與趙從
親，天下爲一，則燕國
必無患矣！文侯曰：子
言則可，然吾國小，西
迫強趙，南近齊。　齊
趙強國也，子必欲
　合從以安燕，寡
人請以國從。於是資蘇
秦車馬金帛以至趙。

根據上列對文分析所得，《史記》采《尙書》以訓詁代正字之處最多。計有：能（克）、合（協）、國（邦）、敬（欽寅）、順（若）、數（厤）、法（象）、居（宅）、其（厥）、易（夷）、信（允）、衆（庶、師）、功（績）、皆（咸、僉）、興（熙）、誰（疇）、聚（鳩）、使（俾）、治（乂）、毀（圮）、嗟（咨）、和（諧）、至（格）、然（俞）等二十四字，皆見《爾雅》〈釋詁〉與〈釋言〉。其餘以釐代飭，以布代潺，以用代庸，以善代靜，雖《爾雅》未載，諒亦不出爾雅近而取正之義。至於以『馴德』易『俊德』，以『百官』易『百工』，以『開明』易『啓明』，以『負命』易『方命』，以『德』易『刑』，以『鄙』易『否』，以『憂』易『咨』，以『似』易『象』，則取其明確與平易之故。如易『俊德』爲『馴德』，按：《玉篇》『馴』，『善』也；『俊』，材過千人也。」《禮．王制》稱：「司徒論選士之秀者而升之學曰『俊士』。」又《北史蘇綽傳》曰：「萬人之秀曰『俊』」。皆指才能而言，與德異旨，故孔傳釋『俊』爲『峻』，終覺牽強，不如《史記》易『俊』爲『馴』之確當也。又如易『方命』爲『負命』，按：『方命』猶云『逆命』，馬融注：放也。鄭注謂放棄教命。輾轉注釋而後明，不若《史記》『負』字之顯淺易曉。又如『平章』作『便章』，《史記索隱》稱：「《古文尚書》作『平』，『平』既訓『便』，因作『便章』」。此史公用今語之證也。所不解者，如『字微』之代『孳尾』耳。乳化曰『孳』，交接曰『尾』，今代之以『字微』，反更深晦。史公斷無不知之理，蓋必有故，待考。而『象傲』改作『弟傲』，蓋取其與父頑母嚚畫一也。足徵史遷之留心語法，不獨以訓詁代正字而已也。故《尚書》「疇咨若予采」一語，尚存口語之形式，《史記》作『誰可者』，則純爲文語之格調，此又上古語言發展之大端也。

至於《史記》之采用《左傳》、《戰國策》，除加詳外，則甚少改動，尤其《戰國策》，幾通篇承用。千古傳誦之《荊軻列傳》，亦全出《國策》，固不獨上舉之《蘇秦列傳》爲然也。蓋自春秋以迄戰國，漢語隨社會之劇變而空前發展，無論語音、詞彙以至語法，漸趨於規範化。遂爲史遷所承用而撰成其永爲後世家傳戶誦之《史記》。雖然，史遷爲文，自有其一貫之旨。即溝貫絕代，調洽殊方是也。故其采《左傳》僖公二十四年之文入《晉世家》也，仍然以「不」代「弗」，以「開」代「置」，以「冒」易「義」，以「記」爲「志」。其采《戰國策》燕策入《蘇秦列傳》也，易「田」爲「佃」，易「齎」爲「資」，改「埊」爲「地」，改「度」爲「渡」等等，皆務爲通語而使人易曉者也。然其於古文之確然有當者，亦不遽廢。如「秦趙相斃」之用「斃」（獘）而不用弊，「嘑沱」之用「嘑」而不用「呼」是也。按：商承祚《殷虛文字》曰：「《說文解字》：獘，頓仆也，從犬敝聲。或從歹人作斃。段先生曰：俗又引申的利弊字，遂改爲弊，則獘爲弊之本字。」又《群經正字》云：「今經典多從或體作斃，而獘又變作弊，是誤犬爲大，而又變爲廾，如奕箅算之例也。謬甚。《爾雅》〈釋言〉：『斃，踣也。』」此史遷用本字之例也。又「齎」與「資」同。《儀禮》〈少牢饋食禮〉：「資黍于羊俎兩端。」注：「資猶減也，今文資作齎。」此又史遷用古文之例也。至於「嘑沱」之用「嘑」不用「呼」，按：《說文》：「呼，外息也，從口乎聲。」段注曰：「今人用此爲號嘑評召字，非也。」《辨字正俗》云：「呼、嘑、評、謼、虖、乎六字，文異而音義相近，故古多通用，亦皆從乎得聲，此亦古今字之異也。『嘑』，《周禮》〈雞人〉，僅存此字，若〈銜枚氏〉詔呼歎嗚，《大雅》或號或呼，及諸書叫呼者，皆當作『嘑』，不當用外息之字。」此又史遷雖每以訓詁字易經文，而務存本字之證也。史遷年十歲則誦古文，其《五帝本紀論》曰：「百家言黃帝，其文不雅馴，薦紳先生難言之。總之不離古文者近是。予觀《春秋》，《國語》，其發明《五帝德》、《帝繫姓》章矣，余並論次，擇其言尤雅者，故著為本紀書首。」淺人不解史遷『擇雅』之旨，謂《史記》之文學價值，在於善寫言語，舉《陳涉世家》「顆頤，陳涉之為王，沈沈者」為證，許為眞正之人民語言。（見蔣祖怡《中國人民文學史》第七章《結論二，人民文學和語言問題》）不知史遷之作此逼眞傳神之語者，以此為漢世相傳鄙語，不得不爾。然亦隨即為之補釋曰「楚人謂多為顆，故天下傳之顆涉為王由陳涉始。」此史遷推廣古今通語之明證，蓋不如此，則他方之人不解，有違文以行遠之義，安得如蔣氏所云：「這眞是人民的語言。司馬遷地方跑得多生活經歷得多，才能寫出這些好文章來。」誠然《史記》之得為我國古今第一文字，與其「二十而南遊江、淮，北涉汶、泗，過梁、楚以歸」有關，然絕非以俗語入文之效，此不可不辨。柳宗元嘗於《答韋中立論師道書》自道其為文之方曰：「參之太史以著其潔。」所謂潔者，即整齊百家雜語，文能雅馴之意耳。史遷於「漢興百年之間，天下遺文古事，靡不畢集，父子相繼纂其職，罔羅天下放失舊文，拾遺補藝，成一家言，厥協六經異傳，整齊百家雜語」（《太史公自序》）。此必經文字規範化之一途，而其書又為後世家傳戶誦，衣被百代，故對通語之推廣，實居功至偉也。

五、劉子玄與顧亭林主用今語之實際意義及其啓示

劉子玄於其《史通》卷六〈內篇．言語〉曰：「夫三傳之說，既不習於《尙書》，兩漢之詞，又多違於《戰策》，足以驗甿俗之遞改，知歲時之不同。而後來作者，通無遠識，記其當世口語，罕能從實而書，方復追効昔人，示其稽古。……用使周秦言辭，見於魏晉；楚漢應對，行乎宋齊之日。而僞修混沌，失彼天然，今古以之不純，眞僞由其相亂。……夫天地長久，風俗無恒，後之視今，亦猶今之視昔。而作者皆怯書今語，勇効昔言，不其惑乎！」而顧亭林《日知錄》卷一九《文人求古之病》亦曰：「《後周書．柳虯傳》：『時人論文體有今古之異。虯以爲時有今古，非文有今古。』」此至當之論。夫今之不能爲二漢，猶二漢之不能爲《尙書》、《左氏》。乃勦取《史、漢》中文法以爲古。甚者獵其一二字句用之於文，殊爲不稱。……舍今日恒用之字，而借古字之通用者，皆文人所以自蓋其俚淺也。《唐書》鄭餘慶，奏議類用古語，如『仰給縣官馬萬蹄』，有司不曉何等語，人皆其不適時。」

按：子玄之反對『勇效昔言』，亭林之訾用古語，誠爲文人作者求古之箴石。然子玄之主用今語，與亭林之主用今日恒用之字，不得目爲提倡語體。請先言亭林之說：亭林深韙柳虯『時有今古，非文有今古』之論，彼固以自《尙書》以降，文無異體者也。太炎先生所謂『《尙書》直言而讀應爾雅，其所分者，非白話、文言之別，乃修飾與不修飾耳。』亭林論文，蓋薄白話而尙文言者，其《修辭》云：「

夫子不曰『其旨遠，其辭文』乎？不曰『言之無文，行而不遠』乎？曾子曰『出辭氣，斯遠鄙倍矣。』嘗見今講學先生從語錄入門者，多不善於修辭。……自嘉靖以後，人知語錄之不文，於是王元美之《箚記》，范介儒之《膚語》，上規子雲，下法文中，雖所得有淺深之不同，然可謂知言者矣。」（《日知錄集釋》卷十九）然則亭林之反對用古語，乃因其不適時與勦取古人字句文法以自蓋其俚淺耳。亭林最痛摹倣，嘗曰：「近代文章之病，全在摹倣，即使逼肖古人，已非極詣，況遺其神理而得其皮毛者乎？……《曲禮》之訓：『毋勦說，毋雷同。』此古人立言之本。」（同上《文人摹倣之病》）此亭林反對文人求古，主用今語之眞意也。

次言子玄之論：子玄謂『後來作者，通無遠識，記其當世口語，罕能從實而書，追效昔人，示其稽古。用使周秦言辭，見於魏晉；楚漢應對，行乎宋齊。皆怯書今語，勇效昔言。』亦非提倡語體。此觀其篇首稱『言之不文，行之不遠，則知飾詞專對，古之所重也』自明。抑子玄所議，乃指史文而言。史家之文與文士之文異，此不可不辨。章實齋先生曰：「文士撰文，惟恐不自己出；史家之文，惟恐出之於己；其大本先不同矣。史体述而不造，史文而出於己，是爲言之無徵，無徵且不信於後也。」（《章學誠遺書》卷十四《方志略例一與陳觀民工部論史學》）明乎此，然後知史以實錄爲貴，子玄議評後來史家『記其當世口語，罕能從實而書』，即緣此而發，非謂以口語爲文也。故其於江左之史家記述用經籍之語，不以爲非，蓋從實而書故也。其言曰：「自咸洛不守，龜鼎南遷，江左爲禮樂之鄉，金陵實圖書之府，故其俗猶能語存規檢，言喜風流，顚沛造次，不忘經籍，而史臣修飾，無所費功。」（《言語》）所謂『語存規檢，言喜風流』蓋指《梁書》「高祖在園中，見蕭正德而謂之曰：『不有其廢，君何以興？』」『啜其泣矣！何嗟及矣！』湘東王聞世子方等見殺，謂其次子方諸曰：『不有其廢，君何以興？』」之類，皆事皆不謬，言必近眞。與魏收、牛弘撰《魏》、《周》二書之『援引《詩》、《書》、憲章《史》、《漢》，妄益文彩，虛加風物不同。抑子玄論史，謂《尙書》、《春秋》「意指深奧，誥訓成義，微顯闡幽，婉而成章。」「師範億載，規模萬古，爲述者之冠冕，實後來之龜鑑。」又謂「國史之美者，以敘事爲工。而敘事之工者，以簡要爲主，簡之時義大矣哉！然則文約而事豐，此述作之尤美者也。夫飾言者爲文，編文者爲句，句積而章立，章積而篇成，篇目既分，而一家之言備矣。古者行人出境，以詞令爲宗；大夫應對，以言文爲主；況乎列以章句，刊之竹帛，安可不勵精雕飾，傳諸諷誦者哉？」（以上俱見《史通》卷六內篇《敘事》）子玄又以章句之言，用晦爲優。謂「能略小存大，舉重明輕，一言而巨細咸該，片語而洪纖靡漏，此皆用晦之道也。」（同上）凡此，在在皆與重沓之言語異趣。故因子玄有『記其當在口語』之語，而謂子玄提倡體，實不知子玄且不知文義也。

雖然，觀於子玄與亭林之一方力主用今語，而子玄推尊《尙書》、《春秋》之『師範億載，規模萬古，爲述者之冠冕，實後來之龜鏡。』亭林深踶柳虬文體無古今之論，復以語錄爲不文，則文言白話之分，殊爲牽強。而文言白話優劣之辨，則更無謂。章太炎先生於民國二十四年五月二十七日在大公報發表其《白話與文言之關係》稱：「今人思以白話易文言，陳義未嘗不新，然白話究能離去文言否？此疑問也！白話亦多用成語，如『水落石出』、『與虎謀皮』之類，不得不作括弧，何嘗盡是白話哉？且如『勇士』、『賢人』，白話則無，爲欲避免，須說『好漢』、『好人』，『好漢』、『好人』，究與『勇士』、『賢人』有別。元時徵求遺逸，詔謂徵求有本領的好人。當時薦馬端臨之狀曰：『尋得有本領的好人馬端臨』（見《文獻通考序》）。今人稱有本領者曰『才士』或曰『名士』，爲必改用白話，亦必曰：『尋得有本領的好人某某』，試問提倡白話之人，願意承當否邪？以此知白話意義不全，有時仍不得不用文言也。」其言至爲有理。梁任公曰：「研究古籍，無待迻譯。夫《論語》、《孟子》，稍通文義之人皆能讀也。其不能讀《論語》、《孟子》者，則並《水滸》、《紅樓》亦不能讀也。故治古學者無須變其文與語。」（《清代學術概論》廿一章）周祖謨先生亦知胡適輩之割裂文言與白話使之對立爲不當，謂「白話代表的是現代話，文言代表的是古代語，這兩者之間又不是截然沒有關係的東西。現代語就是以過去的豐富的古代語爲基礎而發展起來的。它的基本語法構造和大部分的詞匯都是從古代語承接下來的。……事實上古代的文學語言和現代文學語言之間有一脈相承的關係。」（北大中國語文系教研室編：《文學語言詞題討論集·從『文學語言』的概念論議語的雅言、文言、古文等問題》）可惜周氏依然未能擺脫言文一致之錯誤觀念，遂謂「反對文言文提倡白話文，是確定新的文學語言的鬥爭。……五四運動時　提倡白話文，不僅代表文學發展過程中言文一致的要求，而且標志著白話已經是全民交際的語言了。」（同上）既然謂「事實上古代的文學語言和現代文學語言之間有一脈相承的關係」便不應謂「反對文言文提倡白話文，是確定新的文學語言的鬥爭。」所謂「五四運動以後盡管有一些保守派，如林紓、嚴復等還想繼續維持文言文爲全民的書面語言，但終歸失敗。」此與胡適《白話文學史》所提出之『文言是久已死去的語言』，除久死新死之外，有何分別？善乎！姚惜抱之言曰：「夫文無所謂古今也，惟其當而已。得其當，則六經至於今日，其為道也一。知其所以當，則於古雖遠，而於今取法，如衣食之不可釋。」是以史遷點竄古今文字，出入周秦，牢籠戰國，蔚為我國文學語言之太宗。劉子玄、顧亭林提倡今語，而其文章與史遷接氣，雖風格不同，而大體無異，蓋知「言之無文，行之不遠」之旨而已矣。

綜上所言，為發揮文字行遠之功能及保持文字之簡潔與夫駕馭語言之繁冗起見，文學語言之須用文語且當用古今通語審矣。

一九八七年八月十七至十八日香港嶺南學院中國文學及歷史系主辦《文學創作及一般寫作教學研討會論文集續篇》

古詩『秋草萋已綠』及『涼風率已厲』試解

——學習古文辭要探本窮源、通權達變

一、無用之辯

《古詩十九首》爲五言詩之星宿海，上承三百篇之餘烈，下開建安之風骨，在中國文學史上，實居極重要之地位。鍾嶸《詩品》稱其「文溫以麗，意悲而遠，驚心動魄，可謂幾乎一字千金。」劉勰《文心雕龍・明詩》亦謂其「結體散文，直而不野，婉轉附物，怊悵切情，實五言之冠冕。」皆非過譽之言。所惜其產生年代，疑莫難明，誠如鍾記室所云「古詩眇邈，人世難詳。推其文體，固是炎漢之製，非衰周之倡也。自王（褒）、楊（雄）、枚（乘）、司馬（相如）之徒，辭賦競爽，而吟詠靡聞。……東京二百載中，惟有班固《詠史》，質木無文。降及建安，曹公父子，篤好斯文，……彬彬之盛，大備於時矣。」（《詩品序》）細味記室之言，西漢尚無五言詩之作，甚至東漢二百年中亦只有質木無文之班固《詠史詩》，直至東漢末年，五言詩然後彬彬大盛。準此，記室推爲『幾乎一字千金』之古詩，實不能出現建安之前，否則記室不當作此論斷。然則，記室所稱『炎漢之製』之古詩，

其年代非西漢以至建安之前亦明矣。而劉勰則謂「古詩佳麗，或稱枚叔，其《孤竹》一篇，則傅毅之詞，比宋（類）而推，兩漢之作乎？」並謂「《召南行露》，始肇半章；《孺子》滄浪，亦有全曲；暇豫優歌，遠見春秋；邪徑童謠，近在成世，閱世取證，則五言久矣。」蓋不以「成帝品錄，莫見五言，所以李陵、班婕妤見疑于後代」（《詩品序》語）爲然也。

自舍人之論一出，群趨以爲是。逮李善之注《明月皎光》『玉衡指孟冬』句也，首從曆法爲說曰：「《春秋運斗樞》曰：『北斗七星第五星曰玉衡。』《淮南子》曰：『孟秋之月，招搖指申。』然上云促織，下云秋蟬，明是漢之孟冬，非夏之孟冬矣。《漢書》曰：『高祖十月至霸上，故以十月爲歲首。』漢之孟冬，今之七月矣。」自是凡相信《古詩十九首》爲兩漢之作者，莫不以此爲『南山可移，此案不可移』之定讞。近人隋樹森復張大其說曰：

我覺得兩漢之說最爲可信，我們從《十九首》中也能得到證明，如第七首云：「明月皎夜光，促織鳴東壁。玉衡指孟冬，眾星何歷歷？白露沾野草，時節忽復易。秋蟬鳴樹間，玄鳥逝安適？……」李善《文選注》說：「上云促織，下云秋蟬，明是漢之孟冬，非夏之孟冬矣。《漢書》曰：『高祖十月至霸上，故以十月爲歲首。』漢之孟冬，今之七月矣。」又說：「復云秋蟬玄鳥者，此明實候，故以夏正言之。」按：《漢書・張蒼傳》云：「蒼爲計相時，緒正律歷，以高祖十月始至霸上，故因秦時本十月爲歲首，不革。」《武帝本紀》云：「太初元年夏五月正歷，以正月爲歲首。」這就是說秦用建亥歷，（以十月爲歲首，十月亥月也。）漢初仍之，至武帝太初元年始改用建寅歷，相差正是一季。詩中敍時令爲孟冬，但還有促織與蟬，這孟冬當然是武帝太初以前的孟冬，實即後來的孟秋。李善據《漢書》而定《明月皎夜光》一詩爲西漢太初以前的作品，是很對的。又，第十六首云：「凜凜歲云暮，螻蛄夕鳴悲。涼風率已厲，遊子寒無衣。……」嚴冬歲暮而有螻蛄鳴悲；「孟秋之月，涼風至，」（《禮記・月令》）涼風是秋天的風，而此詩敍歲暮始云涼風已厲，遊子無衣；那麼這所謂歲暮，當係夏歷八九月的時候，故此詩也是成於太初以前的。又第十二首云：「迴風動起地，秋草萋已綠。四時更變化，歲暮一何速？……」歲暮而有萋已綠的秋草，這也足證爲太初以前的詩。《古詩十九首集釋・考證三》

方祖燊《漢詩研究・漢五言詩作者與時代問題的辨疑與新證》亦附和隋氏之說，謂「從《古詩十九首》的內容，研究它們的時代性：《古詩・明月皎夜光》、《東城高且長》、《凜凜歲云暮》三首，詩中節令，可以證明它們是西漢武帝太初以前的作品。」方氏自詡稱：「歷代各家的疑說與結論，在這篇專題研究中，都一一被訂正了。」殊不知所謂『詩中節令』之說，自李善已不能自圓其說矣。李善《文選注》曰：「上云促織，下云秋蟬，明是漢之孟冬，非夏之孟冬矣。」又曰：「復云秋蟬玄鳥者，此明實候，故以夏正言之。」一篇之中，忽冬忽秋，時而漢令，時而夏正，安有如此顛倒混淆之措辭乎？而《選》注初傳，閱世而風流彌盛①，眞所謂悠謬流傳者矣。

要之，一切妄論之生，皆緣於改月之說而起。張爲騏嘗撰《古詩明月皎夜光辨僞》駁正之曰：

我覺得李善的理由是很不充分的。第一，詩中時月不能考本詩的年代。魏了翁作《正朔考》，歷舉《易》、《詩》、《書》等都用夏正。他經且不具論，專論《詩經》。《詩經》是一部周朝的文學書，而其言月皆據夏時。故《小序》稱「《詩》有夏正，無周正。」比如「四月維夏，六月徂暑」便是用夏正的明據。……第二，孟冬七月是李善的謬說。夏朝建寅，以正月爲歲首；商朝建丑，以十二月爲歲首；周朝建子，以十一月爲歲首；歲首雖各不同，只改正朔，不改月次，無關於四季；四季各有牠們的專門意義，不能隨便移易的。沈赤然說：「殷周時月雖改，凡授時施令，仍依夏時行之，故不害其爲建子建丑。使竟以冬爲春，以夏爲秋，亦復成何世界耶？」（《寄傲軒讀書隨筆》）正是這個道理。所以秦朝建亥，以十月爲歲首，而《呂氏春秋》所記孟仲季春夏秋冬仍據夏正；即李善所引《淮南子，時則訓》在未改曆以前亦未嘗不據夏正。這是很不相干的。如何能說：『漢之孟冬，非夏之孟冬』呢？第三，《史記》、《漢書》明明白白載有歷從夏正的賦頌。賈誼在長沙三年，有鵩鳥飛入其舍，止於坐隅。他自恐不壽，乃爲賦以自廣。這篇賦開頭的兩句便是：「單閼之歲兮，四月孟夏。」太歲在卯曰『單閼。』那時正當漢文帝六年丁卯，距武帝太初元年正七十年。又如司馬相如上《封禪頌》，中云：「孟冬十月，君徂郊祀。馳我君輿，帝用享祉。」司馬相如卒時在元狩五年，距太初亦前十四年；而且此頌明指孟冬爲十月，更是李善註的絕好反證。……第四，詩中「冬」字是「秋」字之誤。孟冬既仍爲十月，通篇又全寫秋景，自非字有訛誤，解釋必不可通。此首惜無善本可資校對，

但我深信：若得善本，一定是個「秋」字。（《東方雜誌》第二十六卷第二十二號）

張氏所駁正李善改時之說，除第四點外，餘皆至爲通明正確。余友鄺士元君撰《古詩明月皎夜光創作年代考》謂「近代學者仍多以太初改曆法，只改變月份歲首，而未改時令，若馬茂元之《古詩十九首探索》亦主此說，而前此，蔡九峰注《商書》謂周秦改朔未改月。郎瑛《七修類稿》謂秦及漢初但改歲而未改月次。下及清儒王引之先生則謂太初以前雖以十月爲歲首，而四季之名未改。綜上諸說觀之，皆涉於《春秋》聚訟『春王正月』一辭。王氏力主改月不改時者，實本諸胡康侯之說。失之。其驗周秦以降，時月俱改者，考之經文在在可見。明乎此，則應知三統曆法在太初改元前後之地位，斯可以言曆法也。」（《大陸雜誌》第三十三卷第二期）

鄺君稱改時與改月乃三統曆之基本法則，舉《春秋左傳》爲證。②又謂『周秦以降，時月俱改者，考之經文在在可見。』所謂『經文在在可見』，皆不出《左傳》之文，而於《春秋》經無據也。抑「《春秋》所書，時皆辰時也，月皆孟月也，雖《左氏傳》亦然。隱三年傳曰，夏四月，鄭祭足帥師取周之麥；秋又取周之禾，其爲夏正明白如此。……或者又曰，劉歆以三代之正，作《三統歷述》，此亦正史所載也，何以謂之皆夏正邪？愚則應之曰，劉歆漢儒也，與孔安國蓋遞相祖述者，自是歷家從而和之，又豈足爲確論乎？且不信聖《經》而信《歷述》，復以《歷述》而伸傳註，是皆學者厭平實而喜奇誇之過也。」（魏了翁《正朔考》，叢書集成初編本）則鄺君謂『知三統曆法在太初改元前後之地位，斯可以言曆法』似難立足也。而張爲騏駁正李善之說，引魏了翁《正朔考》，歷舉《易》、

《詩》、《書》皆用夏正，舉《小雅谷風》『四月維夏，六月徂暑』爲證，則確鑿不移。俞平伯《秦漢改月論》曰：「日本昭和九年七月，《東方學報》（京都）第五冊能田忠亮《秦改時改月說與五星聚井辨》，引天文知識以解此問題，至爲新穎清明。」茲只譯其結論一節：「秦始皇二十六年初并天下，改年始，以夏曆冬十月爲歲首，漢高祖以十月至霸上，因秦之正朔而勿革，至武帝太初二年方以夏曆建寅月爲歲首，稱爲春正月，此皆爲歷史的事實。然則由人所共信的三正迭代論引申之，以爲秦及漢初呼夏曆之冬十月爲春正月，亦屬當然的思考，所謂秦改時改月說是也。即謂秦與漢初，四時較夏曆有一季或三個月之差。而實際上呢，《史》、《漢》記其時之月季全用夏曆，則曰史官以夏曆追改之，主斯說者，漢、魏之際有文穎，而唐顏師古，北宋劉攽，清金榜等承之。又《漢書・高帝紀》有元年冬十月五星聚于東井，沛公至霸上之文，而北魏崔浩、北宋劉攽解此五星聚井爲漢元之前一年夏曆秋七月或秦十月事，此爲秦改時改月說天文學的唯一論據；……然此五星聚井實爲漢元年立秋七月節事，在沛公至霸上之月十個月之後，究不足爲秦改時改月說之論據。……關於《漢書・高帝紀》此條記事之解釋，似以周壽昌說爲最妥③。於是改時改月說僅爲三正迭代論之引申，以外並無明確之論據，以夏曆追改時月之說則想像而已，也沒有證據④。至於非改時改月說，其根據雖不盡同，自北宋胡安國以來，當以清王引之爲第一人，其所舉證據有十七條⑤。……說漢初正用夏曆，以建寅之月爲正月，引《淮南子・天文訓》實爲確證。又此十七條外，在《史》、《漢》上有五十餘條的朔晦記事，若說爲全出於追改，究屬不可能的。秦及漢初仍用夏曆而以冬十月爲歲首，實爲最穩當的結論。」（

《論詩詞曲雜著・古詩明月皎夜光辨・附錄》）由此觀之，鄺君謂王引之改月不改時之說失之，蓋未窮深詣之論。復觀明周洪謨《周正辯》曰：

周人以建子爲歲首，是以子月爲正月乎？曰：「歲首云者，言改元始於此月，是以此月爲正朔，非以此月爲正月也。」曰：「正朔正月有以異乎？」曰：「正之爲言端也。端之爲言始也。正朔者，十二朔之首，史官紀年之所始也。正月者，十二月之首，曆官紀年之所始也。或曰：正者，長也。正朔之爲第一朔，正月之爲第一月，猶長子之爲第一子也，故皆可謂之歲首。前乎商之建丑也，《書》曰惟元祀十有二月。是商之正朔以十二月爲歲首，而非以十二月爲正月也。後乎秦之建亥也，《史》謂秦既并天下，始改年，朝賀皆自十月朔，故曰元年冬十月。是秦之正朔以十月爲歲首，而非以十月爲正月也。由是推之，則周人之建子者，以十一月爲歲首，而不以十一月爲正月也。後世儒者不得其義，故有紛紛不決之論：漢孔安國、鄭康成則謂周人改時與月。宋程伊川、胡安國則謂周人改月而不改時。獨九峰蔡氏謂不改時亦不改月。至於元儒吳仲遷、陳定宇、張敷言、史伯璿、吳淵穎、汪克寬輩，則又遠宗漢儒之謬，而力詆蔡氏之說，謂以言《書》則爲可從，以言《春秋》則不可從。於乎！四時之序，千萬古不可易，而乃紛更錯亂，以冬爲春，以春爲夏，以夏爲秋、以秋爲冬，位隨序遷，名與實悖，雖庸夫騃子，且知其不可，而謂聖人平秩四時，奉天道以爲政者，乃如是乎？予懼學者惑其言，未有不誣聖經以亂先王之法者矣。故以《易》、《書》、《詩》、《周禮》、《春秋》、《論語》、《孟子》，及《汲冢周書》、《史記》、《漢書》，可以證諸儒論辯之失者，參考而詳列於左云。……」

（見明程敏政編《明文衡》卷之十五《辯》）

所辨至爲明當，其區分「正朔」爲史官紀年之始，「正月」爲曆官紀年之始，二者判然有別，足解古今來諸儒改時改月聚訟紛紜之惑。而論者罕有援以爲說者，即日人田忠亮所譽爲非改時改月說之第一人王引之，亦不例外，誠可怪也。按：周氏不改時與月之論，其所取證於《易》、《書》、《詩》、《周禮》、《春秋》、《論語》、《孟子》、《汲冢周書》、《史記》、《漢書》諸書，皆確鑿不移，文繁不備錄。

抑《莊子·秋水篇》云：『秋水時至，百川灌河。』成玄英疏曰：「大水生於春而旺於秋，素秋陰炁猛盛，多致霖雨，故秋時而水至也。」觀於《漢書·溝洫志》載哀帝時待詔賈讓言：「古者立國居民，疆理土地，必遺川澤之分，使秋水多得有所休息。」信然。而賈、成二氏之言，皆出太初改曆之後，此亦周人不改時之一證也。今周洪謨之《周正辯》已因雲夢秦簡之出土⑤而獲完全證實。月改春移之臆說，已不攻自破。雲夢秦簡之《廄苑律》曰：

以四月、七月、十月、正月膚田牛，卒歲，以正月大課之。……

律文中十月與正月並列，其不以十月爲正月亦明矣。又《倉律》曰：

稻后禾孰（熟），計稻后年。……歲異積之，勿增積，以給客，到十月牒書數，上內（史）。

小隸臣妾以八月傅爲大隸臣妾，以十月益食。

又甲種《日書》之秦楚月名對照表作：

十月，楚冬夕。十一月，楚屈夕。十二月，楚援夕。正月，楚刑夷。二月，楚夏尿。三月，楚紡月。四月，楚七月。五月，楚八月。六月，楚九月。七月，楚十月。八月，楚爨月。九月，楚獻馬。

皆十月自十月，正月自正月，判然有別。故曾憲通《秦簡日書歲篇講疏》稱：「從以上日書幾乎都用始正月終十二月的月序看來，秦簡日書的用曆，正是正月建寅的夏曆。從天文學的觀點看，所謂夏曆，並非眞正行于夏時，它是春秋戰國時期的天文曆法家爲了調整曆數與氣節之間的差異而託古建立起來的。所以夏曆在天能同日月星辰的運行相應，在地能與四農時相合，所謂『夏數得天』，就是這個道理。秦曆之所以只改歲首，而不改正月與四季搭配，正是由于以十月爲正，與時令大有牴牾，只是爲了附會『五德終始』之說，才改十月爲歲首以牽合所謂『水德』，而實際用的仍是得天的夏曆。……順便指出，在秦曆問題上，過去存在一個不太明確的觀念，即往往把秦之歲首與秦正混爲一談，或者把秦曆不恰當地稱爲秦正。從秦楚月名對照表看來，二者區分甚明。秦之歲首爲十月，但沒有改十月爲正月，故不能稱十月爲秦正。另一方面，秦仍沿用夏曆正月，也沒有改夏曆正月爲四月。因此，如果非稱秦正不可，便與夏正無異，更不能拿秦正來代表秦曆了。其實，所謂秦曆，有它自己特殊的內涵，即指秦以十月爲歲首，而又保留夏正月分與四季搭配，這是秦曆與『三正』不同的地方。」曾氏殆未嘗讀周洪謨之《周正辯》，故於「正朔」與「正月」之分野不甚了了，遂將秦之歲首與秦正歧爲二物。又謂秦曆與「三正」不同，有其特殊內涵，即以十月爲歲首，而又保留夏正與四季搭配，自毀其原先區分秦曆與秦正不得混爲一談之卓見。然其謂秦曆不改正月與四季搭配（按即不改時與月），則有秦簡爲證，特不當云「秦曆只改歲首」耳。秦曆既無改時與月之舉，則漢初因襲秦舊，其無改時改月之事也亦審矣。

二、得意忘言

或謂《古詩十九首》，其中第七之《明月皎夜光》，上云「促織鳴東壁」，下云「秋蟬鳴樹間」，又謂「玉衡指孟冬」。第十二之《東城高且長》，既云「秋草萋以綠」，又謂「歲暮一何速」。第十六之「凜凜歲云暮」，既云「凜凜歲云暮」，又謂「涼風率已厲」。若不從月改春移解之，則何以自圓其說耶？曰：是不然。請道其詳如下。

關於論者指出《明月皎夜光》之上云「促織」，下云「秋蟬」，全詩皆言秋景，何以又忽然寫出「玉衡指孟冬」不可解之語耶？原來並不費解。金克木先生在其《古詩玉衡指孟冬試解》一文詳爲辨釋曰：

> 秋夜偶與程千帆（會昌）仰觀星宿，談及古詩《明月皎夜光》一首中有《玉衡指孟冬》一句，爲人指爲西漢太初以前的作品，涉及五言詩起源問題，至今尚無結論。於是尋繹詩意，查考星圖，並證天象，覺得此句實不費解。……若每天在一個確定時刻看北斗某一星，則一年之

內轉一大圈，每月變一方位（三十度），這是月建。若不在一定時間而單看一星，則一天之內便轉一大圈了。前者是由於地球繞日公轉，後者是由於地球自轉。所有過去解這句詩的都是誤認詩中所指的自轉方位變化爲公轉方位變化。……我現在試提出一個最簡單的解釋，即仍把玉衡當作玉衡，而定此詩爲孟秋或仲秋下弦月後夜半至天明之間所作，其時玉衡正指孟冬，一點用不著改動或曲解。詩人只是用當時的天文常識說明已是深夜，而且利用冬字以與秋作強烈的陪襯，更增肅殺蕭條之感。這與月份節令都無關係。……我的結論是：由全詩已說秋天，可知「玉衡指孟冬」是一日的時刻而不是說一年的節令。就時刻說，孟秋或仲秋的下弦月時（陰曆二十二、三日）或後一二日，夜半與天明之間，玉衡正指孟冬（亥，西北），同時月皎星明。……如果我這個解說可以成立，則「玉衡指孟冬」並不指月份及節候，與太初前後無關。那麼，五言詩成於西漢初年的最有力的一個客觀證據便瓦解了。（《國文月刊》第六十三期）

金氏之文，發表於民國三十七年一月，治文學史與漢詩者乃多略之。前此隋樹森之《古詩十九首集釋・考證》，因不得及見，猶可說也。而後之主月改春移之說者，亦不之顧，又不爲辯，庸有當乎？至於隋氏所提出之其餘二首，金氏大體以爲無關宏旨而不及辨說之者，竊不揣翦陋，甘冒續貂之譏，爲之試解於下。

隋氏《古詩十九首集釋・考證》云：

李善據《漢書》而定《明月皎夜光》一詩爲西漢太初以前的作品，是很對的。又，第十六首云：「凜凜歲云暮，螻蛄夕鳴悲。涼風率已厲，遊子寒無衣。……」嚴冬歲暮而螻蛄悲鳴；「孟秋之月，涼風至，」（《禮記・月令》）涼風是秋天的風，而此詩敘歲暮始云涼風已厲，遊子無衣；那麼這所謂歲暮，當係夏曆八九月的時候，故此詩也是成於太初以前的。又第十二首云：「迴風動地起，秋草萋已綠。四時更變化，歲暮一何速？……」歲暮而有萋已綠的秋草，這也足證爲太初以前的詩。

按：此孟子所謂說詩者以文害辭，以辭害志之失也。請先言《凜凜歲云暮》一篇。此歲暮感懷之作也。詩從寒夜螻蛄悲鳴寫起，因『涼風已厲』而念及『遊子無衣』，溫柔敦厚，怨而不怒之至。情眞景實，原無不妥。問題出在李善之注，彼引《禮記》『孟秋之月涼風至』與毛《詩》『無衣無褐，何以卒歲』以釋『涼風』、『無衣』二語，遂使人念及孟秋之月涼風至而云歲暮，非月改春移而何？其實此『涼風』乃《詩經・邶風・北風》『北風其涼，雨雪其雱』之『涼風』，非彼《禮記・月令》『孟秋之月涼風至』之『涼風』。『北風其涼』之北風，毛《傳》所謂寒涼之風是也。是故《爾雅・釋天》曰：『北風謂之涼風』。『涼風已厲』正與『凜凜歲暮』相切合。李善不知引此，而無端拈出《禮記・月令》『孟秋之月涼風至』，致貽誤千古，此不探本窮源之失也。『涼風率已厲』之爲『北風』也，此觀於此詩通篇全本毛《詩》可證：『凜凜歲云暮』用《小雅・谷風・小明》『曷云其還，歲聿云莫』；『遊子寒無衣』用《豳風・七月》『無衣無褐，何以卒歲』；『錦衾還洛浦』用《唐風・葛生》『角枕粲兮，錦衾爛兮，予美亡此，誰與獨旦』；『同袍與我違』用《秦風・無衣》『豈曰無衣，與子同袍』；『

願得常巧笑』用《衛風·碩人》『巧笑倩兮，美目盼兮』；『攜手同車歸』用《邶風·北風》『惠而好我，攜手同歸』；『亮無晨風翼』用《秦風·晨風》『鴥彼晨風，鬱彼北林』。一篇之中，承用毛《詩》凡八處之多。然則其『涼風率已厲』句，又安得獨外於《邶風·北風》之『北風甚涼，雨雪其雱』乎？其爲歲暮凜凜之北風也審矣。

解『涼風率已厲』既竟，請言第十二首《東城高且長》之《秋草萋已綠》。隋氏謂「歲暮而有萋已綠的秋草，這也足證爲太初以前的詩。」此亦不探本窮源以辭害意之過。隋氏《古詩十九首集釋·箋注》引陳柱曰：『萋通作凄，秋草凄已綠，則綠意已凄，其綠不可久矣。』主張《古詩十九首》爲東漢末期作品之馬茂元《古詩十九首探索》，亦云「『萋』，通作『凄』。綠是草的生命力的表現，『萋已綠』，猶言『綠已萋』，是說在秋風搖落之中，草的綠意已凄然向盡。」蓋自劉履《古詩十九首旨意》以來，諸家皆作如是解矣。此諒受《冉冉孤生竹》之『傷彼蕙蘭花……將隨秋草萎』所影響，以爲秋草必衰也。不知『秋草萋已綠』之『萋』字，原爲生機濃盛之義，毛萇釋《周南·葛覃》『維葉萋萋』曰：「萋萋，茂盛貌。」又何必曲爲之解作『凄然向盡』耶？枚乘《柳賦》云：「枝逶遲而含紫，葉萋萋而吐綠。……階草漠漠，白日遲遲。」（《西京雜記》上、《初學記》卷二八）此諒爲『秋草萋已綠』之所本。縱或不然，最低限度亦當上溯於此。自是東漢張平子之《南都賦》，以至北宋司馬溫公之《夜雨宿南園》與《苦雨》二詩，皆承用不替。茲就所知，略舉以見：

張衡《南都賦》：「綠碧紫英，……布綠葉之萋萋，敷華蘂蓑蓑。」（《文選》卷第四《

京都》中）張華《離情》：「秋月照簾籠，懸光入丹墀。……庭樹發紅采，閨草含碧滋。」（《文選》卷第三十一《雜詩》）

張載《雜詩》：「秋夜涼風起，清氣蕩暄濁；……房櫳無行跡，庭草萋以綠。」

又……「金風扇素節，丹霞（露）啓陰期。……寒花發黃采，秋草含綠滋。」（《文選》卷第二十九《雜詩》）

謝靈運《石門新營所住四面高山迴溪石瀨茂林脩竹詩》：『蝸蝸秋風過，萋萋春草繁。美人遊不還，佳期何由敦。』（逯欽立輯校《先秦漢魏晉南北朝詩・宋詩》卷二）

謝朓《詶王晉安》：「春草秋更綠，公子未西歸。」（《文選》卷二十六《贈答》四）

劉鑠《擬行行重行行》：「堂上流塵生，庭中綠草滋，寒蟹翔水曲，秋兔依山基。芳年有華月，佳人無還期。」（《文選》卷三十一《雜詩擬古》下）

劉惲《擣衣詩》：「孤衾引思緒，獨枕愴憂端。深庭秋草綠，高門白露寒。……」（逯欽立《先秦漢魏晉南北朝詩・梁詩》卷八）

何遜《昭君怨》：「昔聞白鶴弄，已自軫離情。今來昭君曲，還悲秋草生。」

又：《與蘇九德別詩》：「……春草似青袍，秋月如團扇。三五出重雲，當如我憶君。萋萋若被逕，懷抱不相聞。」（同上）

吳均《行路難》：「秋風切切四面來，玉堦行路生細草。」（同上《梁詩卷十》）

杜甫《遣興》：「朔風飄胡雁，慘澹帶砂礫。長林何蕭蕭，秋草萋更碧。」（《杜詩詳註》卷七）

劉長卿《登餘干城懷古》：「官舍已空秋草綠，女牆猶在夜烏啼。」（《全唐詩》第三卷第一冊）

司馬光《九月十一日夜雨宿南園韓秉國寄酒兼見招以詩謝之》：「雨多秋草盛，濃綠擁寒階。」（《司馬文正公傳家集》卷四）

又《苦雨》：『今春憂亢陽，引領望雲族。首夏忽滂沱，意爲蒼生福。自爾無虛日，高原亦霑足。……如何涉秋序，沈陰仍慘黷。長簷瀉潺湲，晝夜浩相續。……瓦皶松漫白，道廢草濃綠。』（同上）

張耒《海州道中》：「孤舟夜行秋水廣，秋風滿帆不搖槳。……逃屋無人草滿家，纍纍秋蔓懸寒瓜。」（《柯山集》）

綜上所錄，皆在太初改曆之後，『秋草濃綠』，原無足異。梁蕭子暉且有《冬草賦》之作云：「有閑居之蔓草，獨幽隱而羅生，對離披之苦節，反蕤葳而有情。……於時直木先摧，曲蓬多隕，衆芳摧而萎絕，百卉颯以阻盡，未若茲草，淩霜自保，挺秀色於冰塗，厲貞心於寒道。」（《文選》．卷四）饒學斌《月午樓古詩十九首詳解》謂「草於初春甲坼，色嫩黃，稍長色漸青，三春極盛，則全青，自夏徂秋，則綠縟而深青。」而《十九首》第八《冉冉孤生竹》又云「過時而不采，將隨秋草萎。」立

意又自不同。是知詩人所賦，隨遇而抒發胸臆，吾人不當執一而廢其餘，孟子所謂「說詩者毋以文害辭，毋以辭害意，以逆意志，是謂得之」是也。更何況篇中明言「四時更變化，歲暮一何速」耶？「秋草萋已綠」固與時序了不相妨也。馬茂元《古詩十九首探索》謂「『四時更變化』二句，就是《楚辭・離騷》『歲月忽其不淹兮，春與秋其代序』的意思。上句由過去了的春夏，想到已經到來的秋天，下句從眼前的秋景，想到即將到來的歲暮。」所言誠是，特詩人賦詩之時，非秋序而爲歲暮耳。詩不云「四時更變化，歲暮一何速」乎？此觀於下句「蟋蟀傷局促……何爲自結束？」全用《詩經・唐風・蟋蟀》「蟋蟀在堂，歲聿其莫。今我不樂，日月其除」之意，其爲歲暮之時也審矣。此蓋師《楚辭・招隱士》「王孫遊兮不歸，春草生兮萋萋，歲暮兮不自聊。」之意。謝朓《詶王晉安》「春草秋更綠，公子未西歸。」正好爲二者騎驛之說明也。

《古詩十九首》之迷霧既清，其身世乃得大白於天下而確立其在中國文學史上之地位。梁啓超有言曰：

> 《古詩十九首》這票東西，雖不是一箇人所作，卻是一箇時代。——先後不過數十年間所作，斷不會西漢初人有幾首，東漢初人有幾首，東漢末人又有幾首。因爲這十幾首詩，體格韻味都大略相同，確是一時代詩風之表現。凡詩風之爲物，未有閱數十百年而不變者，如後此建安、黃初之與元嘉、永明，元嘉，永明之與梁、陳宮體，乃至唐代初盛中晚之遞嬗，宋代西崑、江西之代興。凡此通例，不遑枚舉。兩漢歷四百年，萬不會從景、武到靈、獻始終如一。《十九

首》既風格首首相近，其出現時代當然不能距離太遠。……劉彥和以《冉冉孤生竹》一首爲傅毅作。依我的觀察，西漢成帝時，五言已萌芽，傅毅時候，也未嘗無發生《十九首》之可能性。但以同時班固《詠史》一篇相較，風格全別，其他亦更無相類之作，則東漢之期，——明、章之間，似尚未有此體。安、順、桓、靈以後，張衡、秦嘉、蔡邕、酈炎、趙壹、孔融，各有五言作品傳世，音節日趨諧暢，格律日趨嚴整，其時五言體製已經通行，造詣已經純熟，非常傑作，理合應時出現。我據此中消息以估定《十九首》之年代，大概在西紀一二〇至一七〇約五十年間，比建安．黃初略先一期，而緊相銜接，所以風格和建安體格相近。而其中一部分鍾仲偉且疑爲曹、王所製也。我所估定若不甚錯，那麼，《十九首》一派的詩風，並非西漢初期瞥然一現中間戛然中絕。而建安體亦並非近無所承，突然產生。按諸歷史進化的原則，四方八面都說得通了。（《中國之美文及其歷史》）

斯眞明達之見，卓爾之論，與饒學斌所見略同⑥。夫如是，然後《詩品》「一字千金」之評，與《文心雕龍．明詩》「五言冠冕」之譽，乃得怡然順理索解。馬茂元先生所謂「標誌著五言詩在發展中達到成熟的階段」是也。而方祖桑竟謂：「由各種新文體的興起時代來看，也常有極傑出的作者，像楚屈原作《離騷》，晚唐五代的溫庭筠、韋莊、李後主的詞，元初關漢卿、馬致遠、白仁甫的曲子和雜劇，還不都是在這種新文體產生的初期，就大放異采，寫下震爍千古，爲後人所難追蹤的作品。再說在西漢文、景、武、宣時代裏，既能有成熟完美的辭賦，……又爲甚麼不能產生像枚乘、無名氏、蘇武、李陵之類的古詩？」（《漢詩研究》第一章《漢五言詩作者與時代問題的辨疑與新證》）不知屈原之《離騷》乃經楚地民歌——巫風之長期哺育，與繼承風雅之遺風餘烈而來，劉舍人所謂『體憲于三代，而風雜于戰國』（《文心雕龍・辨騷》）是也。而晚唐五代之詞，蓋開元、天寶肇其端，然後南唐、二蜀始盡其變⑦。至於元代之曲子雜劇，亦淵源有自⑧，非產生初期，即大放異采者也。尤可笑者，謂西漢文、景、武、宣之時，既能有成熟完美之辭賦，爲何不能產生如枚乘、無名氏、蘇武、李陵之古詩？夫辭賦自辭賦，古詩自古詩，安得雙提並論乎。方氏亦知漢初辭賦之所以成熟完美，乃出於承傳《楚辭》之故歟？《文心雕龍・辨騷》明言「枚、賈追風以入麗，馬、揚沿波而得奇，其衣被詞人，非一代也。」方氏何失察之甚也？

【附註】

① 兪平伯《古詩明月皎夜光辨》謂：如明楊愼《丹鉛總錄・卷三時序類・古詩可考春秋改月之證》：「《文選・古詩十九首》非一人之作，亦非一時也。其曰：『玉衡指孟冬，』而上云『促織，』下云『秋蟬，』蓋漢之孟冬，……夏之七月也。其曰『孟冬寒氣至，北風何慘慄，』則漢武帝已改秦朔，用夏以後詩也。三代改朔不改月，古人辨證，博引經傳多矣，獨未引此耳。又唐儲光羲詩：『夏王紀冬令，殷人乃正月。』此亦一證。」此外如清王士禛《帶經堂詩話・卷十三典制類》，及《居易錄・卷十九引閻若璩博湖掌錄・改歲改月改時解》。何焯《義門讀書記・文選・卷三詩》。朱珔《文選集釋・卷十七》。……莫不以李善之說爲論據。

②鄭君云：如《春秋．僖五年》：「春王正月，辛亥，朔。日南至。」又《昭二十年》：「春王二月，己丑。日南至（杜注當在周正失閏也）。」觀此，若非時月俱改，冬至何以不書於十一月？又《昭十七年》：「夏、六月甲戌，朔，日有食之。」（太史曰：日過分而未至，三辰有災，于是乎伐鼓用幣。此月朔當夏四月。）又《僖五年八月甲子》：「晉侯圍上陽。（上偃曰：丙之晨，龍尾伏食，鶉之賁賁，天策焞焞，火中成軍，虢公其奔，其九月十月之交乎？冬十二月丙子朔，晉滅虢；）」又《哀十二年》：「冬，十二月螽。（仲尼曰：火而後蟄者畢；今火猶西流，司秋過也。杜注：火伏在十月，今西流是九月。）」觀此，則四月日食而書六月。十月滅虢而書十二月。九月螽而書十二月，豈非時月俱改之力證耶？

③清周壽昌《漢漢註校補》謂班固以漢臣修漢《史》，故將此瑞徵移於漢元冬十月下。周氏並不主張改月之說。

④鄭士元君撰《古詩明月皎夜光創作年代考》舉《春秋左氏傳》為證，見註二。而一讀明周洪謨《周正辨》則知其為不足徵信，周氏之文曰：「《春秋》春王正月之書……謂周人改月而不改時。……以月論時，則時之孟仲失其倫；以時論月，則月之始終紊其序，豈聖人平秩四時之義哉。若然，則周詩所稱寒暑之節，皆失其度；周禮所載法制之事，皆違其時矣。……蓋周之正朔以子月為首，而曆數仍以寅月為首，商不改夏之曆數，周不改商之曆數，魯不改周之曆數，春秋不改魯之曆數，但魯史紀年，必始於冬十一月，所以遵周正朔也。春秋紀年，則始於春王正月，所以垂讀後世也。是春秋之於魯史，未嘗改其時月，但其編年所始之月為不同耳。……陳定宇謂春蒐夏苗秋獮冬狩，四時田獵定名也。桓四年春狩于郎，哀十四年春西狩獲麟，此所謂春，非冬而何？定十三年夏大蒐于比蒲，昭十一年五月大蒐于比蒲，此所謂夏，非春而何？曰：否。陳氏但引其

所可通者。而不敢引其所不可通者。《春秋》書狩者四，書蒐者五。桓四年春狩于郎，哀十四年春西狩，既以爲冬矣，則僖二十八年冬天王狩於河陽，莊四年冬狩于禚者，又當皆爲秋也，是冬狩之果有定名乎？昭十一年五月蒐于比蒲，定十三年夏蒐于比蒲，既以爲春矣，則昭八年秋蒐于紅，二十二年春蒐于昌間，定十四年秋蒐于比蒲者，又當爲夏與冬也，是春蒐之果有定名乎？其不足爲證也明矣。曰：汪氏謂《左傳》僖五年正月日南至，《禮記》正月日至，陳定宇引晉之偃及漢《陳寵傳》之說，張敷言引絳縣老人之語，其言皆彰彰然也，豈不足徵乎！曰：《易》、《書》、《詩》、《周禮》皆可信矣，諸儒乃捨之，而反信左氏漢儒之說，左氏不得聖人作經之義，未有不妄意增改而附會穿鑿者矣，果何足徵之有哉！是周之不改時與月者，觀《春秋》爲可見矣。」

⑤ 一九七五年十二月，湖北省雲夢睡虎地發掘十二座戰國末至秦之墓葬，其中十一號墓出土大量秦簡，共計一千多枚，內容豐富，爲研究秦史難得之第一手資料。請參閱拙著《周洪讀周正辯與雲夢秦簡記月合辯》，香港嶺南學院《中文系系刊》第一期。

⑥ 饒學斌《月午樓古詩十九首詳解》曰：「此什其成於漢桓二年孟冬下弦夜分之際者乎？通什綺交脈注，脈絡分明，不特於此可見，此尤顯而易見者也。或謂十九首非出於一人一時之事，亦未將全詩併讀而合玩耳！」（隋樹森《古詩十九首集釋．卷三．彙解》）

⑦ 《全唐詩》末附詞十二卷，其序云：「唐人樂府，元用律絕等詩雜和聲歌之；其并和聲作實字，長短其句以就曲拍者，爲塡詞。開元、天寶肇其端；元和、太和衍其流；大中、成通以後，迄於南唐、二蜀，尤家工戶

習以盡其變。」

⑧王國維《宋元戲曲史・第八章元雜劇之淵源》曰：自元劇之進步言之，雖若出於創作者，然就其形式分析觀之，則頗不然。元劇所用曲，據周德清《中原音韻》所紀，……都三百三十五章。（章即曲也）……今就此三百三十五章研究之，則其曲爲前此所有者幾半。更分析之，則出於大曲者十一……出於唐、宋詞者七十有五……其出於諸宮調中各曲者二十有八……然則此三百三十五章，出於古曲者一百有十，殆當全數之三分之一。雖其詞字句之數，或與古詞不同，當由時代遷移之故；其淵源所自，要不可誣也。

原載香港語文教學院第八屆國際語文研討會論文集

『詩留正始音』

——陶詩造語及思想探析

一

清・彭兆蓀〈題陶靖節像〉詩云：「代易元嘉號，『詩留正始音』；〈桃花〉身世感，〈秫酒〉聖賢心；黃、綺貌猶在，荊、高悲獨深；誰知塡海志，〈歸鳥〉是冤禽。」詩見陸元鋐《青芙蓉閣詩話》卷上（清・《紅絲欄鈔本》）。陸氏許爲『淋漓入妙』焉。按：以『正始之音』稱陶詩者，，所知尙有黃庭堅〈次韻謝子高讀淵明傳〉之『風流豈落正始後，甲子不數義熙前。』（《山谷外集》卷二）及佚名《雪浪齋日記》之『爲詩欲詞格清美，當看鮑照、謝靈運；欲渾成而有正始以來風氣，當看陶淵明。』（《重校說郛本》卷十七；並見吳東巖編《淵明詩話》）此諒爲彭詩所從出。

或謂：《文心雕龍・明詩第六》云『正始明道，詩雜仙心，何晏之徒，率多浮淺。』而明・黃文煥〈陶詩析義自序〉亦云『理學標宗，聖賢自任，重華、孔子，耿耿不忘；《六籍》無親，悠悠生歎！漢、魏諸詩，誰及此解？斯則靖節之品位，竟當俎豆於孔廡之間，彌朽而彌高者也。』安得謂陶公『詩留正始音』乎？得無『正始音』乃指《毛詩序》『正始之道，王化之基』而言，亦即白居易所稱『心積和平氣，本應正始音』（《白氏長慶集》卷三〈清夜琴興〉）；『正始之音其若何？朱弦疏越清廟歌』（同上〈五弦琴〉）之意耶？。然細味彭、黃二詩，『正始』與『元嘉』、『義熙』對舉，《雪浪齋日記》亦以『正始』爲年號之稱，其爲魏、晉遺風也，審矣。

夫『正始之音』之眞際，知之者尠，盧周如劉彥和亦謂『正始明道，詩雜仙心，何晏之徒，率多浮淺。』苟如所言，則彭兆蓀陶公『詩留正始音』，豈亦『詩雜仙心，率多浮淺』乎？如斯品陶，何『淋漓入妙』之有！然則，『正始之音』之眞際，當別有在，請一詳之。劉師培先生曰：

魏代自太和以迄正始，文士輩出。……王弼、何晏之文，清峻簡約，文質兼備。……《世說新語、文學篇》劉《注》引……《文章敘錄》曰：『晏能清言，而當時權勢，天下談士，多宗尚之。』……知晏之文學，已開晉、宋之先。（《中國中古文學史・魏晉文學之變遷》）

今按：平叔詩今存《言志》二首：

鴻鵠比翼遊，群飛戲太清。常恐夭網羅，憂禍一旦并。豈若集五湖，順流唼浮萍。逍遙放志意。何爲怵惕驚！

轉達去其根，流飄從風移。芒芒四海涂，悠悠焉可彌？願爲浮萍草，託身寄清池。且以樂今日，其後非所知。（逯欽立《先秦漢魏晉南北朝詩・魏詩卷八》）

所賦徬徨幽思則有之，『詩雜仙心』則未也。鍾仲偉《詩品序》稱「平叔『衣單』、陶公〈詠貧〉之製，……皆五言之警策者也。」上舉二詩雖無『衣單』之句，要亦不出高處不勝寒之旨也。《史》載傅咸之言曰：『正始中，任何晏以選舉，內外衆職，各得其材，粲然之美，於斯可觀。』（《晉書斠注》卷四七〈傅玄傳〉附〈傅咸傳〉）而范寧竟深罪之，以爲『深於桀、紂。』①此則正始之際，有政爭之成敗，有學風之新舊，史冊所載，未盡得實，所作是非毀譽，不足爲千古之準的。錢辛楣嘗辨訂之，以爲平叔有大儒之風焉②。

又：近人賀昌群曰：「當何晏風徽鼎盛之時，有不世之天才王弼出，始樹立清談之宗風，開玄學本體之端緒，合儒道之第一義而爲形上學。……在中國文化思想上完成一偉大崇高之哲學體系，則弼可謂天縱之智也」。（《魏晉清談思想初論・魏晉之政與清談之起》）《魏氏春秋》謂『弼論道約美不如晏，自然出拔過之。』（《世說新說・文學第四》劉《注》引文）總之，平叔『論道約美』，輔嗣『自然出拔』、『詞義簡遠』（《四庫簡明目錄》稱王弼注《老子》『詞義簡遠，妙得微契。』見盧弼《三國志集解》卷二八〈鍾會傳〉引文）蓋共同締造此『言談簡至，儒道兼綜』③，風靡於時之『正始之音』。其後樂廣、衛玠、阮修輩嗣響繼志，振其宗風④。下逮南朝，希風不輟⑤。唐興，陳子昂以卓立高蹈聞，深慨文章道弊，漢、魏風骨，晉、宋莫傳。而盛許東方虬之〈孤桐〉篇，以爲『骨氣端翔，音情頓挫，光英朗練，有金石聲。……不圖正始之音，復睹於茲。』（《陳伯玉文集》卷一〈與東方左史虬修竹篇序〉）劉知幾《史通・言語》亦有『德音同于正始』之語，其爲後人企慕如此。

綜上所言，『正始之音』，無疑爲風靡千古，衆所共仰之魏、晉清言之宗風。論造語，則精微簡至；語思致，則儒、道兼綜。殊非諸賢所詆者然也⑥。

二

『正始之音』之眞際既明，請與言淵明『詩留正始音』之義蘊。夫陶詩與『正始之音』之相關，可分造語與思致言之。先言其造語。宋・唐庚云。

唐人有詩云：『山僧不解數甲子，一葉落知天下秋』。及觀陶元亮詩云：『雖無紀歷誌，四時自成歲』。便覺唐人費力。如〈桃源記〉言『尚不知有漢，無論魏、晉』。可見造語之簡妙。蓋晉人工造語，而元亮其尤也。（《唐子西文錄》）

宋・，羅大經亦曰：

〈古詩〉云：『人生不滿百，常懷千歲憂』。而淵明以五字盡之，曰：『世短意恆多』。（《鶴林玉露》卷四）

又曰：

淵明〈雪〉詩云：『傾耳無希聲，在目皓已潔』。只十字而雪之輕虛潔白，盡在是矣，後來者莫能加也。（《同上卷五》）

明・許學夷稱：「靖節詩不爲冗語，惟意盡便了」；「見得道理精明，世事透徹，故其語簡而意盡。」（

《詩源辯體》卷六）明・鍾惺亦稱：「其語言之妙，往往累言說不出處，數字回翔略盡」。（《古詩歸》評〈歸鳥〉語）蓋自梁・鍾嶸品詩已稱其『文體省淨（諸本作靜，此從《太平御覽》及《竹莊詩話》），殆無長語；篤意眞古，辭興婉愜』。所謂『省淨』、『無長語』、『辭興婉愜』、『簡妙』、『不爲冗語』、『語簡意盡』云云，豈非平叔之『論道約美』，輔嗣之『詞義簡遠，妙得微契』，與夫樂令之『簡至』、『善以約言厭人心』乎。唐子西謂『晉人工造語，而淵明其尤也』也者，得無胎息於魏、晉清談之宗風——『正始之音』歟？

復次，世人每謂陶詩平淡。又謂陶詩與口語相接近。此亦有辯。明・黃文煥《陶詩析義序》曰：「古今尊陶，統歸平淡。以平淡槪陶，陶不得見也。析之以鍊字鍊章，字字奇奧，分合隱現，險峭多端，斯陶之手眼出矣」。然則謂陶詩平淡，乃未窮深詣也。明・許學夷《詩源辯體》卷六引蘇東坡〈與姪書〉云：「大凡爲文，當使氣象崢嶸，采色絢爛，漸老漸熟，乃造平淡」。此黃庭堅〈別楊明叔〉詩所謂『皮毛剝落盡，惟有眞實在』是也。元・元好問〈論詩絕句〉稱陶詩『豪華落盡見眞淳』亦是此意。宋・葛立方分析陶詩平澹之道最爲深到。曰：

陶潛、謝朓詩皆平澹有思致，非後來詩人怵心劌目雕琢者所爲也。老杜云『陶、謝不枝梧，《風》、《騷》共推激，紫燕自超詣，翠駁誰翦剔』是也。大抵欲造平澹，當自組麗中來，落其華芬，然後可造平澹之境。……今之人多作拙易詩，而自以爲平澹，識者未嘗不絕倒也。梅聖俞〈和晏相〉詩云：『因令適性情，稍欲到平澹，苦詞未圓熟，刺口劇菱芡』。言到平澹處甚

難也。（《韻語陽秋》卷第一）

明·王世貞亦謂「淵明託旨沖澹，其造語有極工者，乃大入思來，琢之使無痕迹耳。後人苦一切深沉，取其形似，謂爲自然，謬以千里」。（《藝苑巵言卷三》）乃有論者謂陶詩「用比較接近說話的語言」。云：

淵明用比較接近說說的語言，清而不太重，淡而不太穠，眞摯而不浮飾，跟他詩底内容剛剛協合。……無論字句或組織，牠未曾不精鍊，卻都磨光到透明，見不出痕迹。山谷說得也對，「不煩繩削而自合」。（蕭望卿《陶淵明批評·陶淵明五言詩的藝術二》）

夫既謂「字句組織精鍊」，則不當云「用比較接近說話之語言」；既云「磨光到透明，見不出痕迹」，則不當謂「不煩繩削而自合」。況山谷別有「皮毛剝落盡，惟有眞實在」之說乎？蓋說話總比文章爲冗，此徵諸速記而知。所謂聲之精者爲言，言之精者爲文。此萬古不易之理。以比較接近說話之語言，安能寫出「文體省淨」、「風華清靡」（《詩品序》語）之詩章乎？更遑論「詞采精拔，跌宕昭章，獨超衆類，抑揚爽朗，莫之與京」（梁·蕭統《陶淵明集序》語）之不群文章也。然則陶詩之臻於「如降雲在霄，舒卷自如」（宋·敖陶孫《敖器之詩評》語，見劉壎《隱居通議》卷六引）之境者，實非「用比較接近說話的語言」之功，而出於取鎔書意，自鑄偉詞所致。陶公自道「委懷琴書」，其形諸篇章者，所在多有⑦：

〈五柳先生傳〉：好讀書，不求甚解，每有會意，便欣然忘食。

〈歸去來分辭〉：悅親戚之情話，樂琴書以消憂。

〈始作鎮參軍經曲阿〉：弱齡寄事外，委懷在琴書。

〈癸卯歲十二月中作與從弟敬遠〉：歷覽千載書，時時見遺烈。

〈移居〉：聞多素心人，樂與數晨夕。……奇文共欣賞，疑義相與析。

陶公好讀書，而又與素心人晨夕相與『奇文共欣賞，疑義相與析』爲樂，從而『乃陳好言，乃著新詩』。宜乎葉夢得稱其平生爲詩，『直是傾倒所有，備書於手，初不自知語言文字也』。（《玉澗雜書》，《說郛》本卷八）清・陳澧復曰：「顏延之〈陶徵士誄〉云：『廉深簡潔，貞夷粹溫，和而能峻，博而不繁』。顏與陶公交好，故能言其道性如此。（〈誄〉云：『非直也明，是惟道性。』）『博而不繁』一語，尤足見陶公學術。……今數其所引書，凡四十餘種，以一卷之書，而采摭之博如此，且每條記其所出，尤謹嚴有法，信乎博而不繁也」。（《東塾雜俎》，見《敬躋堂叢書本》卷三，此從陳之邁編集《陶淵明集札記・附錄》）故與其謂陶詩之語言特色爲『用比較接近說話的語言』，無寧說陶詩『讀書破萬卷，下筆如有神』⑧之爲愈也。金・元德明（好問之父）有詩懷淵明曰：「黃卷有餘習，青燈共晚涼。只知書味永，不覺鬢絲長。老檜千年物，幽蘭一國香。平生陶靖節，此夕邈相望」（《東巖集・山中秋夕》）誠有謂也。善乎，張芝先生之言曰：

很多儒家的思想已化成他自己的語言。例如：『斯溫豈攸志，固窮夙所歸』；『豈忘襲輕裘，苟得非所欽』；『閒居非陳阨，竊有慍見言；何以慰吾懷，賴古多此賢』。他已經把儒家經典的語彙變成自己的詩底語言了。（《陶淵明傳論・陶淵明論二・論陶淵明的思想態度》）

準此而觀，其餘子、史之語彙，亦毫不例外，一一變成陶詩之語言。是陶詩之造語，直爲書傳雅語，葉少蘊所謂『備書於手』是也，何嘗爲『用比較接近說話之語言』哉！

述陶詩之造語既竟，請言其思致。按：陶詩之『獨超衆類，莫之與京』者，全在其節概高也。蕭統〈陶淵明集序〉嘗稱：「有能讀淵明之文者，馳競之情遣，鄙吝之意祛，貪夫可以廉，懦夫可以立，豈止仁義可蹈，爵祿可辭，不勞復傍游太華，遠求柱史，此亦有助於風教爾」。朱熹〈向薌林文集後序〉曰：「陶元亮自以晉世宰輔子孫，恥復屈身後代，自劉裕篡奪勢成，遂不復仕。雖其功名事業不少概見，而其高情逸想，播於聲詩者，後世能言之士，皆自以爲莫能及也。蓋古之君子，其於天命民彝，大倫六法之所在，惓惓如此。是以大者既立，而後節概之高，語言之妙，乃有可得而言者」。（《晦庵先生朱文公集》卷七）然則陶詩之高情逸想，與節概之高，其間必有思想之淵源存焉。

歷來言陶公之思想淵源者，主要爲儒、道兩家，而以主儒家者佔絕大多數。前者可以明．安磐爲代表：

> 陶淵明詩冲澹深粹，出於自然，人皆知之。至其有至聖之學，人或不能知也。其詩曰：「先師遺訓，予豈云墜？四十無聞，斯不足畏」。又曰：「朝與仁義生，夕死復何求」！又曰：「羲農去我久，舉世少復眞；汲汲魯中叟，彌縫使其淳」。……。予謂漢、魏以來，知遵孔子而有志聖賢之學者，淵明也。故表而出之。（《頤山詩話》）

後者可以清．方東樹爲代表：

陶公所以不得與傳道之統者，墮莊、老也。其失在縱浪大化，有放肆意，非聖人獨立不懼，君子不憂不惑不懼之道。（《昭昧詹言》卷四）

此外，有以爲與佛家冥合者。葛立方曰：

不立文字，見性成佛之宗，達磨西來方有之，陶淵明時未有也。觀其〈自祭文〉，則曰「陶子將辭逆旅之館，永歸於本宅」。其〈擬挽詞〉，則曰「有生必有死，早終非命促」。其作〈飲酒詩〉，則曰「採菊東籬下，悠然見南山，此中有眞意，欲辨已忘言」。其〈形影神〉三篇，背寓意深遠，蓋第一達磨也。（《韻語陽秋》卷第十二）

亦有以爲融合各家者。近人朱光潛曰：

淵明是一位絕頂聰明底人，卻不是一個拘守系統底思想家或宗教信徒。他讀各家的書，和各人物接觸，在於無形中受他們的影響，像蜂兒採花釀蜜，把所吸收來底不同底東西融合成他的整個心靈。（《詩論》第十三章〈陶淵明〉）

朱氏又謂陶詩「充滿著禪機」。並謂陶詩中不但提及「冥報」而且談及「空無」，而懷疑陳寅恪先生「淵明之爲人實外儒而內道，捨釋迦而宗天師者也」之說⑨。於此，朱自清《陶詩的深度——評古直陶靖節詩箋定本》已然指出：「查愼行《詩評》論〈歸田園居〉第四云：『先生精於佛理，但不入社耳』。此指『人生似幻化，終當歸空無』二語。但本書引《列子》、《淮南子》解『幻化』、『歸空無』甚確。陶詩裏實在也看不出佛教影響。」至於『冥報』一詞，陳寅恪先生〈陶淵明之思想與清淡之關係〉早已謂「或疑陶公〈乞食〉詩『冥報以相貽』之句與釋氏之說有關，不知老人結草之物語，實在佛教入中國之前，且釋氏冥報之義，復由後世道家採入其教義，故淵明此語無論其爲詞彙問題，抑或宗教問題，若果涉宗教，則當是道教，未必爲佛教也。」陳先生文中又舉釋慧遠〈沙門不敬王者論・出家二〉『其爲教也，達患累緣於有身，不存身以息患，知生生由於稟化，不順化以求宗』（僧佑《弘明集》卷五）。實與淵明所持『任生委運乘化樂天』之宗旨完全相反。朱氏固不當有所懷疑也。

抑陶公宇宙觀，在在反映其『神滅論』之觀點：

〈形影神・神釋〉：應盡便須盡，無復獨多慮。

〈自祭文〉陶子將辭逆旅之館，永歸于本宅。

〈挽歌〉之一：有生必有死，早終非命促。……魂氣散何之？枯形寄空木。

〈挽歌〉之三：死去何所道，託體同山阿。

凡此，皆與當時佛教之『神不滅說』大相逕庭。而〈飲酒〉詩其二之『積善云有報，夷、叔在西山；善惡苟不應，何事立空言』！與〈怨詩楚調示龐主簿鄧法中〉之『天道幽且遠，鬼神茫昧然。結髮念善事，僶俛六九年。弱冠逢世阻，始室喪其偏』云云，則更與佛教因果報應之說異調。⑩是知其拒劉遺民廬山結社之招，又非『直爲親舊故，未忍言索居』（《和劉柴桑》）而已也。

要之，陳寅恪先生據當日政情之『名教』與『自然』之辯，推論『淵明之思想爲承襲魏、晉清談演變之結果及依據其家世信仰道教之自然說而創改之新自然說』，大體無誤。並謂『其非名教之意僅限於不與當時政治勢力合作，而不似阮籍、劉伶輩之佯狂任誕」，最得其實。特不當云其爲人實『外儒而內道』耳（參閱註⑨）。蓋其思想實繼承魏、晉清談之『儒、道兼綜』思潮而來，非有所謂『內外』也。前文言王、何首立清談之宗風。平叔有〈無名〉之論：

爲民所譽，則有名者也；無譽，無名者也。若夫聖人名無名，譽無譽，謂無名爲道，無譽爲大。則夫無名者，可以言有名矣；無譽者，可以言有譽矣。（晉・張湛《列子》卷四〈仲尼第四〉注引）

輔嗣有無累之辯：

何晏以爲聖人無喜怒哀樂，其論甚精，鍾會等述之。弼與不同，以爲聖人茂於人者神明也，同於人者五情也。神明茂，故能體冲和以通無；五情同，故不能無哀樂以應物。然則聖人之情，應物而無累於物者也。今以其無累，便謂不復應物，失之多矣。（盧弼《三國志集解》卷二十八〈鍾會傳〉裴松之〈注〉引何邵〈王弼傳〉）

今按：陶公〈形影神・神釋〉詩之『立善常所欣，誰當爲汝譽』？此非平叔〈無名論〉『聖人名無名，譽無譽，謂無名爲道，無譽爲大』所以解名役之旨乎？至於輔嗣之『聖人茂於神明，體冲和以通無』；『聖人之情，應物而無累於物』。尤與〈神釋〉『正宜委運去，縱浪大化中，不喜亦不懼，應盡便須盡，無復獨多慮』之神辯自然之旨契合。復觀宋・蔡啓《蔡寬夫詩話》引蔡絛《西清詩話》謂『淵明……所作，當憂則憂，遇喜則喜，忽然憂樂兩忘，則隨寓皆適，未嘗有擇於其間，所謂超世遺物者』（見郭紹虞《宋詩話輯佚》卷下）。所言與輔嗣之『無累於物』，何其神似耶？在彼則『體沖和以通無，應物而無累於物』。在此則不以死生禍福動其心，泰然委順，得神之自然。二人天姿超邁，曠世相感，可謂異代同風矣。金·王若虛〈題淵明歸去來圖〉譏其『此心若識眞歸處，豈必田園始是家』；『我自欲歸歸便了，何須更說世相違』；『乘化樂天知浪語，看君於世未忘情』。此非知言之浪語也。

復次，陶公之思想雖爲承襲魏、晉清談演變之結果，其『儒、道兼綜』之高致，則『並非對前代某一家的繼承或對幾家的簡單綜合，而是經由自己豐富的閱歷和高超的智慧熔鑄而成的，帶有個人色彩和時代精神的新觀念、新思想』。（鍾優民《陶淵明論集》五〈陶淵明的思想〉三語）此錢賓四師所謂『凡一時代之學術風尚，必有其一種特殊之精神。……魏、晉、南朝三百年學術思想，亦可以一言蔽之，曰『個人自我之覺醒』（《國學概論》第六章〈魏晉清談〉）是也。

錢先生又稱：『晉人以無爲本，趨向不立，則人生空虛；漂泊乘化，則歸宿無所；知擺脫纏縛，而不能建樹理想；知鄙薄營求，而不免自陷苟生。故晉人之清談，譬諸如湖光池影，清而不深，不能具江海之觀，魚龍之奇；其內心之生活，終亦淺弱微露，未足以進窺夫深厚之藏，博大之蘊也』。（同上）此誠切中清談末流之弊，而陶公不與焉。今尋繹其詩，條陳於下，以見其一洗清談末流澆習：

任眞自得而不遺世務：

〈移居〉其二：春秋多佳日，登高賦新詩。過門更相呼，有酒斟酌之。農務各自歸，閑暇輒相思。相思則披衣，言笑無厭時。……衣食當須紀，力耕不吾欺。

〈雜詩〉其二：日月擲人去，有志不獲騁；念此懷悲悽，終曉不能靜。

雖漂泊乘化，而人生不空虛：

〈庚戌歲九月中於西田獲早稻〉：人生歸有道，衣食固其端；孰是都不營，而以求自安。……盥濯息簷下，斗酒散襟顏，遙遙沮、溺心，千載乃相關。

〈詠貧士〉其六：仲蔚愛窮居，繞宅生蒿蓬，翳然絕交遊，賦詩頗能工；舉世無知者，止有一劉龔。此士胡獨然？實由罕所同；介然安其業，所樂非窮通。人事固以拙，聊得長相從。

知擺脫纏縛，而能建樹理想：

〈榮木〉：匪道曷依，匪善奚敦！……先師遺訓，餘豈云墜？四十無聞，斯不足畏。脂我名車，策我名驥，千里雖遙，孰敢不至！

〈辛丑歲七月赴假還江陵夜行塗口〉：閒居三十載，遂與塵事冥。《詩》、《書》敦宿好，林園無世情。……投冠旋舊墟，不爲好爵榮；養眞衡茅下，庶以善自名。

能鄙薄營求，而不陷于苟生：

〈詠貧士〉其四：安貧守賤者，自古有黔婁。好爵吾不榮，厚饋吾不酬，一旦壽命盡，弊服仍不周。豈不知其極，非道故無憂。……朝與仁義生，夕死復何求！

〈詠荊軻〉：燕丹善養士，志在報強嬴。招集百夫良，歲暮得荊卿。君子死知己，提劍出燕京。

……心知去不歸，且有後世名。……其人雖已沒，千載有餘情！

有託而逃而不任誕：

〈癸卯歲十二月中作與從弟敬遠〉：寢迹衡門下，邈與世相絕。顧盼莫誰知，荆扉晝常閉。淒淒歲暮風，翳翳經日雪。……勁氣侵襟袖，簞瓢謝屢設。蕭索空宇中，了無一可悦。歷覽千載書，時時見遺烈。高操非所攀，深得固窮節。

〈戊申歲六月中遇火〉：草盧寄窮巷，甘以辭華軒。……總髮抱孤介，奄出四十年。形迹憑化往，靈府長獨閑。貞剛自有質，玉石乃非堅。仰想東户時，餘糧宿中田。……既已不遇茲，且遂灌我園。

閒淡曠達而特立暢厲：

〈飲酒〉其四：栖栖失群鳥，日暮猶獨飛。徘徊無定止，夜夜聲轉悲。厲響思清遠，去來何依依，因值孤生松，斂翮遙未歸。勁風無榮木，此蔭獨不衰；託身已得所，千載不相違。

〈詠貧士〉其二：淒厲歲云暮，擁褐曝前軒；南圃無遺秀，枯條盈北園。傾壺絕餘粒，闚竈不見烟；《詩》、《書》塞座外，日昃不遑研。閒居非陳阨，竊有慍見言；何以慰吾懷，賴古多此賢。

三

最後，請一究陶詩思想之自我積極性與自我進步性。前者可從其雖親炙老、莊沖澹自然之境，而揚棄其『絕聖棄智，絕仁棄義』及『忘情遺世』之觀念得之。其詩曰：

〈榮木〉：匪道曷依，匪善奚敦！……徂年既流，業不增舊。志彼不舍，安此日富。先師遺訓，餘豈云墜！四十無聞，斯不足畏。

〈歸園田居〉：時復墟曲中，披草共來往。

〈答龐參軍〉：有客賞我趣，每每顧林園。談諧無俗調，所說聖人篇。

〈移居〉：聞多素心人，樂與數晨夕。……鄰曲時時來，抗言談在昔；奇文共欣賞，疑我相與析。

〈贈羊長史〉：愚生三季後，慨然念黃、虞。得知千載上，正賴古人書。賢聖留餘跡，事事在中都，豈忘游心目，關河不可踰。……路若經商山，爲我少躊躇；多謝綺與甪，精爽今何如？

〈庚子歲五月中從都還阻風於規林〉：行行循歸路，計日望舊居。一欣侍溫顏，再喜見友于。……歸子念前途，〈凱風〉負我心。

〈辛丑歲七月赴假還江陵夜行塗口〉：《詩》、《書》敦宿好，林園無世情。……養眞衡茅下，庶以善自名。

〈雜詩〉其四：丈夫志四海，我願不知老。親戚共一處，子孫還相保。

〈詠貧士〉其四：朝與仁義生，夕死後何求。

凡此，皆顯露其敦彝倫，崇名教，在在與老、莊之旨異趣，蓋其學誠如宋・眞德秀所言『正自經術中來』也。其言曰：

予聞近世之評詩者曰：『淵明之辭甚高，而其指則出於莊、老；康節之辭若卑，而其指則原於《六經》』。以余觀之，淵明之學，正自《經》術中來，故形之於詩，有不可掩。〈榮木〉之憂，逝川之歎也；〈貧士〉之詠，簞瓢之樂也。〈飲酒〉末章有曰：『羲、農去我久，舉世少復眞。汲汲魯中叟，彌縫使其淳』。淵明之智及此，是豈玄虛之士所可望耶？雖其遺寵辱，一得喪，眞有曠達之風，細味其詞，時亦悲涼感慨，非無意世事者。或者徒知義熙以後不著年號，爲恥事二姓之驗，而不知其眷眷王室，蓋有乃祖長沙公之心，獨以力不得爲，故肥遯以自絕，食薇飲水之言，銜木塡海之喻，至深痛切，顧讀者弗之察耳。淵明之志若是，又豈毀彝倫、外名教者可同日語乎」！（《眞文忠公文集》卷三十六〈跋黃瀛甫擬陶詩〉）

至於後者，則可從其一方面『希志洙、泗』（明・崔銑〈刊陶詩後序〉語），而一方面又以儒者不履田園爲非見之。陶公於『隱居以求其志，行義以達其道』（《論語・季氏第十六》語）之同時，從務實之精神與當日社會之迫切需要，對儒家之『憂道不憂貧』、『樊須是鄙』，深致其疑。其〈勸農〉詩曰：

> 舜既躬耕，禹亦稼穡；遠若周《典》，八政始食。孔耽道德，樊須是鄙。董樂琴書，田園不履。若能超然，投迹高軌，敢不斂衽，敬讚德美。

又「癸卯歲始春懷古田舍」詩曰：

> 先師有遺訓：『憂道不憂貧』。瞻望邈難逮，轉欲志長勤，秉耒歡時務，解顏勸農人。……
>
> ……日入相與歸，壺漿勞近鄰。長吟掩柴門，聊爲隴畝民。

蓋當時天下餓饉薦臻，人相食⑪。此上引二詩與〈歸園田居〉『晨興理荒穢，帶月荷鋤歸』；〈移居〉『衣食當須記，力耕不吾欺』；〈和劉柴桑〉『茅茨已就活，新疇復應畬』；〈酬劉柴桑〉『新葵鬱北牖，嘉穟養南疇』；〈和郭主薄〉『園蔬有餘滋，舊穀猶儲今』；〈和胡西曹示顧賊曹〉『悠悠待秋稼，寥落將賒遲』；〈辛丑歲七月赴假江陵夜行塗口〉『商歌非吾事，依依在耦耕』；〈乙巳歲三月爲建威參軍使都經錢溪〉『素襟不可易，園田日夢想』；〈庚戌歲九月中於西田穫早稻〉『開春理常業，歲功聊可觀。……但願長如此，躬耕非所歎』；〈丙辰歲八月中於下潠田舍穫〉『貧居依稼穡，戮力東林隈』；〈雜詩〉『代耕本非望，所業在田桑。躬親未曾替，寒餒常糟糠。豈期過滿腹，但願飽粳糧……正爾不能得，哀哉亦可傷』；〈詠貧士〉『南圃無遺秀，枯條盈北園。傾壺絕餘粒，闚竈不見烟』諸篇之所由作也。陶公復於〈有會而作〉之序中，三致其意焉：

> 舊穀既沒，新穀未登，頗爲老農，而值年災，日月尚悠，爲患未已。登歲之功，既不可希，朝

夕所資，烟火裁通；旬日以來，始念饑乏。歲云夕矣，慨然永懷。今我不述，後生何聞哉！而〈讀山海經〉之『孟夏草木長，遶屋樹扶疎。衆鳥欣有託，吾亦愛吾廬。既耕亦已種，時還讀我書。……歡言酌春酒，摘我園中蔬……俯仰終宇宙，不樂復何如』！則又寫出田家之樂與勸農之成效。固不獨陸游所稱『君看高木扶疏句，還許他人更道不』（《劍南詩稿》卷八十〈讀陶淵明詩〉）之造語約美而已也。抑上述陶公勸農之詩，與平叔〈景福殿賦〉『觀農人之耘耔，亮耕稼之艱難，惟饗年之豐寡，思〈無逸〉之所歎』之旨，先後如出一轍。是故彭兆蓀《題陶靖節象》稱其『詩留正始音』，誰曰不宜。

【註　釋】

①《晉書斠注》卷七五《范寧傳》：「時以浮虛相扇，儒雅日替，寧以爲其源始於王弼、何晏，二人之罪，深於桀、紂。……蔑棄典文，不遵禮度；游辭浮說，波蕩後生；飾華言以翳實，騁繁文以惑世；……遂令仁義幽淪，儒雅蒙塵，禮壞樂崩，中原傾覆。……吾固以爲一世之禍輕，歷代之罪重；自喪之釁小，迷衆之愆大也。」

②《潛研堂文集》卷二〈何晏論〉：「《史》載平叔爲尙書，奏言：『善爲國者，必先治其身；治其身者，愼其所習。所習正，則其身正。是故人君所與游，必擇正人；所觀覽，必察正象；放鄭聲而不聽，遠佞人而弗近。可自今以後，御幸式乾殿及游豫後園，皆大臣侍從，因從容戲宴，兼省文書，詢謀政事，講論經義，爲

後世法。』予嘗讀其疏，以為有大儒之風。……此豈徒尚清談者能知之而能言之者乎？……自古以經訓顓門者，列於儒林，若輔嗣之《易》，平叔之《論語》，當時重之，更數千載不廢，方之漢儒即或有間，魏、晉說經之家，未能或之先也。……論者又以王、何好《老》、《莊》，非儒者之學。然二家之書具在，初未嘗援儒以入《莊》、《老》，於儒乎何損？且平叔之言曰：『鬻莊軀，放玄虛，而不周於時變。』若是，其不足乎莊也，亦毋庸以罪平叔矣。」

③ 牟宗三先生《才性與玄理》第三章〈魏晉名士及其玄學名理〉第三節〈王弼之高致〉：「王弼：……以透宗之觀念，與造極之境界，復活已斷絕四五百年之儒道玄理，廓清四百年來《易》學之蕪雜……雖言理以道為宗，而於人品則崇儒聖。儒道同言，而期有所會通。此亦大家之識。故《三國志・鍾會傳》末稱其『好論儒道』。非如後來之名士全倒於老、莊也。何晏能注《論語》，亦見不失傳統之規範。雖以老為宗，單提玄境，不能盡儒家之蘊，然其所提醒之一面，固有不移之價值。故王之《易》，何之《論語》，亦代表一時之經學。」

④ 《晉書斠注》卷四十三〈樂廣傳〉：「尤善談論，每以約言析理，以厭人之心。……尚書令衛瓘，朝之耆舊，逮與正始中諸名士談論，見廣而奇之。曰：『自昔諸賢既沒，常恐微言將絕，而今乃復聞斯言於君矣。』……王衍自言與人語甚簡至，及見廣，便覺己之煩。」《世說新語・識鑒第七》引《晉陽秋》亦曰「樂廣善以約言厭人心。太尉王夷甫，光祿大夫裴叔則，能清言。常曰，與樂令言，覺其簡至，吾等皆煩」。

《世說新語・賞譽第八》劉《注》引〈衛玠別傳〉：「玠少有名理。……至武昌見王敦，與之談論，彌日信宿，敦顧謂僚屬曰：『昔王輔嗣吐金聲於中朝，此子今復玉振於江表，微言之緒，絕而復續，不悟永嘉之中，復聞正始之音，阿平若在，當復絕倒。』（琅邪王平子，高氣不群，邁世獨傲，每聞玠之語議，至於理會間，要妙之際，輒絕倒於坐，前後三聞，爲之三倒。時人遂曰：『衛君談道，平子三倒。』）

《世說新語‧文學第四》：「阮宣子有令聞，太尉王夷甫見而問曰：『老、莊與聖教同異？』對曰：『將無同？』太尉善其言，辟之爲椽。世謂『三語椽』。」（按：《晉書》阮宣子作阮千里，王衍作王戎，《太平御覽》同。而王戎未嘗爲太尉，《世說新說》爲是。余嘉錫先生《世說新語箋疏》謂「唐修《晉書》喜用《世說》，此獨與《世說》不同，知其必有所考。」似不可從。）

⑤《宋書》卷五十四〈羊玄保傳〉：「玄保二子，太祖賜名曰咸曰粲。謂玄保曰：『欲令卿二子，有林下、正始餘風』。」

又同上卷六十二《王微傳》：「微報何偃書曰：『卿少陶玄風，淹雅修暢，自是正始中人。』」

《南齊書》卷三十三〈張緒傳〉：「吏部尙書袁粲言於帝曰：『臣觀張緒，有正始遺風，宜爲官職。』」

《南史》卷三十〈何尙之傳〉：「（何尙之）爲丹陽尹，上……爲之立宅南郊外，立學聚生徒，……謂之『南學』。王球常云：『尙之西河之風不墜。』尙之亦云：『球正始之風尙在。』」

⑥《晉書》卷六十一〈儒林傳序〉：「有晉始自中朝，迄於江左，莫不崇飾華競，祖述虛玄，擯闕里之正經，習正始之餘論，指禮法爲流俗，目縱誕以清高。遂使憲章馳廢，名教頹毀，五胡乘間而競逐，二京繼踵以淪胥。運極道消，可爲長歎息者矣。」

又《日知錄》卷十三〈正始〉：「魏少帝即位，改元正始。……一時名士風流，盛於洛下，乃其棄經典而尙

《老》、《莊》，蔑禮法而崇放達，視其主之顛危若路人然，即此諸賢爲之倡也。」

⑦ 此外，尚有〈與子儼等疏〉之『少樂琴書，偶愛閒靜，開卷有得，便欣然忘食』；〈答龐參軍〉之『衡門之下，有琴有書，載彈載詠，爰得我娛。……乃陳好言，乃著新詩』；〈和郭主簿〉之『息交遊閒臥，坐起弄書琴』；〈辛丑歲七月赴假還江陵夜行塗口〉之《詩》、《書》敦宿好，林園無俗情』；〈飲酒〉十六之『少年罕人事，遊好在《六經》』；〈讀山海經〉其一之『既耕亦已種，時還讀我書。……汎覽《周王傳》，流觀《山海圖》。俯仰終宇宙，不樂復何如』。等等，不一而足。

⑧ 杜甫〈奉贈韋左丞文〉詩句。

⑨ 陳寅恪《陶淵明之思想與清談之關係》稱：「兩晉南北朝之士大夫，其家世夙奉天師道者，對……佛教則可分三派：一爲保持家傳之道法，而排斥佛教。……二爲棄捨其家世相傳之天師道，而皈依佛法。……三爲持調停道、佛二家之態度。……鄙意淵明當屬於第一派，蓋其平生保持陶氏世傳之天師道信仰，雖服膺儒術，而不歸命釋迦也。……淵明之思想爲承襲魏、晉清談演變之結果，及依據其家世信仰道教之自然說，而創改之新自然說。……其非名教之意僅限於不與當時政治勢力合作，而不似阮籍、劉伶輩之佯狂任誕……之積極抵觸名教也。……故淵明之爲人實外儒而內道，捨釋迦而宗天師者也。」（燕京大學哈佛燕京社刊印）

⑩ 劉遺民〈立誓願文〉：「夫緣化之理既明，則三世之傳顯矣；遷感之數既符，則善惡之報必矣」。（見《文學遺產》第二五三期，余振生〈陶詩反映現實的特徵〉引湯用彤《漢魏兩晉南北朝佛教史》上冊三六六頁。）又：與劉遺民同來廬山別立禪坊之宗炳〈明佛論〉（一名〈神不滅論〉）亦曰：「于公、邴吉、虞怡德應于

後，嚴延年、田蚡、晉宣殺報交驗，皆屬於漢、魏，世所信睹。……今世之所以慢禍福於天道者，類若史遷感伯夷而慨者也。夫孔聖豈妄說也哉！稱『積善餘慶，積惡餘殃。』……則納慶後身，受殃三塗之說，不得不信矣。」（《弘明集》卷二）

⑪《資治通鑑》卷一〇六〈晉紀〉二十八、〈孝武帝太元十年〉：「春正月，長安饑，人相食。夏四月，幽、冀大饑，人相食，邑落蕭條。」

同上卷一一二〈晉紀〉二十四、〈安帝元興元年〉：「春正月，東土遭孫恩之亂，因以饑饉。……姑臧大饑，米斗值五千，人相食，饑死者十餘萬口。夏四月，三吳大饑，戶口減半，會稽減什三、四，臨海、永嘉殆盡，官室皆衣羅紈，懷金玉，閉門相守饑死。」

一九九五年元月十五日初稿
一九九六年五月二十日重訂
香港能仁學報第四期

晉詩輕綺辯

——兼論陸機詩之慷慨任氣

劉彥和《文心雕龍・明詩第六》曰：

晉世群才，稍入輕綺。張、潘、左、陸，比肩詩衢，采縟於正始，力柔於建安，或析文以爲妙，或流靡以自妍，此其大略也。

自此論一出，群皆鄙薄晉詩。唐陳伯玉謂「文章道弊五百年矣，漢、魏風骨，晉、宋莫傳。」（《與東方左史虬修竹篇并書》）李太白謂「自從建安來，綺麗不足珍。」（《古風》其一）

馴至近人王瑤之撰《中古文學風貌》也，竟謂「若專由後人的批評看，整個的西晉文學，其實也可說是『下乘』的。」篇中歷引前人之批評，除左氏太沖外，其餘莫不盛加責難。曰：

到了西晉，五言的詩體定型了，辭賦是傳統的文體，這些都是士大夫間運用的固定形式；而這些人又生活在外戚宗室的卵翼下，事實上屬於『心非鬱陶，苟馳夸飾』的心境的，自然也就只能『逐文之篇愈盛』了。於是大家都在辭藻排偶上用工夫，……整個文學是向著輕綺繁縟的路上走，……其中陸機尤其最顯著的例子。（《中古文學風貌・潘陸與西晉文士・三》）

又曰：

《詩品》評張華詩云：「其體華艷，興託不奇，巧用文字，務爲研合。雖名高曩代，而疏亮之士，猶恨其兒女情多，風雲氣少。」這批評不也正是陸機的風格嗎？劉師培《中古文學史》云：「晉代之詩，如張華、張載之屬，均與士衡體近。因這實在是時代風氣，張華以及三張二陸都是屬於類似的風格的。……當然，……跟他們作風不大同的作者，自然也還是有的，例如左思的詩，《詩品》評爲「文典以怨，頗爲精切，得諷諭之致。雖野於陸機，而深於潘岳。」……王船山《古詩評選》云：「三國之降爲西晉，文體大壞，古度古心，不絕來茲者，非太冲其焉歸！」陳祚明《采菽堂古詩選》云：「太冲一代偉人，其雄在才，而其高在志。……鍾嶸以爲野於陸機，悲哉！彼安知太冲之陶乎漢、魏，化乎矩度哉！」黃子雲《野鴻詩的》云：「太冲祖述漢、魏，而修辭造句，全不襲一字。落落寫來，自成大家；視潘、陸諸人，何足數哉！」沈德潛《古詩源》亦云：「鍾嶸評左詩，謂野於陸機，而深於潘岳，此不知太冲者也。太冲胸次高曠，而筆力又復雄邁，陶冶漢、魏，自製偉詞，故是一代作手，豈潘、陸輩所能比埒！」……這些批評都可說是很中肯的。但就文學史說，當時所公認的好的標準，是輕綺巧麗，而不是如左思的『得諷諭之致』。因爲文學畢竟是脫不開生活的，而當時過著高貴豪奢的士大夫生活的文士們，是只能欣賞技巧，也只能向排偶綺麗上去用工夫的。（同上五）

今按：左太冲詩之『風力雄邁，文典以怨，得諷諭之致』，固人無異辭矣。而王氏援引王船山諸人之言以抑士衡，則非確論也。王氏謂後代很少推崇陸機，而唐太宗則後人也，其《晉書．陸機傳論》曰：

> 觀夫陸機、陸雲，……挺珪璋於秀實，馳英華於早年，風鑑澄爽，神情俊邁。文藻宏麗，獨步當時；言論慷慨，冠乎終古。高詞迥映，如朗月之懸光；疊意迴舒，若重巖之積秀。千條析理，則電折霜開，一緒連文，則珠流璧合。其詞深而雅，其義博而顯，故足遠超枚、馬，高躡王、劉，百代文宗，一人而已！

其推崇二陸，無以復加。並深悲士衡「進不能闢昏匡亂，退不能屏跡全身，而奮力危邦，竭心庸主，忠抱實而不諒，謗緣虛而見疑，生在己而難長，死因人而易促，卒令覆宗絕祀，良可悲夫！」（《晉書》卷五十四．例傳第二十四《陸機傳論》）此實深知士衡之……才華與處境者也。乃張溥《陸平原集題詞》云：「士衡才冠當世，國亡主辱，……俯首入落，竟縻晉爵，身事仇讎，……豫誅賈謐，俛得通侯，俗人謂福，君子謂禍。趙王誅死，羈囚廷尉，秋風蓴鱸，可早決機，復戀成都活命之恩，遭孟玖青蠅之譖，……畫獄自投，其誰戚哉！」不知士衡文章既冠世，父祖又世爲吳之將相，與「本山林間人無望於時」（《晉書張翰》語）之張翰不可同日而語，晉廷可容季鷹秋風蓴鱸，任心適志，而不許士衡還吳也。《晉書》稱其「羈寓京師，久無家問。時中國多難，顧榮、戴若思等盛勸機還吳，機負其才望，而志匡世難，故不從。」《晉書》之言，不足盡信。顧榮祖雍爲吳丞相，父稚宜都太守，榮弱冠仕吳爲黃門侍郎、太子輔義都尉。吳平，與陸機兄弟入洛，時人號爲二俊。（機與弟雲入洛造太常張華，華素重其名，如舊相識。曰，『伐吳之役，利獲二俊。』）歷尚書郎、太子中舍人、廷尉正，恆縱酒酣暢，謂張翰曰：『惟酒可以忘憂，但無如作病何耳！』季鷹嘗諭榮曰：『天下紛紛，禍難未已。夫有四海之名者，求退良難。吾本山林間人，無望於時，子善以明防前，以智慮後！』榮執其手，愴然曰：『吾亦與子採南蕨，飲三江水耳。』趙王倫篡位，倫子虔爲大將軍，以榮爲長史，及倫敗，齊王冏召爲大司馬主簿，榮懼及禍，終日昏酣不綜事，恆慮禍及，見刀與繩，每欲自殺。榮惶惶然自顧且不暇，如何有勸機還吳之可能？誠如張翰所言，『有四海之名，求退良難。』士衡豈眞『竟靡晉爵，畫獄自投』之不智哉，無亦日迫於勢耳！所謂『趙王誅死，羈囚廷尉，秋風蓴鱸，可早決機』云云，談何容易耶！試觀其《與弟清河雲詩并序》云：

余弱年夙孤，與弟士龍銜卹喪庭，續忝末緒，會逼王命，墨絰即戎，時並縈髮，悼心告別，漸歷八載，家邦顛覆，凡厥同生，彫落殆半，收跡之日，感物興哀。而士龍又先在西，時迫當祖載，二昆不容逍遙，銜痛東徂，遺情西慕，故作是詩，以寄其哀苦焉。

……有命自天，崇替靡常。王師乘運，席卷江湘。雖備官守，守從武臣。守局下列，譬彼飛塵。洪波電擊，與衆同湮。顛踣西夏，收跡舊京。俯慚堂構，仰懵先靈。孰云忍愧，寄之我情。……

昔我西征，扼腕川湄。掩涕即路，揮袂長辭。六龍促節，逝不我待。自往迄茲，曠年八祀。悠悠我思，非爾焉在。昔並垂髮，今也將老，含憂茹慼，契闊充飽。嗟我人斯，胡恤之早。天步多艱，性命難恃。常懼隕斃，孤魂殊裔。存不阜物，沒不增壤。生若朝風，死猶絕景。

視彼蜉蝣，方之僑客。眷此黃壚，譬之敝宅。匪身是吝，亮會伊惜，其惜伊何，言紆其思。其思伊何，悲彼曠載。………

昔我斯逝，兄弟孔備。今予來思，我凋我瘁。昔我斯逝，族有餘榮。今我來思，堂有哀聲。我行其道，鞠爲茂草。我復其房，物存人亡。拊膺泣血，灑淚彷徨。企佇明路，言歡爾歸。心存言宴，目想容輝。迫彼窀穸，載驅東路。係情桑梓，肆力丘墓。栖遲中流，心懷罔極，眷言顧之，使我心惻！

又《赴洛道中作》二首其一曰：

總轡登長路，嗚咽辭密親。借問子何之，世網嬰我身。永歎遵北渚，遺思結南津。行行遂已遠，野途曠無人。山澤行紆餘，林薄杳阡眠。虎嘯深谷底，雞鳴高樹顛。哀風中夜流，孤獸更我前。悲情觸物感。沈思鬱纏綿。佇立望故鄉，顧影悽自憐！

而《東宮作詩》（《文選》作《赴洛》二首其二，此從逯欽立輯校《先秦漢晉南北朝詩》）又曰：

羈旅遠遊宦，託身承華側。撫劍遵銅輦，振纓盡祇肅。歲月一何易，寒暑忽已革。載離多悲心，感物情悽惻。慷慨遺安豫，永歎廢寢食。思樂樂難誘，曰歸歸未克，憂苦欲何爲，纏綿胸與臆。仰瞻凌霄鳥，羨爾歸飛翼。

孰謂其『俯首入洛，竟縻晉爵』耶？復觀其《贈從兄車騎》及《赴太子洗馬時作》之詩曰：

孤獸思故鄉，離鳥悲舊林。翩翩游宦子，辛苦誰爲心！髣髴谷水陽，婉孌崑山陰。營魄懷茲土，精爽若飛沈。寤寐靡安豫，願言思所欽。感彼歸途艱，使我怨慕深。安得忘歸草，言樹背與襟。斯言豈虛作，思鳥有悲音。

希世無高符，營道無烈心。靖靖肅有命，假楫越江潭。親友贈予邁，揮淚廣川陰。撫膺解攜手，永歎結遺音。無跡有所匿，寂寞聲必沈，肆目眇不及，緬然若雙潛。南望泣玄渚，北邁涉長林。谷風拂脩薄，油雲翳高岑。亹亹孤獸騁，嚶嚶思鳥吟。感物戀堂室，離思一何深！佇立慨我歎，寤寐涕盈襟。惜無懷歸志，辛苦誰爲心！

所云「孤獸思故藪，離鳥悲舊林，翩翩游宦子，辛苦誰爲心」，豈非阮嗣宗《詠懷》之「孤鴻號外野，翔鳥鳴北林，徘徊將可何見，憂思獨傷心」乎？所云「髣髴谷水陽，婉孌崑山陰」，豈非《詠懷》之「渥髮暘谷濱，遠遊崑岳傍」乎？所云「營魄懷茲土，精爽若飛沈」，豈非《詠懷》之「容色改平常，精神自飄淪」乎？所云「感彼歸途艱，使我怨慕深」、「惜無懷歸志，辛苦誰爲心」，豈非《詠懷》之「如何當路子，磬折忘所歸，豈爲夸譽名，憔悴使心悲，寧與燕雀翔，不隨黃鵠飛，黃鵠遊四海，中路將安歸」乎？所云「谷風拂脩薄，油雲翳高岑」，豈非《詠懷》之「寒風振山岡，玄雲起重陰」乎？所云「佇立慨我歎，寤寐涕盈襟」，豈非《詠懷》之「遠望令人悲，……淚下誰能襟」、「生命辰安在，憂戚涕沾襟」乎？而二詩一再呼號「辛苦誰爲心」！此正嗣宗《詠懷》「殷憂令志結，怵惕常若驚」、「終身履薄冰，誰知我心焦」之旨也。然嗣宗《詠懷》，千古共仰，而士衡之詩，唐太宗之後，盛遭非難，同一悲吟，而褒貶異價，豈得謂平？元遺山《論詩絕句》稱嗣宗「縱橫詩筆見高情」，世皆高尙其志，而以士衡『俯首入洛』爲非。然亦知嗣宗得全於晉，直是早附司馬師，陰託其庇乎？胡應麟《詩藪》外篇卷二《六朝》有云：「（阮）籍得全於晉，直是早附司馬師，陰託其庇耳。史言禮法之士，嫉之如讎，賴司馬景王全之。以此而言，籍非附司馬氏，未必能脫禍也。今《文選》載蔣濟《勸進表》一篇，乃籍所作，籍忍至此，亦何所不可爲？籍著《論》鄙世俗之士，以爲猶虱處乎褌中，籍委身於司馬氏，獨非褌中乎？觀（嵇）康尙不屈於鍾會，肯賣魏而附晉乎？世俗但以跡之近似者取之，槩以爲嵇、阮，我每爲之太息也。」蓋不値嗣宗之所爲而享譽千古也。反觀士衡之入洛也，嘗詣侍中王濟，濟指羊酪謂機曰：『卿吳中何以敵此？』答云：『千里蓴羹未下鹽豉。』著作郎范陽盧志於衆問機曰：『陸遜、陸抗，於君近遠？』機曰：『如君於盧毓、盧珽。』志默然。既起，雲謂機曰：『殊邦遐遠，容不相悉，何至於此！』機曰：『我父祖名播四海，寧不知耶？』其不輕下於人如此，較嗣宗之口不臧否人物，抗直多矣。

至於王瑤歷引諸家之說，謂「陸詩僅只是在修辭上有所成就，是劉勰所謂『逐文之篇』，而不是『體情之製』，陸雲《與兄平原書》有云：『此是情文，但本少情，而頗能汜說耳。』『汜說』實在包有現在所謂『無病呻吟』的意思。所以到了西晉，……這些人又生活在外戚宗室的卵翼下，事實上是屬於『心非鬱陶，苟馳夸飾』的心境的；自然也就只能『逐文之篇愈盛』了。於是大家都在辭藻排偶上用工夫，……整個文學是向著輕綺繁縟的路上走，……其中陸機尤其是最顯著的例子。」（《中古文學風貌・潘陸與西晉文士・三》）又謂「《詩品》評張華詩云：『其體華艶，興託不奇，巧爲文字，務爲研合。雖名高曩代，而疏亮之士，猶恨其兒女情多，風雲氣少。』這批評不也正是陸機的風格嗎？」（同上五）今按：茂先之詩是否『兒女情多，風雲氣少』，姑置勿論。而士衡之風格則斷斷不爾。唐太宗《陸機傳論》稱其『言論慷慨，冠乎終古』，此的論也。而沈德潛《古詩源》竟云：「士衡以名將之後，破國亡家，稱情而言，必多哀怨。乃詞旨敷淺，但工塗澤，復何貴乎？」王瑤繼之，謂士衡「雖然破國亡家，卻並沒有實際上感到了破國亡家的痛苦；他又變成了洛陽的新貴，交遊於權貴之間，參預了政治上的傾軋。」（同上四）豈不謬哉！《全晉詩》輯錄士衡詩凡八十七篇一〇七首，誠如唐太宗所言，語多慷慨。二氏似未寓目者。不然，何以有此謬悠之說，荒唐之言耶？王氏不云文學畢竟脫不開生活者乎？《禮記・樂記》云：「亡國之音哀以思」，陸詩有焉。其詩上文已略舉一過，茲再錄其數篇於下，以見非議陸詩者之妄焉。

《門有車馬客行》

門有車馬客，駕言發故鄉。念君久不歸，濡跡涉江湘。投袂赴門塗，攬衣不及裳。拊膺攜客泣，掩淚敘溫涼。借問邦族間，惻愴論存亡，親友多零落，舊齒皆彫喪。市朝忽遷易，城闕或丘荒。墳壠日月多，松柏鬱芒芒，天道信崇替，人生安得長。慷慨惟平生，俛仰獨悲傷！

《梁甫吟》

玉衡既已驂，義和若飛凌。四運循環轉，寒暑自相承。冉冉年時暮，迢迢天路徵（潋）。招搖東北指，大火西南昇。悲風無絕響，玄雲互相仍。豐冰憑川結，零露彌天凝。年命時相近，慶雲鮮克乘。履信多愆期，思順焉足憑。慷慨臨川響，非此孰爲興。哀吟梁甫巔，慷慨獨拊膺。

《悲哉行》

游客芳春林，春芳傷客心。和風飛清響，鮮雲垂薄陰。蕙草饒淑氣，時鳥多好音。翩翩鳴鳩羽，喈喈倉庚音。幽蘭盈通谷，長秀被高岑。女蘿亦有託，蔓葛亦有尋。傷哉客遊士，憂思一何深。目感隨氣草，耳悲詠時禽。寤寐多遠念，緬然若飛沈。願託歸風響，寄言遺所欽。

《君子行》

天道夷且簡，人道險而難。休咎相乘躡，翻覆若波蘭。去疾苦不遠，疑似實生患。近火固宜熱，履冰豈惡寒。掇蜂滅天道，拾塵惑孔、顔。逐臣尚何有，棄友焉足歎。福鍾恆有兆，禍集非無端。天損未易辭，人益猶可歡。朗鑒豈遠假，取之在傾冠。近情苦自信，君子防未然。

《虎猛行》

渴不飲泉水，熱不息惡木陰。惡木豈無枝，志士多苦心。整駕肅時命，杖策將遠尋。飢食猛虎窟，寒棲野雀林，日歸功未建，時往歲載陰。崇雲臨岸駭，鳴條隨風吟。靜言幽谷底，長嘯高山岑。急弦無懦響，亮節難爲音。人生誠未易，曷云開此衿。眷我耿介懷，俯仰愧古今！

此外，如《挽歌》之『拊心痛荼毒，永歎莫爲陳』；《長歌行》之『慷慨亦焉訴，天道良自然』；《從軍行》之『苦哉遠征人，撫心悲如何』；《苦寒行》之『渴飲堅冰漿，飢待零露餐。離思固已久，寤寐莫與言。劇哉行役人，慊慊恆苦寒！』，《豫章行》之『汎舟清川渚，遙望高山陰。山陸殊途軌，懿親將遠尋。三荊歡同株，四鳥悲異林。樂會良自古，悼別豈自今』；《折楊柳》之『仰悲朗月運，坐觀旋蓋迴。盛門無再入，衰房莫苦開。人生固已短，出處鮮爲諧。慷慨惟昔人，興此千載懷。升龍悲絕處，葛藟變條枚。寤寐豈虛歎，會是感與摧。弭意無足歡，願言有餘哀』；《太山吟》之『長吟太一側，慷慨激楚聲』；《駕言出北闕門》之『人生何所促，忽如朝露凝。辛苦百年間，戚戚如履冰。仁智亦何補，遷化有明徵』；《童逃行》之『人皆冉冉西遷，盛時一往不還，慷慨乖念悽然。……世道多故萬端，憂慮紛錯交顏，老行及之長歎』；《上留田行》之『嗟行人之藹藹，……寒往暑來相尋。零雪霏霏集宇，悲風徘徊入襟。歲華冉冉方除，我思纏綿未紓，感時悼逝不悽如』；《燕歌行》之『四時代序逝不追，……念君客遊常苦悲。……憂來感物涕不晞，非君之念思爲誰，別日何早會遲』；《贈馮文羆》之『苟無淩風翮，徘徊守故林。慷慨誰爲感，願言懷所欽。……分索古所悲，志士多苦心。悲情臨川結，苦言隨風吟。愧無雜佩贈，良訊代兼金』；《於承明作與弟士龍》之『牽世嬰時網，駕言遠徂征。……俯仰悲林薄，慷慨含辛楚。懷往歡絕端，悼來憂成緒。感別慘舒翮，思歸樂遵渚』；《贈弟士龍》之《行矣怨路長，惄焉傷別促。指途悲有餘，臨觴歡不足，我若西流水，子爲東峙岳。慷慨逝言感，徘徊居情育。安得攜手俱，契闊成騑服』；《贈尚書郎顏彥先》之『淒風迕時序，苦雨遂成霖。朝游忘輕羽，夕息憶重衾。感物百憂生，纏綿自相尋。與子隔蕭牆，蕭牆阻且深。形影曠不接，所託聲與音。音聲日夜闊，何用慰吾心』；《爲顏彥先贈婦》之『辭家遠行遊，悠悠三千里。京洛多風塵，素衣化爲緇。循身悼憂苦，感念同懷子。隆思亂心曲，沈歡滯不起。歡沈難克興，心亂歸鴻翼，翻飛浙江汜。』皆慷慨任氣，語語悽楚，所謂以血淚書者也。安得目爲『但工塗薄』、『卻並沒有實際上感到了破國亡家的痛苦』之作哉？

諸公又獨賞太沖之筆力雄邁，得諷諭之致。非潘（岳）陸（機）輩所能比埒。王瑤並謂西晉文士運用辭賦文體之形式，苟馳夸飾，皆在辭藻排偶工夫，當時所公認之標準，是輕綺巧麗，而非左思之『得諷諭之致』。不知我國傳統詩賦，從來未嘗不以『諷諭』爲首務者。賦亦如之。王氏誤認西晉文士，全用辭賦之體，競爲侈麗閎衍之詞，而沒有諷諭之義。此根本不解辭賦之旨。班孟堅嘗謂「賦者，古詩之流也。或以抒下情而通諷諭，或以宣上德而盡忠孝，……抑亦雅頌之亞也。」（《兩都賦序》）抑王氏以至諸公，亦知太沖於『得諷諭之致』外，復有『動筆而橫錦』之譽乎？蓋自建安之初，五言騰躍，魏三祖、陳王，咸蓄盛藻，非復班固《詠史》之質木無文矣。逮晉，宣帝司馬懿、景帝師、文帝昭，雖志深篡竊，不暇文事，然風氣所開，新辭麗句，作者競相慕習。誠如彥和所言：『文變染乎世情，興廢繫乎時序。』（《文心雕龍．時序第四十五》）宗白華先生嘗探討之曰：「漢末魏晉六朝是中國政治上最混亂，社會上最苦痛的時代，然而卻是精神史上極其自由，極解放，最富於智慧、最濃於熱情的一個時代。因此也就是最富有藝術精神的一個時代。」（《藝境．論世說新語和晉人的美》）故魏文《典論．論文》有『詩賦欲麗』之論。陸平原《文賦》有『詩緣情而綺靡，賦體物而瀏亮』之說。士龍《與兄平原書》更明謂『文章當貴經綺』（按：經字爲輕字之誤。此實彥和『晉世群才，稍入輕綺』之所本。或謂經字不誤，乃綺字爲緯字之誤耳。夫『經緯』雖於義可通，究不如『輕綺』之與下文「如謂後語如漂漂，故謂如小勝耳」之漂漂相應爲妥貼也。況復士龍與兄其他論文之書，如「《祠堂頌》……皆新綺，用此已自爲洋洋耳」；「《文賦》甚有辭，綺語頗多……新奇乃爾，眞令人怖，不當復道作文」；「《祖德頌》無大諫語耳，然靡靡（靡與綺爲同義詞）清工，用辭緯澤」；皆一再用及綺字。又《文賦》稱「或藻思綺合，清麗千眠，炳若縟繡，悽若繁絃……或言拙而喻巧，或理樸而辭輕。」皆與文章貴輕綺之旨合，故作輕綺爲允。）於是劉彥和《文心雕龍・明詩第六》從而謂「四言正體，則雅潤爲本；五言流調，則清麗居中。」沈休文亦謂「降及元康，潘、陸特秀，……縟旨星稠，繁文綺合，綴平臺之逸響，採南皮之高韻，遺風餘烈，事極江左。」（《宋書・謝靈運傳論》）然則，所謂「晉世群才，稍入輕綺」，實純屬推許之詞，殊無貶損之意。否則《文心雕龍・時序第四十五》便不當云「晉雖不文，人才實盛：茂先搖筆而散珠，太冲動墨而橫錦，岳、湛曜聯璧之華，機、雲標二俊之采，應、傅、三張之徒，孫摯、成公之屬，並結藻清英，流韻綺靡」矣。王瑤先生亦知謂「就文學史說，當時所公認的好的標準，是輕綺巧麗」。特不當復謂「當時過著高貴豪奢的士大夫生活的文士們，是只能欣賞技巧，也只能向排偶綺麗上去用工夫」耳。誠如所言：「文學畢竟是脫不開生活的」。徵諸晉世自惠帝而後，晉室大壞，內則賈后、八王，禍亂相尋；外則州郡空虛，五胡侵擾。其「世積亂離，風衰俗怨」，尤甚於建安之末，故其時文，亦自「志深而筆長，梗慨而多氣」也，所謂「漢、魏風骨，晉宋莫傳」、「自從建安來，綺麗不足珍」云云，豈其然歟？

溯自「漢儒之欲藉六藝思想系統，以期塑造一漢世之堯舜時代，詩三百篇遂由原始之『聲教』階段（周）與『言教』階段（春秋）進入『詩教』之最高階段。」（何定生先生《詩經今論》）說詩者無論其爲齊、魯、韓三家或毛、鄭，莫不以『諫書』（注）之思想，建構其載道之詩經學，並成爲此下儒者論文之圭臬。議者荒於知人論世，不通古今之變，復偏執藝成而下之觀念，遂對晉詩横加貶損，謂『詩緣情而綺靡』爲不知禮義之歸。朱彝尊於其《與高念祖論詩書》稱：「魏、晉而下，指詩爲緣情之作，專以綺靡爲事，一出乎閨房兒女之思，而無慕儉好禮、廉靜疏達之遺，惡在其爲詩也？」紀昀《雲林詩鈔序》亦謂：「分支於三百篇者爲兩漢遺音，沿波于屈、宋者爲六朝綺語。……《大序》一篇，……其中『發乎情，止乎禮義』二語，實深風雅之大原。……自陸平原一語引入歧途，其究乃至于繪畫横陳，不誠已甚歟！」而最無稽者爲謝榛。其《四溟詩話》曰：「陸機《文賦》曰：『詩緣情而綺靡，賦體物而瀏亮。夫綺靡重六朝之弊，瀏亮非兩漢之體。』其亂入人罪，一至於此！宜乎王闓運辨訂其非曰：「近代儒生，深諱綺靡，乃區分奇偶，輕詆六朝，不解緣情之言，疑爲淫哇之語，其原出于毛、鄭，其後成于里巷，故風雅之道息焉。」

要之，一切妄論之生，皆緣於政治與地域上之偏見而起，而癥結在不達『綺靡』之旨。蓋自詩樂分家，義理之說既勝，聲歌之學日微，遂使衆多原爲文學批評所習用之音樂術語，紛紛失其本義，甚而一反其旨，由原來之褒詞，一變而爲貶詞，以致小則歪曲一人或一時之作品評價，大則影響整體文學之批評及其原理。此鄭夾際所以有「詩在於聲，不在於義，猶今都邑有新聲，巷陌競歌之，豈爲其辭義之美哉！直爲其聲新耳」（《通志・樂略》）之歎也。其中『綺靡』即爲最顯著之例證。按：『

綺靡』爲同義複詞，原爲音樂之用語。《史記・殷本紀》載：「帝紂……好酒淫樂……使師涓作新淫聲，北里之舞，靡靡之樂。」又《文選・左太冲吳都賦》『靡靡愔愔』劉淵林注，「靡靡愔愔，言樂容與閑麗也。」此乃建安以降，詩壇上上下下之風尚，所有作手，莫不與之結下不解緣，即以『文體省淨、篤意眞古』著稱之陶公。鍾記室《詩品》亦稱其詩爲『風華清靡』。蘇文忠亦謂其『質而實綺，癯而實腴。』更遑論其餘哉？據近人周汝昌《陸機文賦緣情綺靡說的意義》之分析：綺爲素色織紋繒，即今之細綾。《方言》「東齊言布帛之細者曰綾，秦晉曰靡。」故『綺靡』乃以織物喻幼細而精密之意。以之形容音樂，即『聲之細好』（《文選》王褒《洞簫賦》『被淋灑其靡靡兮』注）以之形容談話，則言談之流，靡靡如解木出屑也。是靡靡乃指如怨如慕，如泣如訴；餘音嫋嫋，不絕如縷，具有幽咽特點之聲調音色，故劉勰品論《楚辭》時，即以『綺靡以傷情』形容《九歌》、《九辯》者，蓋二者於《楚辭》中，詩之氣味最濃，此無疑根據陸《文賦》『詩緣情而綺靡』而來。總之，『綺靡』乃當時衆所形容聲音細好用語，直至李善之注《文賦》，尚謂『綺靡，精妙之言。』而今日通行之《辭源》『綺靡』條竟謂『言文辭之浮艷也。』《辭海》『綺靡』條亦謂「猶言侈麗也。引《梁書・庾肩吾傳》爲證：『齊永明中，王融、謝朓、沈約文章始用四聲，至梁轉拘聲韻，彌尙綺（原作麗。按：《漢書・司馬相如傳注》：『麗、靡也』）靡，復踰於往時。』此無疑一貫受隋末唐初史家之批評影響：

李百藥《北齊書・文苑傳敘》曰：江左梁末，彌尚輕險，雜惉滯必以成音，故雖悲而不雅。爰逮武平，政乖時蠹，雖藻思之美，雅道猶存。……原夫兩朝俱叔世，俱肆淫路聲，而齊氏變風，……梁時變雅，……並爲亡國之音。

魏徵《梁論》稱簡文帝曰：文艷用寡，華而不實，體窮淫靡，義罕疏通，哀思之音，遂移風俗。

《隋書·文學傳授》又曰：梁自大同之後，雅道淪缺，漸乖典則，爭馳新巧，簡文、湘東，啓其淫放，徐陵、庾信，分路揚鑣，其意淺而閑，其文匿而釆，詞尚輕險，情多哀思，格以延陵之聽，蓋亦亡國之音乎？

令狐德棻《周書·王褒庾信傳贊》曰：子山之文，發源于宋末，盛行于梁季，其體以淫放爲本，其詞以輕險爲宗，故能誇自侈于紅紫，蕩心逾于鄭、衛。昔揚子雲有言，『詩人之賦麗以則，詞人之賦麗以淫。』若以庾信方之，斯又詞賦之罪人也。

夷考諸史所論之失，其故有二。一則梁、陳覆亡，近在眉睫，遂謂文章爲人禍福。前此荀卿謂『亂世之文匿而釆』，《詩序》亦謂『亡國之音哀以思』，得斯兩語，奉爲科律，遂輕爲醜詆，此其蔽于政治之偏見一也。次則隋人代周，唐人代隋，自許朔士，薄彼南人，故譏彈梁、陳，嘲弄徐、庾，此其蔽于地域之歧見又一也。善乎，朱東潤先生之言曰：

建安文學的發展，一傳而爲太康之沉雄，再傳而爲永嘉之淒厲，自茲以後，漫衍于大江南北，世稱爲南朝文學。隴上之歌，西洲之曲，英雄兒女，傳誦于千百萬人之口，蕩心動魄，孰逾于此？我們不能不承認南朝文學正是這時期中國文學的必然現象。也是應有的現象。隋、唐之初，論者鄙爲亡國之音，這是在政治上佔有優勢者的私見。按照這樣的論點，那麼詩三百篇中的變風變雅都在必須廢棄之列，比初期儒家的要求還要更加偏激，這實在是有問題的。（《建安文學研究文集·一點感想（代序）》）

準此，吾人論文，當摒除政教之偏執與乎方域之歧見，予晉詩以『析句彌密，聯字合趣，剖毫析釐，而契機入巧』之公允評價，不再目爲『文體大壞，苟馳夸飾之下乘之作。』而於曾爲唐太宗許爲『百代文宗，一人而已』之陸平原，尤當還以『議論慷慨，詞深而雅，義博而顯』之公道論定。同時並取則《隋書·文學傳敘》「江左宮商發越，貴於清綺；河朔詞義貞剛，重乎氣質。氣質則理勝其詞，清綺則文過其意。理深者便於時用，文華者宜于詠歌，此其南北詞人得失之大較也。若能掇彼清音，簡茲累句，各去所短，合其兩長，則文質彬彬，盡善盡美」之旨。則斯文之傳，莫大乎是矣。

一九九三年十月初稿
一九九四年六月重訂
原載香港能仁學第三期

本音樂解「風骨」

——兼釋「氣」為聲音之訓

一

「風骨」爲我國文學創作主要理論之一，其重要程度，蓋與「比興」齊驅，甚或過之。北魏祖瑩常與人云：「文章須自出機杼，成一家『風骨』，何能共人同生活也？」殆爲以「風骨」論文之嚆矢。南朝齊、梁劉勰撰《文心雕龍》衡論古今文體，更立爲專篇論略之。與此同時之鍾嶸《詩品》，亦以「風力」、「骨氣」、「眞骨」、「高風」評論諸家之詩風，雖未全用「風骨」一詞，其涵義蓋與「風骨」大體無異，較之祖瑩之以個人風格言「風骨」，尤爲切近。其後唐・陳子昂提倡「漢、魏風骨」以振興詩道；張說以「風骨」衡量詞人優劣；殷璠集詩以「建安氣骨爲儔」開示來學，「風骨」遂巋然成爲傳統文學之圭臬焉。

近世海內外賢達致力《文心雕龍》之研究，猗歟盛矣，尤以〈風骨〉篇之詮釋爲然，精義紛陳，爲有明升庵先生批點以來所未有。惜多未就文學與音樂之關係立說，雖間亦知「風」之淵源所自，而不能盡脫漢儒以義理說詩之臼科，往往以教化（教育作用）釋「風」，終無以達舍人既於各篇一再貶損長卿：「相如〈上林〉，繁類以成豔」（〈詮賦〉第八）；「長卿傲誕，故理侈而辭溢」（〈體性〉第二十七）；「自宋玉、景差，夸飾始盛。相如憑風，詭濫愈甚」（〈夸飾〉第三十七）；「長卿之徒，詭勢瓌聲，模山範水，字必魚貫，所謂詩人麗則而約言，辭人麗淫而繁句也」（〈物色〉第四十六）；「相如……洞入夸艷，致名辭宗。然覆（覈）取精義，理不勝辭」（〈才略〉第四十七），而又於此舉其〈大人賦〉爲「風」範例之底蘊。

其實舍人已明言「相如賦仙，氣號凌雲，蔚爲辭宗，迺其風力遒也。」清楚交代〈大人賦〉之得稱「風」首，純基於辭采而說，全與思想內容無關。所謂「相如賦仙，氣號凌雲」，用秦青撫節悲歌，聲震林木，「響遏行雲」故事，指其聲節高亢，故云「迺其風力遒也」。下文又云：「魏文稱文以氣爲主，氣之清濁有體，不可力強而致。」徵諸陸厥之言：「自魏文屬論，深以清濁爲言，故愚謂前英已早識宮徵」（《南齊書．陸厥傳》）。此「氣」爲聲音之證，訓「氣」爲「志氣」、「血氣」者，謬矣。

至於「骨」之涵義，時賢已多論證其非事義矣。要之「風」之與「骨」，俱屬辭采之範疇。故舍人於篇中以「骨采未圓，風辭未練」爲言。若比「風」、「骨」於音樂，則「骨」爲樂心，「風」爲樂體。〈樂府〉第七有云：「樂體在聲，瞽師務調其器；樂心在詩，君子宜正其文。」又謂「八音摛文，樹辭爲體。」二者固表裏相資，此舍人所以「風骨」並言也。又時賢每以「風骨」比附東漢以來之品藻人物及繪畫理論，不知品藻人物，實源於先秦之「省風考俗」①，延陵季札之「觀樂知風」，即其著者也。與其謂「風骨」源於品藻人物及繪畫理論，不如謂出於「觀樂知風」之爲愈也。

抑楊炯〈王勃集序〉稱：「（勃）兄勔及勮，磊落詞韻，鏗鍧風骨，皆九變之雄律也。」按：鏗鍧，鐘鼓聲相雜也。《文選》班固〈東都賦〉「鐘鼓鏗鍧。」是「風骨」之爲樂聲，蓋有徵矣。茲篇試從音樂著眼，解釋「風骨」之涵義，兼及「氣」之訓釋，使復傳統音樂文學之舊觀焉。

二

我國文學，原於音樂，自始即詩樂合德。《尚書・堯典》稱：「帝曰：夔！命女典樂，教胄子……詩言志，歌永言，聲依永，律和聲，八音克諧，無相奪倫，神人以和。」又《周禮・春官宗伯・大師》曰：「大師掌六律六同以合陰陽之聲……皆文之以五聲：宮商角徵羽，皆播之以八音：金石土革絲木匏竹。教六詩：曰風，曰賦，曰比，曰興，曰雅，曰頌。以六德爲之本，以六律爲之音。」下逮魏晉南朝，魏文論文，以音樂作譬；士衡〈文賦〉謂「音聲之迭代」、「猶歌者應絃而遺聲」、「流管絃而日新」；休文稱「欲使宮羽相變，低昂互節。若前有浮聲，則後須切響。一簡之內，音韻盡殊；兩句之中，輕重悉異。妙達此旨，始可言文。」（《宋書謝靈運傳論》）以故朱謙之《中國音樂文學史・第二章中國文學與音樂之關係》曰：「中國的文學的特徵，就是所謂『音樂文學』。讀《尚書》一段，我們已知道中國文學是以『音樂文學』爲正宗了。」又於其書之第三章〈論詩樂〉引宋・鄭樵及明．王圻之說，以見詩之當以聲論：

自后夔以來，樂以詩爲本，詩以聲爲用，八音六律爲之羽翼耳：仲尼編詩爲燕享祭祀之時用以歌，而非用以說義也。……不幸腐儒之說起，齊魯韓毛四家各爲序訓而以說相高，漢朝又立之學官，以義理相授，遂使聲歌之音，湮沒而無聞。（《通志》卷四十九〈樂略．樂府總序〉）

嘗論他經可以詁解，而詩當以聲論；後世不得其聲而獨辭之知。韓毛諸家於鳥獸蟲魚之細，竭力以事，而問其音則不能解也。古者審聲以知治，作樂以成教者，其亦幾于絕矣。夫以聲感者性近，而以義求者離性遠，學詩而不知此者，與耳食何異！（《續文獻通考．經籍考．詩類》）

綜上所言，〈風骨〉篇所稱「詩總六義，風冠其首」之「風」，驟觀之似本〈毛詩序〉「詩有六義焉：一曰風，……上以風化下，下以風刺上，主聞而譎諫，言之者無罪，聞之者足以戒，故曰風」之言，細察之實則用《周禮》「大師教六詩時：曰風，……以六律爲之音」之義。此觀於舍人以「負聲無力」釋「風」之不飛；「結響凝而滯」乃「風」之力而知。又謂「相如賦仙，氣號凌雲，蔚爲辭宗，乃其風力遒也」（按：氣亦訓作聲，詳下節）凡此，皆「風」爲音聲之證。

衆所周知，「風」根本乃民歌之稱。班固《漢書》卷二十八下〈地理志〉第八下曰：『凡民函五常之性，而其剛柔緩急，音聲不同，繫水土之風氣，故謂之「風」。……吳公子札聘魯觀周樂，聞《邶》、《鄘》、《衛》之歌，曰：「美哉淵乎！吾聞康叔之德如是，是其《衛風》乎？」』而朱晦庵〈答潘恭叔書〉闡釋「風」爲樂聲之由來，更爲透徹，曰：

凡言風者，皆民間歌謠。采詩者得之，而聖人因以爲樂，以見風化流行，淪肌浹髓而發於聲氣如此。其謂之『風』，正以其自然而然，如風之動物而成聲耳。（《朱子大全集》卷五十）

至於謂「風」爲「化感之本源，志氣之符契也。是以怊悵述情，必始乎風。」此言「風」之宣和情志，而以聲爲用也。《詩經・衛風・園有桃》曰：「心之憂矣，我歌且謠。」又《小雅・四月》曰：「君子作歌，維以告哀。」故《荀子・樂論》曰：「夫聲樂之入人也深，其化人也速，故先王謹爲之文。」蓋聲之能感人，乃因聲以接其情，王圻所謂「以聲感者于性近」是也。於此，《列子・湯問》嘗備言之，曰：

伯牙善鼓琴，鍾子期善聽。伯牙鼓琴，志在（登）高山。鍾子期曰：「善哉！峨峨兮若泰山！」志在流水。鍾子期曰：「善哉！洋洋兮若江河！」伯牙所念，鍾子期必得之。伯牙遊於泰山之陰，卒逢暴雨，止於巖下；心悲，乃援琴而鼓之。初爲霖雨之操，更造崩山之音。曲每奏，鍾子期輒窮其趣。伯牙乃舍琴而嘆曰：「善哉，善哉，子之聽夫！志想象猶吾心也。吾於何逃聲哉？」

必明乎「風」爲直接訴諸情感之聲音，無關義理，然後舍人之屢責長卿爲文：「詭濫愈甚」、「傲誕理侈」、「理不勝辭」、「麗淫而繁句」、「文麗用寡」（以上出處詳前，此略）等病，既與〈宗經〉篇所標榜之「文能宗經，體有六義：一則情深而不詭，二則風清而不雜，三則事信而不誕，四則義直而不回，五則體約而不蕪，六則文麗而不淫。」除二則之外，全不相符，而又稱長卿「蔚爲辭宗」，謂其〈大人賦〉「風力遒」，爲「風」之範例乃得其解。《西京雜記》卷二載長卿之友人盛覽問作賦之道，相如曰：「合綦組以成文，列錦繡而爲質，一經一緯，一宮一商。」是知長卿之所以「致名辭宗」（〈才略〉第四十七），豈非其「洞入夸艷」（按：「艷」原爲楚歌之名。徐堅《初學記·樂部·歌》引《梁元帝纂要》：「楚歌曰『艷』」。《漢書·司馬相如傳》：「鄢郢繽紛，激楚結風。」文穎謂「楚地風氣既自漂疾，然歌樂者猶復依激結之急風爲節，其樂促迅哀切也。」），音韻駿爽，聲節瀏亮，而富有音樂性耶？

宗白華《藝境·中國美學史中重要問題的初步探索》稱：「中國古典美學理論重視思想——表現爲『骨』，又重視情感——表現爲『風』，一篇有風有骨的文章就是好文章，這就同歌唱藝術中講究『咬字行腔』一樣，咬字是『骨』，即結言端直；行腔是『風』，即意氣駿發，動人情感。」可謂一語中的，但不當謂「骨」爲思想的表現耳（說詳於後）。周振甫《文心雕龍選譯——風骨篇》謂「所謂風，就是根據作者的感情，運用和感情相應的語氣，通過有聲韻之美的語言，把感情鮮明生動而有力地表達出來，構成一種風格。骨要求有思想，文辭精煉。」周氏能體會「風」爲有聲韻之美的語言，殊爲有見，但不當指「風」爲「風格」；亦不當指「骨」關乎思想。又徐復觀《中國文學論集·中國文學中的氣的問題——文心雕龍風骨篇疏補》謂「『響』是文章的聲調。」已然觸及「風」之要領，但不當引劉海峰《論文偶記》謂「文必虛字備而後神態出。」「神態」即是「風」。譬喻不倫，自毀長城。又謂「『骨氣』連辭，在魏晉時亦數見不鮮。彥和以建安諸人的詩是『慷慨以任氣』；而李白〈

宣州謝朓樓餞別校書叔雲〉詩有『蓬萊文章建安骨』之句，可知『骨』即是氣。」如此比附，失諸穿鑿。

舍人生當詩樂分流，「義理之說既勝，則聲歌之學日微」（鄭樵《通志・樂略・樂府總序》語）之世，其論略古今文辭，自然聲歌與義理並重。其〈樂府〉第七曰：「詩爲樂心，聲爲樂體；樂體在聲，瞽師務調其器；樂心在詩，君子宜正其文。好樂無荒，晉風所以稱遠；伊其相謔，鄭國所以云亡。故知季札觀樂，不直聽聲而已。」隱然有《隋書・文學傳敘》彌縫南北詞人得失大較之旨②，可謂孤明先發矣。其贊復曰：「八音摛文，樹辭爲體。……豈惟觀樂，於焉識禮。」由是觀之，「風」猶樂體，「骨」猶樂心，黃侃《文心雕龍札記》謂「骨即文辭」是也。而辭與聲俱，故〈風骨〉篇中「骨采未圓，風辭未練」並舉，楊炯〈王勃文集序〉亦「鏗鍧風骨」連辭，且以鐘鼓相雜聲釋骨焉。惟「骨」爲「正文」之旨，不能全無保留移用於〈風骨〉篇之潘勗〈冊魏公九錫文〉，舍人所以舉之爲「骨」之範例，實基於其措辭「思摹經典」——《尚書・畢命》「辭尚體要，不惟好異」，蓋防文濫也。然亦止於辭采而已，於義理其猶病諸。〈史傳〉第十六云：「立義選言，宜依經以樹則；勸戒與奪，必附聖以居宗。」試思潘冊之阿諛孟德，不下於張竦之爲陳崇頌王莽功德，即句式亦亦步亦趨，范注謂其近擬竦文，遠學《尚書》是也③。盧弼《三國志集解・武帝本紀》按語斥之曰：「勗策魏公九錫之文，口含天憲，假託朝命，終不能逃後世之清議。」盧周如舍人，豈有不明此理。觀其於〈檄移〉第二十稱陳琳之罪孟德，「壯有『骨鯁』，抗辭書釁，皦然露骨。」而稱潘勗錫魏爲「骨髓峻」。按「骨髓」爲骨腔中脂膏狀物。「骨鯁」爲正直之喻。《史記・專諸傳》：「方今吳外困於楚，而內空無骨鯁之臣，是無如我何。」按「鯁」本作「骾」。《說文段注》云：「《晉語》『挾以銜骨』」韋曰：「骨所以骾刺人也」；忠言逆耳，如食骨在喉，故云骨骾之臣。〈辨騷〉第五稱騷經忠怨之辭爲骨鯁所樹。舍人如此分別用字，豈無微旨哉。周振甫《文心雕龍注釋》釋「思摹經典」爲文思摹仿經典；「骨髓峻」：事義爲骨髓，即用經典中的辭義來寫，故以爲高。非是。經典從無涵蘊篡逆之義者，至於贊稱「嚴此骨鯁」，「骨鯁」疑爲「骨髓」之誤，蓋行文不當前後異詞也。

三

釋「風」與「骨」既竟，請續言「氣」字。氣爲聲音之元，乃音樂之術語。江永《律呂新論》卷上〈論五聲・五聲之體本於河圖〉稱：「天地之間，氣而已矣，氣動而聲發焉。或兩氣相軋而聲出於虛，或兩形相軋而聲出於實，或形軋氣氣軋形而聲出於虛實之間，大小高下，皆有數存焉。」而氣與風，同出而異名，皆爲聲音也。《莊子・齊物論》曰：「大塊噫氣，其名爲風。是唯無作，作則萬竅怒號。」郭注：「萬竅皆怒，動而爲聲也。」〈風骨〉篇所稱之「氣」字，皆與「風」同旨，訓作聲音。〈聲律〉第三十三之「氣力窮于和韻」，弘法《文鏡秘府》天卷〈四聲論〉（即隋・劉善經《四聲指歸》）作「風力窮于和韻」是其證。抑舍人之前，訓「氣」爲「聲」，與夫「氣」「風」互用，更僕難數，略舉如下：

侯瑾〈箏賦〉：

朱絃微而慷慨兮，哀氣切而懷傷。微風漂裔，泠氣浮雲，感悲音而增歎，愴憔悴而懷愁。（《全上古三代秦漢三國六朝文》卷六十六）

蔡邕〈瞽師賦〉：

撫長笛以攄憤兮，氣轟鍠而橫飛。（同上）

邊讓〈章華賦〉：

長袖奮而生風，清氣激而繞結。……清籥發徵，激楚揚風。於是音氣發於絲竹兮，飛響軼於雲中。（《後漢書・邊讓傳》）

成公綏〈嘯賦〉：

發妙聲於丹脣，激哀音於皓齒，響抑揚而潛轉，氣衝鬱而熛起。……逸氣奮湧，繽紛交錯……隨口吻而發揚，假芳氣而遠逝，音要妙而流響，聲激曜而清厲。（《文選》第十八〈音樂下〉）

魏文帝〈答繁欽書〉：

激清角，揚白雲，接孤聲，赴危節。于是商風振條，春鷹度吟，飛霧成霜，斯可謂聲協鐘石，氣應風律。（《全上古三代秦漢三國六朝文》卷七）

同上〈善哉行〉：

悲絃激新聲，長笛吐清氣。（逯欽立輯校《先秦漢魏晉南北朝詩・魏詩》卷一）

同上〈善哉行〉：

知音識曲，善爲樂方。哀絃微妙，清氣含芳。流鄭激楚，度宮中商。感心動耳，綺麗難忘。（同上）

阮瑀〈詠史〉：

燕丹善勇士，荆軻爲上賓。圖盡擢匕首，長驅西入秦。素車駕白馬，相送易水津。漸離擊筑歌，悲聲感路人。舉坐同咨嗟，歎氣若青雲。（同上，卷三）

曹植〈贈丁翼〉：

秦箏發西氣，齊瑟揚東謳。（同上，卷七）

嵇康〈琴賦〉并序：

論其體勢，詳其風聲，器和故響逸，張急故聲清。于時也，金石寢聲，匏竹屏氣。（《全上古三代秦漢三國六朝文》卷四十七）

張載〈霖雨詩〉：

悲歌結流風，逸響迴秋氣。（逯欽立輯校《先秦漢魏晉南北朝詩・晉詩》卷七）

而《文心雕龍》各篇，亦往往「辭氣」連稱，「聲氣」並舉：

氣往轢古，辭來切今。（〈辨騷〉第五）

臧洪歃辭，氣截雲蜺。（〈祝盟〉第十）

法家辭氣，體乏弘潤。（〈封禪〉第二十一）

氣流墨中……聲動簡外。（〈奏啓〉第二十三）

辭氣質素。（〈議對〉第二十四）

改韻從調，所以節文辭氣。（〈章句〉第三十四）

獎氣挾聲……披瞽而駭聾。（〈夸飾〉第三十七）

才量學文，宜正體製，必以……宮商爲聲氣。（〈附會〉第四十三）

辭氣叢雜而至……聽之則絲簧。（〈總術〉第四十四）

方聲氣乎風雷。（〈序志〉第五十）

更有直以「氣」爲聲者：

武帝崇禮，始立樂府，總趙代音，撮齊楚之氣。（〈樂府〉第七）

若氣無奇類，文乏異采……則昏睡耳目。（〈麗辭〉第三十五）

按：《南齊書·陸厥傳》「吳興沈約，陳郡謝朓，瑯邪王融，以氣類相推轂。汝南周顒，善識聲韻，約等文皆用宮商，以平上去入爲四聲，以此制韻，不可增減，世呼爲永明體。」知「氣類」即「聲類」。

世積亂離，風衰俗怨。……故梗概而多氣。（〈時序〉第四十五）

按：「梗概」亦作「慷慨」，聲高貌。李塨《李氏學樂錄》：「高漸離擊筑，荊軻和而歌，爲變徵之聲，士皆垂淚涕泣。復爲羽聲慷慨，士皆瞋目，髮盡上指冠。則以七調變徵與羽最高，歌者鮮及。是時壯士長征，氣薄霄漢，故用此最高之調耳。」

爰至近世，猶知斯義。齊璜《白石詩草》稱：「庚申（一九二〇）秋九月，梅蘭芳倩家如山約余綴玉軒閒話。余知蘭芳近事於畫，往焉。蘭芳笑求余畫蟲與觀，余諾之，蘭芳欣然磨墨理紙，觀余畫畢，爲歌一曲相報，歌聲淒清感人，明日贈之以詩：『飛塵十丈暗燕京，綴玉軒中氣獨清。難得善才看作畫，殷勤磨就墨三升。』足徵自古及今，「氣」皆訓作「聲」者也。

回觀〈風骨〉篇之「綴慮裁篇，務盈守氣」，即下文「魏文稱文以氣爲主」之旨。魏文所謂「氣之清濁有體」，陸厥已指出爲宮徵矣。（見前）故〈附會〉第四十三謂「學文宜正體製，必以宮商爲聲氣。」此舍人論文重「聲氣」之證。故云「風不飛，則負聲無力」；「結響凝而不滯，此風之力也。」而結之曰「思不環周，索莫乏氣，則無風之驗也。」從而指出長卿之「蔚爲辭宗」，「迺其風力遒」。而「風力遒」之表現乃「氣號凌雲」。是故欲知長卿之〈大人賦〉爲舍人推爲「風」首，當從「氣號凌雲」求解。

所謂「氣號凌雲」，乃指其聲調高亮。用秦青撫節悲歌，聲震林木，響遏行雲故事（見《列子·湯問》）。或謂「氣號凌雲」，得無出《漢書·司馬相如傳》「相如既奏〈大人賦〉，天子大說，飄飄有陵雲氣游天地之間意」乎？非是。此徵諸〈祝盟〉第十之「臧洪歃辭，氣截雲蜺。」及〈才略〉第四十七之「景純艷逸，……仙詩亦飄飄而凌雲」，皆用秦青之事而知。抑陸機〈文賦〉稱：「詩緣情而綺靡，賦體物而瀏亮。」周汝昌〈陸機文賦緣情綺靡說的意義〉謂「綺靡，精妙之言。……靡靡用以形容……音樂，則聲之細也。……緣情的綺靡是和體物的瀏亮并舉對文的。瀏亮後來音轉爲嘹亮，……可以形容人談吐的通暢，……也可以用來形容笛子的聲調音色。」據宋玉（應爲宋意）〈笛賦〉云：「激叫入青雲，慷慨切窮士。」是「氣號凌雲」爲聲調嘹亮，信有徵也。故唐‧李賀〈高軒過〉詩「殿前作賦聲摩空」，即指長卿〈大人賦〉之「氣號凌雲」而言。而「思不環周，索莫乏氣，則無風之驗也」，乃指聲調不嘹亮。「索莫」，無聲貌，或作「索漠」，「索漠」即「寂漠」。宋玉〈九辨〉「蟬寂漠而無聲」。「寂」，從宀尗聲。《說文》：「尗，豆也，式竹切。」「寂漠」與「索莫」音近義同。李白〈贈范金鄉詩〉：「祇應自索漠，留舌示山妻。」清‧王琦注《李白全集》引《文心雕龍》「思不環周，索莫乏氣」爲釋。楊明照《文心雕龍校注拾遺》云：「『莫』，黃校云：『元作課，楊改。』何焯云：『疑是牽課。』按作『牽課』是。養氣篇『非牽課才外也』，正以『牽課』連文。『索』即『牽』之形誤。……牽課二字，爲南朝常語。」周振甫《文心雕龍注釋》謂「『牽課』猶今言勉強。」苟如所言，則「勉強乏氣」不成文理，當以王注所解爲是。

四

綜上所言，「風」也，「骨」也，「氣」也，皆音樂之術語，或與音樂相關之詞。而舍人稱「風骨」合采爲「文章之鳴鳳」，尤見文學與音樂之關係焉。《呂氏春秋》卷五〈古樂〉有言：「聽鳳凰之鳴，以別十二律：其雄鳴爲六，雌鳴亦六，以比黃鐘之宮，適合黃鐘之宮，皆可以生之，故曰黃鐘之宮，律呂之本。」此朱謙之《中國音樂文學史》所以謂「中國文學的特徵，就是所謂『音樂文學』」也。而溫徹特（WINCHESTER）在《文學評論之原理》論音樂之言曰：

蓋音樂之爲物，直接訴諸感情，而絕無知識概念於其中；曲中之意云何，人不之問，問之則亦晦冥不可解，又不可以事實與眞理形之，強加形容，則失其爲音樂。音樂所生效果之一部，可以其不可思議之魔力解之，能激起隨感情而生之含糊概念，觸發當時快感之聯想；其所暗示之情愈專，則音樂之效果亦愈大。（引自朱謙之《中國音樂文學史・第一章音樂和文學㈢》）

其言可說明武帝讀長卿〈大人賦〉「縹縹然有游天地之間意」，爲直接訴諸感情，無關義理教化。而舍人之所以舉〈大人賦〉爲「風」首，乃得其解也。

【附註】

① 唐・徐堅《初學記・卷第十五樂部上・雅樂第一・事對・省風考俗》條曰：「《左傳》（昭公二十一年）曰：『泠州鳩曰，夫鼓、音之輿也（今本《左傳》作〈音樂之輿也〉），鍾、音之器也，天子省風以作樂。』《樂計圖徵》曰：『樂聽其聲和以音考以俗，驗以物類。』」

② 《隋書卷七十六文學列傳敘》稱：「永明、天監之際，太和、天保之間，洛陽、江左，文雅尤盛。……彼此好尙互有異同：江左宮商發越，貴於清綺；河朔辭義貞剛，重乎氣質。氣質則理勝其辭，清綺則文過其意。

……此其南北詞人得失之大較也。若能掇彼清音，簡茲累句，各去所短，合其兩長，則文質斌斌，，盡善盡美矣。」

② 語見《文心雕龍注》〈詔策〉第十九注二三。彼稱王莽「與伯禹周公等盛齊隆」，此頌曹操「雖伊尹格于皇天，周公光于四海，方之蔑如」；彼云「公之謂矣」，此言「君之功也」。先後如出一轍，極盡鄙悖之能事。

一九九六年中國文心雕龍學會年會學術研討會論文

下編：史事篇

『屈賈誼於長沙』與『不問蒼生問鬼神』解故

一、『屈賈誼於長沙』之底蘊

史稱「孝文皇帝初立，聞河守吳公治平爲天下第一，故與李斯同邑，而常學事焉，乃徵爲廷尉，廷尉乃言賈生頗通諸子百家之書，文帝召以爲博士。每詔令議下，諸老先生不能言，賈生盡爲之對。孝文說之，超遷，一歲中至太中大夫。賈生以爲漢興至孝文二十餘年，天下和洽，而固當改正朔，易服色，法制度，定官名，興禮樂。乃悉草具其事議法，色尙黃，數用五，爲官名，悉更秦之法。孝文帝初即位，謙謙未遑也。諸律令所更定，及列侯悉就國，其說皆自賈生發之。於是天子議以爲賈生任公卿之位，絳、灌、東陽侯、馮敬之屬盡害之，乃短賈生曰：雒（洛）陽之人，年少初學專欲擅權，紛亂諸事。於是天子後亦疏之，不用其議，乃以賈生爲長沙王太傅。」（《史記・屈原賈生列傳》，《漢書・賈誼傳》略同）此即王子安所謂『屈賈誼於長沙非無聖主』（《滕王閣序》）之本末經過。誼既以謫去，意不自得，及渡湘水，爲賦以弔屈原，因以自諭，其辭曰：

共承嘉惠兮，俟罪長沙。……逢時不祥，鸞鳳伏竄兮，鴟梟翔翔；闒茸尊顯兮，讒諛得志；

賢聖逆曳兮，方正倒植。（《史記・屈原賈生列傳》）

而其事不無可疑，王益吾氏嘗為之辨曰：「文選李善注引應劭風俗通曰，賈誼與鄧通俱侍中同位，數廷譏之，因是文帝遷為長沙太傅，及渡湘水，投書弔曰：『闒茸尊顯，佞諛得志』，以哀屈原罹讒邪之咎，亦因自傷為鄧通等所愬也。謙案誼之立言，固宜有體，鴟鴞闒茸，必非以況絳、灌諸人，廷譏鄧通，情事所有，應氏所傳不妄也。」（《漢書・賈誼傳補注》）此蓋王氏厚愛賈生，因為之開釋，且為絳、灌諸人留地。然此寔未道出賈生被疏之底蘊也。且絳、灌輩之用讒，史不一而足。如《史記、陳丞相世家》載：「陳丞相平少時家貧，好讀書，有田三十畝，獨與兄伯居，伯常耕田縱平使游學。平為人長美色，人或謂陳平曰，貧何食而肥若是？其嫂嫉平之不視家生產，曰：亦食糠覈耳！有叔如此，不如無有。伯聞之，逐其婦而棄之。（《史記・會注考證》引許應元曰，太史下其嫂嫉平數句，蓋先為其盜嫂事地也。乃明如曹操，既知直不疑盜嫂之妄，而其求賢令，竟以陳平盜嫂受金為辭，不亦疏乎！）陳平事魏王咎於臨濟，人或讒之，往歸項羽，懼誅，因魏無知求見漢王，拜平為都尉，使為參乘典護軍，諸將盡讙！絳侯灌嬰等咸讒陳平曰，平雖美丈夫，如冠玉耳！其中未必有也。臣聞平居家時，盜其嫂；事魏不容，亡歸楚，歸楚不中，又亡歸漢。反覆亂臣也，願王察之。意者漢高祖以武力定天下，當時居高位者，皆介胄武夫，以故好讀書，精通黃老之陳平，尚為絳、灌等所排，誣其盜嫂，更遑論年少初學之賈生乎？蓋「自漢興至孝文二十餘年，令天下初定，將相公卿皆軍吏」。（《史記・張丞相列傳》語）彼輩皆起軍旅中，質多文少。史稱「絳侯木彊敦厚，不好文學，每召諸生說士，東向坐而責之，趣爲我語，其椎少文如此，是時士人政治未開，諸大臣惟知清淨爲治，以簿書期會爲大故」（賈誼《治安策》語），賈誼諸多更張，並議列侯就國，宜乎絳、灌之屬惡之，短其專欲擅權紛亂諸事於文帝前，寔情事所有。崔寔《政論》嘗論其事曰：「每有言事，頗合聖德者，或下群臣，令集議之，雖有可采，輒見掎奪。何者？其頑士闇於時權，安習所見，殆不知樂成，況可與慮始乎？心閃意舛，不知所云，則苟云率由舊章而已。其達者或矜名嫉能，恥善策不從己出，則舞筆奮辭，以破其義，寡不勝衆，遂見屏棄，雖稷契復存，猶將困焉。斯賈生之所以排于絳、灌，弔屈子以攄其幽憤者也。夫以文帝之明，賈生之賢，絳、灌之忠，而有此患，況其餘哉！況其餘哉！」（《後漢書・崔駰傳附崔寔傳》）所論似切情近理矣，而終亦未得其癥結所在。寔則賈誼之不爲漢廷所用，出爲長沙王傅，主要由於其議論不合聖德；不惟不合聖德，且與之背道而馳。何則？賈生之高談仁義，遠慕德禮，在在與本好刑名之文帝殊趣，此文帝所以始因吳公之薦而歲超遷之爲太中大夫，終於不用其議而以爲長沙王太傅也。於此，《史記・儒林列傳敘》嘗有所披露云：

> 太史公曰：余讀《功令》，至於廣厲學官之路，未嘗不廢書而歎也。……夫周室衰而《關雎》作，幽、厲微而禮樂壞。諸侯恣行，政由彊國。故孔子閔王路廢而邪道興，於是論次《詩》、《書》，修起《禮》、《樂》。……世以混濁，莫能用。……故因史記作《春秋》，以當王法。其辭微而指博，後世學者多錄焉。……及至秦之季世，焚《詩》、《書》，坑術士，六藝從此缺焉。……漢興，然後諸儒始得其經藝，講習《大射》、《鄉飲》之禮。叔孫通作《漢禮儀》，

因爲太常，諸生弟子共究者，咸爲首選，於是喟然歎興於學。然尚有干戈，平定四海。孝惠呂后時，亦未暇遑庠序之事也，公卿皆武力有功之臣。孝文時頗徵用，然孝文帝本好刑名之言。及至孝景，不任儒者，而竇太后又好黃老之術，故諸博士具官待問，未有進者。

而劉子政亦謂：

文帝本修黃、老之言，不甚好儒術。其治尚清靜無爲，以故禮樂庠序未修，民俗未能大化，苟溫飽完給，所謂治安之國也。（應劭《風俗通義・正失・孝文帝》）

觀於張叔（歐）之於孝文時以治刑名得侍太子，鼂錯學申，商刑名於軹張恢生所，文帝以爲太子舍人門大夫，上書言皇太子應深知術數，文帝善之，拜爲太子家令。術數者，《韓非子定法篇》謂『申不害言術』，又申子曰：『聖人任法不任智，任數不任說。』術數即刑名之學，人主所執以馭下者也。文帝以刑名教太子，史遷謂其本好形名，良不誣也。故班叔皮稱「漢興，太宗使鼂錯導太子以法術，賈誼教梁王以《詩》、《書》。」（《後漢書・班彪傳》）其分別任用晁、賈，豈偶然哉！今按晁書云：

人主所以尊顯，功名揚於萬世之後者，以知術數也。故人主知所以臨制臣下而治其眾，則群臣畏服矣，知所以聽言受事，則不欺蔽矣；知所以安利萬民，則海內必從矣；知所以忠孝事上，則臣子之行備矣；此四者，臣竊爲皇太子急之！……竊觀上世之君，不能奉具宗廟，而劫殺於其臣者，皆不知術數者也。……願陛下幸擇聖人之術，可用今世者，以賜皇太子，因時使

太子陳明於前，唯階下裁察。（《漢書・鼂錯傳》）

此寔不脫前秦之舊習，而賈誼大異其趣。以為：

古之王者，太子初生，固舉以禮，使士負之，有司齋肅端冕，見之南郊，見於天也。過闕則下，過廟則趨，孝子之道也。故自為赤子時，教固已行矣。昔者成王幼在襁褓之中，召公為太保，周公為太傅，太公為太師。保，保其身體，傅，傅之德義，師，道之教訓，此三公之職也。於是為置三少……曰少保、少傅、少師，是與太子燕居者也。故孩提有識，三公三少，固明孝、仁、禮義以道習之，逐去邪人，不使見惡行。於是皆選天下之端士孝悌博聞有道術者以衛翼之，使與太子居處出入。……及太子少長，知好色則入於學，……承師問道，退習而考於太傅，罰其不則而匡其不及，則德智長而理道得矣。……殷周之所以長久者，以其輔翼太子有此具也。及秦而不然，其俗固非貴辭讓也，所尚者告訐也；固非貴禮義也，所尚者刑罰也。使趙高傅胡亥而教之獄，所習者非斬劓人，則夷人之三族也。故今日即位，而明日射人。……其視殺人，若艾草菅然。……夫存亡之變，治亂之機，其要在是矣。天下之命，縣於太子。太子之善，在於早諭教與選左右。……夫教得而左右正，則太子正矣。太子正，而天下定矣。書曰：『一人有慶，兆民賴之。』此時務也。（《新書》卷五《保傅》）

又其論治道之得失曰：

以禮義治之者積禮義，以刑罰治之者積刑罰，刑罰積而民怨背，禮義積而民和親。故世主欲民之善同，而所以使民善者或異，或道之以德教，或敺之以法令。道之以德教者，德教洽而民氣樂；敺之以法令者，法令極而民氣哀。哀樂之感，禍福之應也。……湯武置天下於仁義禮樂，而德澤洽禽獸。草木廣裕，德被蠻貊四夷，累子孫數十世，此天下所共聞也。秦王置天下於法令刑罰，德澤亡一有，而怨毒盈於世，下憎惡之如仇讎，禍幾及身，子孫誅絕，此天下之所共見也。是非其明效大驗邪？人之言曰：聽言之道，必以其事觀之，則言者莫敢妄言。今或言禮誼之不如法令，教化之不如刑罰，人主胡不引殷、周、秦事以觀之也？（《漢書・賈誼傳》）

此純任德教之言，宜其不合聖德。蓋自漢初陸賈《昌言》詆秦之政治，時時於高帝前稱說《詩》、《書》，高帝罵之曰：迺公居馬上而得之，安事《詩》、《書》？陸生曰，居馬上得之，寧可以馬上治之乎？爲陳行仁義，法先聖長久之術，著《新語》十二篇，麤述存亡之徵。高帝雖未嘗不稱善，寔則漢家自有制度，本以王霸道雜之。《漢書・元帝紀》載：「元帝柔仁好儒，見宣帝所用多文法吏，以刑名繩下，大臣楊惲、蓋寬饒等，坐刺譏辭語爲罪而誅。嘗侍燕從容言：陛下持刑太深，宜用儒生。宣帝作色曰：漢家自有制度，本以王霸道雜之，奈何純任德教，用周政乎！且俗儒不達時宜，好是古非今，眩於名寔，不知所守，何足委任！迺歎曰：亂我家者，太子也。」此眞審於爲政之言，吏稱其「信賞必罰，綜核名寔，政事文學法理之士，咸精其能……吏稱其職，民安其業。」（《漢書・宣帝紀贊》）劉向謂：「中宗之世，政教昭，法令行，邊境安，四夷親，單于款塞，天下殷富，百姓康樂，其治過於太宗之時。」（應劭《風俗通義・正失》卷二《孝文帝》）崔寔《政論》亦謂：「濟時拯世之術，豈必體堯蹈舜，然後乃理哉！期於補綻決壞，枝柱邪傾，隨形裁割，要措斯世於安寧之域而已。……今既不能純法八世，故宜參以霸政，則宜重賞深罰以御之，明著法術以檢之。自非上德，嚴之則理，寬之則亂。何以明其然也？近世孝宣皇帝，明於君人之道，審於為政之理，故嚴刑峻法，破姦軌之膽，海內清肅，天下密如。……元帝即位，多行寬政，卒以墮損，威權始奪，遂為漢室基禍之主。政道得失，於斯可監。……蓋為國之法，有似理身：平則致養，疾則攻焉。夫刑罰者，治亂之藥石也；德教者，興平之粱肉也。夫以德教除殘，是以粱肉理疾也；以刑罰理平，是以藥石供養也。……四牡橫奔，皇路險傾，方時拑勒鞬輈以救之，豈暇鳴和鑾、清節奏哉！昔高祖令蕭何作九章之律，有夷三族之令，黥、劓、斬趾、斷舌、梟首，故謂之具五刑。文帝雖除肉刑，當劓者，笞三百；當斬左趾者，笞五百；當斬右趾者，棄市。右趾者，既殞其命；笞撻者，往往至死。雖有輕刑之名，其實殺也。當此之時，民皆思復肉刑。至景帝元年，乃下詔曰：『加笞與重罪無異，幸而不死，不可為民。』乃定律：減笞輕捶。』自是之後，笞者得全。以此言之，文帝乃重刑，非輕之也；以嚴致平，非以寬致平也。」（《後漢書．崔駰傳附崔寔傳》）信有徵也。抑漢人所謂「王道」，本以經術緣飾吏治；所謂「霸道」，即雜用文法刑名之謂。蓋寬饒所謂：「方今聖道寖廢，儒術不行，以刑餘為周、召，以法律為《詩》、《書》」是也。斯意至武帝而發揮盡至，此可於其破格寵用公孫弘，而出董仲舒為江都相一事見之。史稱：「武帝方招文學儒者，曰：吾欲興政治，法堯、舜，何如？主爵都尉汲黯對曰：陛下內多欲而外施仁義，奈何欲效唐、虞之治乎？上怒變色而罷朝。」此汲黯之所以為戇也。及帝策詔諸儒，書曰：

『蓋聞上古至治，今何道而臻乎此？仁義禮知四者之宜，當安設施？』公孫弘對曰：『仁者愛也，義者宜也，禮者所履也，知者術之原也。致利除害，兼愛無私，謂之仁；明是非，立可否，謂之義；進退有度，尊卑有分，謂之禮；擅殺生之柄，通壅塞之塗，權輕重之數，論得失之道，使遠近情僞，必見於上，謂之術。凡此四者，治之本，道之用也，皆當設施，不可廢也。得其要，則天下安樂；法設而不用，不得其術，則主蔽於上，官亂於下，此事之情，屬統垂業之本也。』其著眼蓋在於法術權柄。時對者百餘人，太常奏弘第居下。策奏，天子擢弘對爲第一，拜爲博士，待詔金馬門。上察其習文法吏事，飾以儒術，大悅之，一歲中至左內史，數年遷御史大夫。元朔中，代薛澤爲丞相，封爲平津侯，丞相封侯自弘始。何焯謂：弘號以儒進，然所以當上意者，習文法吏事，乃少爲獄吏力也。《西京雜記》稱：公孫弘著《公孫子》，言刑名事，謂字直百金。《漢書．董仲舒傳》謂：『公孫弘治《春秋》不如仲舒，而弘希世用事，位至公卿。』信有徵也。反觀董仲舒之《賢良對策》曰：「天道之大者在陰陽。陽爲德，陰爲刑，刑主殺而德主生，是故陽常居大夏而以生育養長爲事，陰常居大冬而積於空虛不用之處，以此見天之任德不任刑也。……王者承天意以從事，故任德教而不任刑。刑者不可任以治世，猶陰之不可任以成歲也。爲政而任刑，不順於天，故先王莫之肯爲也。今廢先王德教之官，而獨任執法之吏治民，毋迺任刑之意歟！」（《漢書．本傳》）武帝覽其對而異焉，迺復策之者三，而董生以爲天不變道亦不變，然所對始終不離先王仁義教化之旨，終無以稱武帝之意。對既畢，迺以仲舒爲江都相，事易王。其事與孝文帝之拜鼂錯爲太子家令，而以賈生爲長沙王太傅，先後如出一轍，豈偶然哉！此亦漢家制度一貫『陽儒陰法』之旨耳。

夷考孝文之世，外有匈奴夷狄之患，內有強藩才臣之憂，賈誼所稱阽危之勢是也。稍一不愼，即足以傾覆漢室。而文帝能一一銷患於未形，措斯世於安寧之域，與中宗之治，先後相輝映，何莫非善於運用黃、老刑名之術所致歟？馮唐嘗面諷其「吏奉法必用。法太明，賞太輕，罰太重」；吳王濞使者亦諷其『察見淵中魚不祥』；劉向更不滿其『本黃、老之言，不甚好儒術。』此皆不識治亂之體，安知文帝『以嚴致平』之旨哉！夫『理平者先仁義，理亂者先權謀。』（《後漢書・劉表傳》蒯越語）儒家王道之政，直而不能曲，可以守常，不可以應變。雖富《關雎》、《麟趾》之美，究乏審權度勢之能，是以難通於實施。蓋儒者論政，每每留情於道德文化一線之傳，而妄顧現實之環境情狀，所謂『有道而無事』『不達時宜』者是也。然則，有關立政，其必儒法兼綜，王霸雙修歟！近人喜言儒法鬥爭，無知實甚。善乎！桓範《政要論》曰：「夫治國之本有二：刑也，德也。二者相須而行，相待而成矣。天以陰陽成歲，人以刑德成治，故雖聖人爲政，不能偏用也。」（《群書治要》卷四七，嚴可均《全三國文》並作《治本篇》）傅玄繼之曰：「末儒見峻法之生叛，則去法而純仁；偏法見弱法之失政，則去仁而法刑，此法所以世輕世重，而恆失其中也。」「夫威德者，相須而濟者也。故獨任威刑而無德惠，則民不樂生；獨任德惠而無威刑，則民不畏死。民不樂生，不可得而教也；民不畏死，不可得而制也。有國立政，能使其民可教可制者，其惟威德足以相濟者乎！」（《群書治要》卷四十九）袁準《禮政篇》亦曰：「夫仁義之制者，治之本也；法令刑罰者，治之末也。無本者不立，無末者不成。……

……是故導之以德，齊之以禮，則民有恥；導之以政，齊之以刑，則民苟免，是治之貴賤者也。先仁而後法，先教而後刑，是治之先後者也。夫遠物難明，而近理易知，故禮讓緩而刑罰急，是治之緩急也。……先王爲禮，以達人之性理，刑以承禮之所不足。故以仁義爲不足以治者，不知人性者也，是故失教，失教者無本也；以刑罰爲不可用者，是不知情僞者也，是故失威，失威者不禁也。故有刑法而無仁義，久則民忽，民忽則怒也；有仁義而無刑法，則民慢，民慢則奸起也。故曰：本之以仁，成之以法，使兩通而無偏重，則治之至也。」（《群書治要》卷五十）準是而觀，賈誼之議論，猶不免於偏用之失，非治之至也。而明．黃寶《賈太傅新書序》則盛譽之。曰：「通乎天人精微之蘊，窮乎歷代治亂之故，正言竑議，卓卓乎其奇偉，有國與天下者之所當鑒。」又謂：「漢劉向稱其通達國體，雖古之伊、管，未能遠過。宋歐陽公謂其所陳，孝文略施其術，猶能比德成、康，倘用於朝廷之間，則舉大漢之風，登三皇之首，猶決壅裨墜爾。蘇公論其爲王者之佐，如其所言，雖三代何以遠過！此數公者，故有定論，誠毋容加喙於其間」云云。過矣！雖然，賈生之高談仁義，遠慕德禮，對孝文帝亦非全無影響者，此亦不可不察也。

二、「不問蒼生問鬼神」之義蘊

夫天下無適無莫，義之與比。刑禮之緩急先後，胥視世之治亂而定。傅玄所謂『治世之民，從善者多，上立德而下服其化，故先禮而後刑也；亂世之民，從善者少，上不能以德化之，故先刑而後禮』是也。孝文帝之當初不用賈生之議，自以爲過之。此即因其去法而純仁，民不可得而制之故，殆皇路清夷，自當以德教理平，則賈生之正言竑議，正興平之粱肉，孝文帝遂深感其博大精深，不能及也。班孟堅謂：「追觀孝文玄默躬行，以移風俗，誼之所陳，略施行矣。」蓋謂是也。《漢書・賈誼傳》載其事之轉變經過曰：

天子後亦疏之，不用其議，以誼爲長沙王太傅。……三年，有服飛入誼舍……迺爲賦以自廣。……後歲餘，文帝思誼，徵之。至入見，上方受釐，坐宣室，上因感鬼神事，而問鬼神之本，誼具道所以然之故。至夜半，文帝前席。既罷，曰：吾久不見賈生，自以爲過之，今不及也。迺拜誼爲梁懷王太傅。懷王上少子，愛而好書，故令誼傳之，數問以得失。

按：此爲賈生經國匡時之絕大抱負，雖始終無法改變任刑之漢家制度，而其正言竑議，實深動文帝聖德，使其不覺夜半虛前席，誠千古君臣相得之佳話。其後文帝十三年詔除秘祝之官，十四年令祠官致敬無有所祈，專務以德化民，皆植根於是。乃史文闕略，其說莫聞。才如李商隱。亦罔知其義。其《賈生》一詩云：

宣室求賢訪逐臣。賈生才調更無論。可憐夜半虛前席，不問蒼生問鬼神。

此固不解文帝問鬼神之微旨，亦昧於賈生經國之才、救時之論，於君於臣，皆兩失之。馴至後之論者，貽爲口實，以爲「彼君臣所談說，非若何學問，乃不三不四之事」（徐復觀先生《良知的迷惘——錢穆先生的史學》語）。不亦謬乎！按《說文》「宣字條」云：『宣室，天子宣室也。』段氏《注》云：

「蓋謂大室，如璧大謂之瑄也。……天子宣室，蓋禮家相傳古語，引神爲制也，明也，徧也，通也，緩也，散也。」又桂馥《說文解字義證》云：「天子宣室也者，漢宮闕名，長安明宣室殿。……《風俗通》：『文帝平常聽政宣室，不居明光宮。』《漢名臣奏》『丞相薛宣奏：『漢興以來，深考古義，推萬變之備，於是制宣室出入之儀，正輕重之罰。』』：《容齋續筆》：『漢宣室有殿有閣，皆在未央宮殿北，《三輔黃圖》以爲前殿正室。武帝爲竇太主置酒，引內董偃，東方朔曰：『宣室者，先帝之正處也，非法度之政，不得入焉。文帝受釐于此，宣帝常齋居以決事。』如淳曰：『布政教之室也。』然則起於高祖時，蕭何所創，爲退朝聽政之所。」由是觀之，宣室爲布政教之室，先帝之正處，非法度之政不得入，安得於此講論『不三不四』之事哉！

夷考漢之宣室，即夏之世室（世太古通，世室即太室，太大一字，太室即大室），商之重屋，周之明堂，魯之太廟。蔡邕《明堂月令論》曰：「明堂者，天子太廟，所以宗祀其祖，以配上帝者也。夏后氏曰世室，殷人曰重屋，周人曰明堂。東曰青陽，南曰明堂，西曰總章，北曰玄堂，中央曰太室。《易》曰：離也者，明也，南方之卦也。聖人南面而聽天下，鄉明而治，人君之位，莫正于此焉。故雖有五名，而主以明堂也。其正中皆曰太廟，謹承天順時之令，昭令德宗祀之禮，明前功百辟之勞，起尊老敬長之義，顯教幼誨穉之學，朝諸侯、選造士于其中，以明制度。生者乘其能而至，死者論其功而祭，故由大教之宮，而四學具焉，官司備焉。譬如北辰，居其所而衆星拱之，萬象翼之，政教之所由生，變化之所由來，明一統也。故言明堂，事之大，義之深也。取其宗祀之貌，則曰清廟；取其正室之貌，則曰太廟；取其尊崇，則曰太室；取其鄉明，則曰明堂；取其四門之學，則曰太學；取其四面之周水圓如璧，則曰辟雍。異名而同事，其實一也。……以周清廟論之，魯太廟皆明堂也。魯禘祀周公于太廟明堂，猶周宗祀文王于明堂。《禮記·明堂位》曰：『太廟，天子曰明堂。……』《月令記》曰：『明堂者，所以明天地，統萬物。明堂上通於天，象曰辰，故下十二宮象日辰也。水環四周，言王者動作法天地，德廣及四海，方此水也。』《禮記·盛德篇》曰：『明堂九室，以茅蓋屋，上圓下方，此水名曰辟雍。』《王制》曰：『天子出征執有罪，反釋奠於學，以訊馘告。』《樂記》曰：『武王伐殷，薦俘馘于京太室。』《詩·魯頌》云：『矯矯虎臣，在泮獻馘。』京，鎬京也，太室，辟雍之中。明堂大室，與諸侯泮宮，俱獻馘也，即《王制》所謂『以訊馘告』者也。《禮記》曰：『祀乎明堂，所以教諸侯之孝也。』《孝經》曰：『孝悌之至，通于神明，光于四海。』《詩》云：『自西自東，自南自北，無思不服。』言行孝者則曰明堂，行悌者則曰太學，故《孝經》合以爲一義，而京就之詩以明之。凡此，皆明堂太室辟雍太學事通文合之義也。」（《蔡中郎文集》卷十）而袁準《正論》疑之，以爲：「明堂宗廟太學，事義固各有所爲，而後代之儒者，合爲一體。取《詩》、《書》放逸之文，經典相似之語，推而致之。參之人情，失之遠矣！宗廟之中，人所致敬，幽隱清淨，鬼神所居，而使衆學處焉，饗射於中，人鬼慢黷，死生交錯，囚俘截耳，瘡痍流血，以干鬼神，非其理也。茅茨采椽，玉質之物，建日月，乘玉輅以處其中，非其類也。夫宗廟鬼神之居，祭天而於人鬼之室，非其處也。王者五門，宗廟在一門之內，若在廟而張三侯，又辟雍在內，人物衆多，非宗廟之中所能容也。」（《通典》卷四十四禮四、吉三大享明堂》引）袁氏《禮政》論至治之道，至精至卓。此則不審於古今之變，而昧於發展之義，誤以日後之體制，衡量當初之情狀，庸有當乎？所謂濫觴流爲江河，事始簡而終鉅；椎輪爲大輅之始，大輅寧有椎輪之質？踵其事而增華，變其本而加厲，此自然之理，又何疑焉？於此王昭禹有通達之說云：「明堂之中有世室，有重屋。夏曰世室，商曰重屋，周曰明堂，其一而言之也。以《月令》考之：天子春居青陽，夏居明堂，秋居總章，冬居玄堂。至中央則居太廟大室。然則世室則太廟大室也。武公之廟，武世室也。則世室爲宗廟可知矣。以夏后氏承堯、舜之後，如繼世而有天下，此宗廟所以謂之世室也。君子將營宮室，宗廟爲先，故夏后氏以世室爲始也。重屋謂王者正堂之路寢，所以自居以安身也。王之制始於憂於爲未備，故事神世室而已。至商則其制稍備，非特見於神也，所以自居以安身者，亦備其制焉，故商人言重屋。明堂者，王者明政以接人之堂也。故《月令》於夏言天子居明堂，以夏萬物相見之時，而王者向明而治，俯己接人者，於是乎在。周監於二代，法度之文，至周爲大備，而其盛不可復加焉，故其布政教之堂，謂之明堂，而其文爲盛，《經》言周人尙輿，亦以法度之文大備於此故也，或舉世室，或舉重屋，或舉明堂，其制雖或修或廣，高下之異數，而其大槩未始有殊。故夏言世室，非無重屋、明堂也。商言重屋，非無世室、明堂也。舉其一互相明而已。」（《通志堂經解》王與之《周禮訂義》卷七八《夏后氏世室》）。而戴震《明堂考》又云：「王者而後有明堂，其制蓋起於古遠，夏曰世室，殷曰重屋，周曰明堂，三代相因，異名同實歟？明堂在國之陽，祀五帝聽朔，會同諸侯，大政在焉。」（《戴東原集》卷二）蓋古者神道設教，宗廟不特爲有國者供奉祖宗之廟宇，抑亦布政教之場所。諸如隆重之祭祀，冊命之典禮，告朔聽政，出師授兵，薦俘訊馘，會同諸侯，莫不於此舉行。故宗廟不啻爲政權之象徵，失守宗廟，即喪失政權，滅人之國，往往毀其宗廟。時至今日，各地鄉族之宗祠，尚依稀存其體制。漢初去古未遠，自當率由舊章。故蕭何之營未央宮也，極其壯麗之觀，以重天子以四海爲家之威。周回二十八里，凡殿閣臺室倉庫門闕三十餘所：東闕、北闕以出號令賞罰，武庫以藏兵器，太倉以稟粟，前殿（路寢）以見諸侯群臣，織室以織作文繡郊廟之服，凌室藏冰以供祭祀，承明殿以備著述，石渠、天祿、麒麟諸閣以藏圖籍秘書，宣室以布政教……漪歟盛矣！（見張閬聲《校正三輔黃圖》）觀於孝文之常聽政宣室，孝宣之常齋居以決事。此周代明堂正四時，出教化之舊也。東方曼倩謂宣室者，先帝之正處也。此夏后氏享祖宗於世室，周公宗祀文王於明堂以配上帝之遺也。至於孝惠之於渭北建高帝廟，謂之原廟。其後諸帝各自爲廟，祖宗廟異處，不序昭穆，不定迭毀，與周禮稍違異矣。復次，武帝之議立明堂於城南以朝諸侯，劉向之說成帝興辟雍於長安西北。此皆踵其事而增華，變其本而加厲耳。而孝文於受釐宣室之際，因感鬼神事而問鬼神之本，正見其切問而近思之道。而賈生因勢利導，具道所以然之故，當必有以發其正言竑議以抒其經國之才、濟民之調。萬不得以『不三不四』之事目之也。《禮記・中庸》曰：「子曰：鬼神之爲德其盛矣乎！視之而弗見，聽之而弗聞，體物而不可遺，使天下之人齋明盛服以承祭祀，洋洋乎如在其上，如在其左右。《詩》曰：『神之格思，不可度思，矧可射思！』夫微之顯誠之不可揜如此夫！」又《禮記・祭義》曰：「天下之禮，致反始也，致鬼神也。……致反始以厚其本也，致鬼神以尊上也。……宰我曰：吾聞鬼神之名，不知其所謂？子曰：氣也者，神之盛也。魄也者，鬼之盛也。會鬼與神，教之至也。……其氣發揚于上，爲昭明焄蒿悽愴，此百物之精也，神之著也。因物之精，制爲之極，明會鬼神以爲黔首則，百衆以畏，萬明以服。聖人以是爲未足也，築爲宮室，設爲宮祧，以別親疏遠邇，教民反古復始，不忘其本所由生也，衆之服自此，故聽且速也。二端既立，報以二禮，建設朝事，燔燎羶薌，見以蕭光，以報氣也。此教衆反始也。薦黍稷，羞肝肺首心，見間以俠甒，加以鬱鬯，以報魄也。教民相愛，上下用情，禮之至也。」由是觀之，又安得妄議孝文『不問蒼生問鬼神』哉！義山亦嘗聞祭祀之義乎？董生曰：「祭者，察也，以善逮鬼神之謂也。善乃逮不可聞見者，故謂之察。吾以名之所享，故祭之不虛，安所可察哉？祭之爲言際也與察也，祭然後能見不見之見者，見不見然後知天命鬼神，知天命鬼神然後明祭之意，乃知重祭祀。孔子曰：『吾不與祭，祭神如神在。』重祭祀如事生。故聖人於鬼神也，畏之而不敢欺也，信之而不獨任，事之而不專恃，恃其公報有德也，幸其不私與人福也，其見於詩曰：『嗟爾君子，毋恆安息，靜共爾位，好是正直，神之聽之，介爾景福。』正直者得福也，不正者不得福，此其法也。以《詩》爲天子法矣，何謂不法哉！」（《春秋繁露》卷十六《祭義第七十六》）史稱：秦時祝官有祕祝，即有災祥，輒移過於下。文帝前十三年夏，詔曰：「蓋聞天道，禍自怨起，而福繇德興，百官之非，宜由朕躬。今祕祝之官移過於下，以章吾之不德，朕甚弗取，其除之！」（《資治通鑑》卷十五《漢紀七》）十四年春，詔曰：「朕獲執犧牲珪幣，以事上帝宗廟，十四年于今，歷日彌長，以不敏不明，而久撫臨天下，朕甚自媿，其廣增諸祀壇場珪幣。昔先王遠施不求其報，望祀不祈其福，右賢左戚，先民後己，至明之極也。今吾聞祠官祝釐，皆歸福於朕躬，不爲百姓，朕甚媿之！以朕之不德，而專鄉獨美其福，百姓不與焉，是重吾不德也，其令祠官致敬，無有所祈。」（《漢書．文帝紀》）此班氏所稱『專務以德化民，興於禮義』也。而其事適施於受釐坐宣室（應劭曰：『釐、祭餘肉也。』《漢儀注》：『祭天地五時，皇帝不自行，祠還致福。』師古曰：『禧、福也，借釐字爲之耳，言受神之福也。』）因感鬼神事而問鬼神之本之後。豈非出於賈生具道所以然之故乎？史雖闕而弗載，而《新書》具在，可得而尋。其於致福之道，三致意焉。曰：

禱祠祭祀，供給鬼神，非禮不誠不莊……《禮》：主所親拜者二：聞生民之數則拜之。《詩》曰：『君子樂胥，受天之祜。』胥者，相也；祜，大福也。夫憂民之憂者，民必憂其憂；樂民之樂者，民亦樂其樂。與士民若此者，受天之福矣。……（《新書》卷六《禮》）

六德六美，德之所以生陰陽天地人與萬物也。……祭祀鬼神，爲此福地。……人能修德之理，則安利之謂福。莫不慕福，弗能必得，而人心以爲鬼神能與於利害，是故其犧牲俎豆粢盛齋戒而祭鬼神，欲以佐成福，故曰祭祀鬼神，爲此福者也。（《新書》卷六《道德說》）

聞之於政也，民無不爲本也。……故夫菑與福也，非降在天也，必在士民也。……士民之志，不可不要也。……行之善也，粹以爲福已矣。行之惡也，粹以爲菑已矣。故受天之福者，天不功焉；被天之菑，則亦無怨天矣。行自爲取之也。知善而弗行，謂之不明；知惡而弗改，必受天殃。天有常福，必與有德；天有常菑，必與奪民時。故夫民者至賤而不可簡也，至愚而不可欺也。……聞善而行之如爭，聞惡而改之如讎，然後禍菑可離，然後保福也。……是以智者慎言慎行，以爲身福；愚者易言易行，以爲身菑。故君子言必可行也，然後言之；行必可言也，然後行之。……行之者在身，命之者在人，此福菑之本也。（《新書》卷九《大政上》）

此實文帝十三年詔「蓋聞天道，禍自怨起，福繇德興」之所本。而當日君臣宣室一夕之話，諒亦大體不出於是。觀其事事以民爲本，殷殷以民之不可簡、不可欺爲戒，正言竑議，實有國與天下者之所當鑒，孰謂「不問蒼生問鬼神」哉！趙氏甌北辜較《史》、《漢》繁簡，頗賞《漢書》之多載有用之文，謂「子長喜敘事，至於經濟之文，幹濟之策，多不收入，故其文簡。孟堅則於文字之有關於學問，有繫於政務者，必一一載之，此其所以卷帙多也。」（《廿二史箚記》卷二《漢書多載有用之文》）所言誠是。而章氏寔齋辦章馬、班異同，謂「遷《書》體圓而用神，班《書》體方而用智。撰述欲其圓而神，記注欲其方以智。撰述欲其圓而神，記注欲其方以智。智以藏往，神以知來。藏往欲其賅備無遺，知來欲其決擇去取。」（《文史通義·書教下》）此篤論也。竊不自揆，張皇幽眇，妄事彌綸，補苴班氏之所未備。亦欲希風往哲，且以袪失察者之惑焉。

八四年一月廿五日完稿

原載《嶺南文藝復刊號》

漢賦與漢政

——論司馬相如辭賦之鳴國家之盛

一 引言

時人每短漢賦，以爲麗靡無實。又以無行薄長卿。此安足以知是且非耶？漢賦繼軌雅頌，一代文章之寄，皇皇鴻業，何可輕議？善乎班孟堅之言：「賦者，古詩之流也。昔成、康沒而頌聲寢，王澤竭而詩不作。大漢初定，日不暇給，至於武、宣之世，乃崇禮官，考文章，內設金馬、石渠之署，外興樂府、協律之事，以興廢繼絕，潤色鴻業。……言語侍從之臣，若司馬相如，虞丘壽王、東方朔、枚皐、王褒、劉向之屬，朝夕論思，日月獻納。而公卿大臣——御史大夫倪寬、太常孔臧、太中大夫董仲舒、宗正劉德、太子太傅蕭望之等，時時間作。或以抒下情而通諷諭，或以宣上德而盡忠孝，雍容揄揚，著於後嗣，抑亦雅頌之亞也。故孝成之世，論而錄之，蓋奏御者千有餘篇，而後大漢之文章，炳焉與三代同風。」（《文選卷一．京都上．兩都賦序》）而司馬長卿爲非常時代之非常人，爲非常之事——通西南夷，蜀人以爲寵；撰非常之文——遺札書言封禪事，天子以爲愉。其《上林》賦，爲漢代第一鴻文，立意與文、周、孔、孟列聖之書辭無異。餘如《大人賦》，張拓邊之意也；《喻巴蜀檄》，勵急國難之教也，《難蜀父老書》，徠四夷之旨也；《封禪文》，敷文教之義也。此皆影響孝武一朝政事至深且鉅，豈所謂「涔行無節，但有浮華之辭，不周於用」（班固《典引》語也哉？乃其人其文，爲世所揜而蒙不白之羞，悲夫！

二 漢賦辨惑

漢賦之誣，由來已久，蓋自《漢志詩賦略敘》，已不達其旨，曰：

大儒孫卿及楚臣屈原，離讒憂國，皆作賦以風，咸有惻隱古詩之義。其後宋玉、唐勒，漢興枚乘、司馬相如，下及揚子雲，競爲侈麗閎衍之詞，沒其風諭之義。是以揚子悔之曰：『詩人之賦麗以則，辭人之賦麗以淫。如孔氏之門人用賦也，則賈誼登堂，相如入室矣，如其不用何！』

此援引揚雄之言而斷章取義，《法言．吾子篇》曰：

或問：『吾子少而好賦？』曰：『然。童子雕蟲篆刻。』俄而曰：『壯夫不爲也。』或曰：『賦可以風乎？』曰：『風乎！風則已！不已，吾恐不免於勸也。』……或問：『景差、唐勒、宋玉、枚乘之賦也，益乎？』曰：『必也淫。』『淫則奈何？』曰：『詩人之賦麗以則，辭人之賦麗以淫。如孔氏之門用賦也，則賈誼升堂，相如入室矣！如其不用何？』

細察其言，初無一語薄長卿，但云孔底之門不用賦，而爲賈誼、相如惜耳。蓋子雲視二子之賦爲『詩人之賦』者也，安得如《漢志》所云『競爲侈麗閎衍之詞，沒其風諭之義』乎？《西京雜記》卷三載子雲尊隆長卿之賦云：「司馬長卿賦，時人皆稱典麗，雖詩人之作不能加也。揚子雲曰：『長卿賦不似從人間來，其神化所至邪？』子雲學相如爲賦而弗逮，故雅服焉。」夫如是然後《吾子篇》『相如入室』一語始得其解也。

雖然，揚子雲於長卿之賦，猶未達一間也。何則？彼之言曰：「雄以爲賦者，將以風之。必推類而言，極麗靡之辭，閎侈鉅衍，競於使人不能加也，既乃歸之於正，然覽者已過矣。往時武帝好神仙，相如上《大人賦》欲以風，帝反縹縹有陵雲之志。繇是言之，賦勸而不止明矣。」（《漢書·揚雄傳》）不知長卿之賦，於風諭之外，主要尚有『勸』者存焉。質言之，其賦消極風諭之義少，而積極勸諭之義多，此其所以爲非常之文也。夫所謂『勸』者，乃發縱指示，揚大漢之天聲是也。而論者不深探其微旨所在，貿以「勸百風一」責之，失之遠矣。

馴至《史通·載文篇》，譏《史》、《漢》載《上林》、《甘泉》等賦，無裨勸獎，有長奸詐。非覈論也。而劉大杰氏之撰《中國文學發展史》也，居然謂漢賦價值不高。曰：「漢代賦家，都在鋪采摛文一點上用工夫，其結果是詞雖麗而乏情，文雖新而無本。」並引劉勰《文心雕龍詮賦篇》爲證：

> 然逐末之儔，蔑棄其本，雖讀千賦，愈惑體要。遂使繁華損枝，膏腴害骨，無貴風軌，莫益勸戒。此揚子所以追悔於雕蟲，貽誚於霧縠者也。

不知彥和所指『逐末之儔』，乃宋、齊以降之文士，非漢之賦家也。《詮賦篇》云：

觀夫荀結隱語，事數自環；宋發巧談，寔始淫麗。枚乘《兔園》，舉要以會新；相如《上林》，繁類以成艷；賈誼《鵩鳥》，致辨於情理，子淵《洞簫》，窮變於聲貌；孟堅《兩都》，明絢以雅贍；張衡《二京》，迅發以宏富；子雲《甘泉》，構深瑋之風；延壽《靈光》，含飛動之勢；凡此十家，並辭賦之英傑也。及仲宣靡密，發端必遒；偉長博通，時逢壯采；太沖、安仁，策勳於鴻規；士衡、子安，底績於流制；景純綺巧，縟理有餘；伯彥梗概，情韻不匱；亦魏、晉之賦首也。

所舉賦家十傑之中，漢居其八。而魏、晉諸賢，並得好評。劉氏何鹵莽滅裂之甚耶？寔則漢賦如彥和《詮賦》所云『麗辭雅義，符采相勝，文雖新而有質，色雖蹂而有本』，合於立賦之大體。魏、晉諸作，亦不失其體要。殆至齊、梁文人，競尚藻艷，淫辭害義，然後勸戒莫聞耳。此李調元《賦話》所謂「鄴中小賦，古意尚存，齊、梁人爲之，琢句愈秀，結字愈新，而去古亦愈遠」是也。

劉氏又謂漢之賦家多爲宮廷御用文人，君主貴族飽食之餘，附庸風雅，皇帝以此取樂，作者以此得寵，辭賦成爲離開寔際社會生活之帝皇貴族娛樂品。並徵引史傳以說明辭賦地位之卑劣，有類俳優：

《漢書．東方朔傳》中說：「而朔嘗至太中大夫，後常爲郎，與枚皐、郭舍人俱在左右，詼調而已。」

《枚皐傳》中說：「皐不通經術，詼笑類俳倡，爲賦頌好嫚戲，以故得媟黷貴幸。」

《王褒傳》中說：「上（宣帝）數從褒等放獵，所幸宮館，輒爲歌頌，第其高下，以差賜帛，議者多以爲浮靡不急。上曰：『不有博奕者乎？爲之猶賢乎已。辭賦大者與古詩同義，小者辯麗可喜。辟如女工有綺縠，音樂有鄭、衛，今世俗猶皆以此虞說耳目，辭賦比之，尚有仁義風諭，鳥獸草木多聞之觀，賢於倡優博奕遠矣。』」

此又不善讀書之過。宣帝明謂：『辭賦大者與古詩同義』；『有仁義風諭，鳥獸草木多聞之觀，賢於倡優博奕遠矣』。安得誣以鄙視辭賦哉？而《漢書・東方朔傳》稱：「朔雖詼笑，然時觀察顏色，直言切諫，上常用之，自公卿在位，朔皆敖弄，無所爲屈。」又豈『詼調而已？』又《漢書・枚乘傳附皐傳》曰：「初，衛皇后立，皐奏賦以戒終，皐爲賦善於朔也。」王先謙《補注》引何焯曰：「奏賦戒終，有詩人之則，非徒俳優戲也，故云善於朔。」今按枚皐爲賦是否善於朔，姑置勿論。然其奏賦戒終，有詩人之則，則可斷言也。至其自言『爲賦迺俳，見視如倡，自悔類倡。』無非自嘲之辭耳。此猶司馬子長之自稱『僕之先非有剖符丹書之功，文史星厤，近乎卜祝之間，固主上所戲弄，倡優所畜，流俗之所輕也。』（《報任安書》）豈堂堂天官太史，亦如子長所言爲主上所戲弄，倡優所畜歟？子長安敢辱沒其先人之甚哉？抑『自悔類倡』者，其非倡也必矣。其後揚子雲之追悔於『雕蟲霧縠』，亦當作如是觀也。夫詩有美言若懟，怨言若慕，誨言若愬，諷言若譽者，吾人固當以意逆志，毋以文辭害之也。

劉氏又譏評司馬相如之賦，但有主觀之諷諫意義，而乏客觀之寔用，成爲揚雄所稱之『勸百而諷一，曲終而奏雅。』獨賞張衡、蔡邕、禰衡、趙壹諸人之賦，許爲暴露醜惡，攻擊黑暗之利器，尤以趙元叔之《刺世疾邪賦》最具風骨云云。此又時人重動亂而輕久安之通病。夫國有否泰，世有污隆，作者形言，本無定準。要亦『爲時而著，緣政而作』而已。揆諸詩有美刺之義，刺者固爲好，美者不爲不佳。昔韓昌黎論文有云：『凡物不得其平則鳴。或鳴國家之盛，或自鳴其不幸。』由是觀之，趙元叔之賦，自鳴其不幸者也；司馬相如之賦，鳴國家之盛者也。其哭也，有懷；其歌也，有思。安可妄分軒輊哉！抑漢賦爲一代文章之所寄，班孟堅以爲『雅頌之亞，炳焉與三代同風。』而『雅頌作於盛德』（魏邯鄲淳上《受命述表》語），此不可不察也。

三　相如辭賦與武帝政事之關涉

議者謂漢賦爲脫離寔際社會生活之皇室娛樂品，司馬相如之作，但有主觀之諷諭，而無客觀之寔用。此昧於史寔之言也。史稱：郡舉賢良對策百餘人，武帝善嚴助對，繇是獨擢助爲中大夫。後得朱買臣、吾丘壽王、司馬相如、主父偃、徐樂、嚴安、東方朔、枚皐、膠倉、終軍、嚴葱奇等，並在左右。是時征伐四夷，開邊置郡，軍旅數發，內改制度，朝廷多事，屢舉賢良文學之士。公孫弘起徒步，數年至丞相，開東閣，延賢人，與謀議朝覲奏事，因言國家便宜，上令助等與大臣辯論，中外相應以義理之文，大臣數詘。其尤親幸者：東方朔、枚皐、嚴助、吾丘壽王、司馬相如。（《漢書·嚴助傳》）。錢師賓四先生嘗論之曰：「漢武以大有爲之君，處大有爲之世。年少氣銳，求欲一革文、景以來恭儉荀簡之風，其罷黜百家，表章《六經》，固已見其指意之所在。而武帝當時所以斡旋朝政，獨轉乾綱者，則在其以文學爲侍中。」又曰：「武帝內中於辭客之侈張，而外以經術爲附會。興明堂，建封禪，修郊祀，改正朔。內定制度，外攘四夷。凡所謂正禮樂，致太平者，皆導源於辭賦，而緣飾之以經術。」（《秦漢史》第三章第二節《武帝之政治》）。所言至爲精審確當。最得當日之眞相。時內朝諸臣，『相如特以辭賦得幸。』（《資治通鑑》語）。其所作辭賦，《漢志》稱有二十九篇，今雖不能盡睹，而就書傳所存錄者而觀之，其於孝武一朝政事之發縱指示，歷歷可稽，請條之如次：

㈠《天子遊獵賦》——陳王業、定大一統之局

漢興，懲秦孤立之敗，以封建郡縣並治。諸侯王既獲裂土，遽欲效春秋戰國之餘習，故一再傳而後，小者淫荒越法，大者睽孤橫逆。賈誼、晁錯，殷殷有諸侯強大之慮。孝文采賈誼衆建諸侯而少其力之議以分齊、趙，孝景用晁錯之言而削吳、楚。殆及孝武施主父偃之策，下推恩之令，使諸侯王得分戶邑以封子弟，不行黜陟而藩國自析。作《左官》之律，設《附益》之法。諸侯惟得衣食稅租，不與政事。舉凡武帝強幹弱枝之爲，皆發縱指示於相如之《天子遊獵賦》（世稱《上林賦》）。史稱相如事孝景爲武騎常侍，景帝不好辭賦，是時梁孝王來朝，從遊說之士齊人鄒陽、淮陰枚乘、吳莊忌夫子之徒，相如見而悅之，因病免，客遊梁，得與諸生遊，居數歲，乃著《子虛》之賦，武帝讀而善之。曰：朕獨不得與此人同時哉！狗監楊得意曰，臣邑人司馬相如自言爲此賦，乃召問相如，相如曰，此乃諸侯之事，未足觀也，請爲《天子遊獵賦》。賦成，奏之。以子虛、虛言也，爲楚稱；烏有先生者，烏

有此事也，爲齊難；無是公者，無是人也，明天子之義。故空籍此三人爲辭，以推天子諸侯之苑囿，因以風諫。其辭曰：

楚使子虛使於齊，齊王悉發境内之士，備車騎之眾，與使者出田，田罷，子虛過詫烏有先生，而無是公在焉。……烏有先生問曰，今日田樂乎？子虛曰……僕樂齊王之欲夸僕以車騎之眾，而僕對以雲夢之事也。……王駕車千乘，選徒萬騎，田於海濱，列卒滿澤，罘罔彌山……射中獲多，矜而自功。顧謂僕曰，楚亦有平原廣澤，遊獵之地，饒樂若此者乎？……僕下車對曰：臣……聞楚有七澤，嘗見其一，……名曰雲夢。……方九百里，其中有山焉，其山則盤紆茀鬱，隆崇嵂崒，岑巖參差，日月蔽虧，交錯糾紛，上干青雲。……眾物居之，不可勝圖。……楚王乃駕馴駁之駟，乘雕玉之輿。……翱翔容與。……於是鄭女曼姬，被阿錫，揄紵縞，雜纖羅，垂霧縠。襞積褰縐，紆徐委曲。……楚王乃登陽雲之臺，泊乎無爲，澹乎自持，勺藥之和具，而後御之。不若大王終日馳騁而不下輿，脟割輪淬，自以爲娛。臣竊觀之，齊殆不如。於是王默然無以應僕也。烏有先生曰，是何言之過也？……足下不稱楚王之德厚，而盛推雲夢以爲高，奢言淫樂而顯侈靡，竊爲足下不取也。……且齊東有巨海，南有琅邪。……邪與肅愼爲鄰，右以湯谷爲界。秋田乎青丘，徬徨乎海外。呑若雲夢者八九，其於胸中，曾不蔕芥。若乃俶儻瑰偉，異方殊類，珍怪鳥獸，萬端鱗萃，充仞其中者，不可勝記。……何爲無用應哉！無是公听然而笑曰，楚則失矣，齊亦未爲得也。夫使諸侯納貢者，非爲財幣，所以述職也。封疆盡界者，非爲守禦，所以禁淫也。今齊列爲東藩，而外私肅愼，捐國踰限，越海而田，其於義故未可也。且二君之論，不務明君臣之義，而正諸侯之禮，徒事爭遊獵之樂，苑囿之大，欲以奢侈相勝，荒淫相越，此不可以揚名發譽，而適足以貶君自損也。

此敷陳諸侯王失其職守，驕盈無厭，跨州兼郡，競爲窮奢極侈，荒淫越法也。而武帝《推恩》之令，蓋植根於是。夫然而後封建之勢力始盡，大一統之局告成。故繼之盛道上林之巨麗，以見漢之尊顯，不與諸侯同。曰：

且夫齊楚之事，又焉足道邪？君未睹夫巨麗也，獨不聞天子之上林乎？左蒼梧，右西極。丹水更其南，紫淵徑其北。終始霸、滻，出入涇、渭。酆、鄗、潦、潏，紆餘委蛇，經營乎其內。……崇山巃嵸嵯峩。……視之無端，察之無崖。日出東沼，入於西陂。……離宮別館，彌山跨谷。高廊四注，重坐曲閣。華榱璧璫，輦道纚屬。步櫚周流，長途中宿。……於是乎背秋涉冬，天子校獵。……置酒乎昊天之臺，張樂乎轇轕之宇。……奏陶唐氏之舞，聽葛天氏之歌。千人唱，萬人和。山陵爲之震動，川谷爲之蕩波。

其後武帝，果於南山起上林苑，略如相如所言。此眞所謂勸也。而卒章歸之於仁義節儉，與民同樂。孝武一朝之復古更化，高慕唐、虞，表章《六藝》，建超古之業者，又具之於此焉。其辭曰：

朕以覽聽餘閒，無事棄日，順天道以殺伐，時休息於此，恐後世靡麗，遂往而不反，非所以爲繼嗣創業垂統也。於是乃解酒罷獵，而命有司曰：地可以墾辟，悉爲農郊，以贍萌隸。隤牆塡壍，使山澤之民得至焉。寔陂池而勿禁，虛宮觀而勿仞。發倉廩，以振貧窮，補不足。恤鰥寡，存孤獨，出德號，省刑罰，改制度，易服色，更正朔，與天下爲始。於是歷吉日以齋戒，襲朝衣，乘法駕，建華旗，鳴玉鸞。遊乎《六藝》之囿，鶩乎仁義之塗，覽觀《春秋》之林。射貍首，兼騶虞，弋玄鶴，建干戚，載雲罕，揜群《雅》，悲《伐檀》，樂樂胥。脩容乎《禮》園，翱翔乎《書》圃。述《易》道，放怪獸，登明堂，坐清廟，恣群臣，奏得失。四海之內，靡不受獲。於斯之時，天下大說，嚮風而聽，隨流而化，喟然興道而遷義，刑措而不用，德隆乎三皇，功羨於五帝。若此，故獵乃可喜也。若夫終日暴露馳騁，勞神苦形，罷車馬之用，抏士卒之精，費府庫之財，而無德厚之恩，務在獨樂，不顧眾庶，忘國家之政，而貪雉兔之獲，則仁者不由也。

(二)《大人賦》——恢疆宇、建超古之武烈

相如既奏《上林賦》以風諭天子修明文德，奠大一統之局。進而上《大人賦》以勸武帝建立武功，使臻於全盛之境。而議者以爲「勸百而諷一」，道武帝於遊僊，此安知長卿之用心哉！史稱天子既美子虛之事，相如見上好僊道，因曰：《上林》之事，未足美也，尚有靡者，臣嘗爲《大人賦》，未就，請具而奏之。相如以爲列僊之傳，居山澤間，形容甚臞，此非帝王之僊意也。乃遂就《大人賦》。相如既奏《大人》之頌，天子大說，飄飄有凌雲之氣，似遊天地之間意。按其《賦》略云：

世有大人兮在乎中州，宅彌萬里兮曾不足以少留。悲世俗之迫隘兮朅輕舉而遠遊，垂絳幡之

素蜺兮載雲氣而上浮。……使句芒其將行兮吾欲往乎南嬉，歷唐堯於崇山兮過虞舜於九疑。……偏覽八紘而觀四荒兮朅渡九江而越五河，經營炎火而浮弱水兮杭絕浮渚而涉流沙。西望崑崙之軋沕洸忽兮直徑馳乎三危，排閶闔而入帝宮兮載玉女而與之歸。舒閬風而搖集兮亢烏騰而一止，低徊陰山翔以紆曲兮吾乃今目睹西王母。曤然白首戴勝而穴處兮亦幸有三足烏為之使，必長生若此而不死兮雖濟萬世不足以喜。……迫區中之隘陜兮舒節出乎北垠，遺屯騎於玄闕兮軼先驅於寒門。下崢嶸而無地兮上嵺廓而無天，視眩眠而無見兮聽惝恍而無聞，乘虛無而上假兮超無友而獨存。

此蓋長卿因武帝好虛無縹渺之僊，故因勢利導，奏此《大人》之頌以勸帝爲『中州大人』，作現寔之開疆闢土，以遂其『偏覽八紘而觀四海』之凌雲壯志。所謂『浮弱水』、『涉流沙』、『望崑崙』、『馳三危』也者，即通西域與西南夷之謂。而『出乎北垠』、『屯騎玄闕』、『先驅寒門』云云，殆指北伐匈奴而言。卒章之「乘虛無而上假兮超無友而獨存」，則明帝王之上假（登僊），在乎建超古之武烈，永垂不朽。而列僊之傳，若仙靈之最，曤然白首戴勝而穴處之西王母，則形容甚臞，雖濟萬世不足以喜。姚姬傳氏謂「此《賦》多取於《遠遊》，末六句與《遠遊》語同。然屈子意在遠去世之沈濁，故云至清而與太初爲鄰。長卿則謂帝果能爲仙人，即居此無聞無見無友之地，亦胡樂乎此邪？與屈子語同而意別矣。」所言誠是。世幸毋責長卿以怪力亂神，巧趨便辟，投人主之所好也。

(三)《喻巴蜀檄》——勸功賞、急國家之難

相如前此爲郎時，中郎將唐蒙使略通夜郎、西僰，大發巴、蜀吏卒吏民，用《軍興法》誅其渠帥，巴、蜀民大驚恐，武帝使相如責唐蒙，爲《檄》喻巴、蜀官民，已殷殷有事四夷之意。曰：

蠻夷自擅，不討之日久矣。時侵犯邊境，勞士大夫。陛下即位，存撫天下，輯安中國，然後興師出兵，北征匈奴，單于……屈膝請和。康居西域，重譯納貢。……移師東指，閩越相誅。右引番禺，太子入朝。南夷之君，西僰之長，常效貢職。……喁喁然皆爭歸義……山川阻深，不能自致。夫不順者已誅，而爲善者未賞。故遣中郎將往賓之，發巴、蜀士民各五百人，以奉幣帛，衛使者不然，靡有兵革之事，戰鬥之患。今聞其乃發軍興制，驚懼子弟，憂患長老。郡又擅爲轉粟運輸，皆非陛下之意也。

其尤要有爲教諭蜀人急國家亡難，盡人臣之道，以邊城之習戰者風示之，使赤縣人民，咸知國恥，奮發興起，掃蕩胡塵，以盡國民之天職。曰：

當行者或亡逃自賊殺，亦非人臣之節也。夫邊郡之士，聞烽舉燧燔，皆攝弓而馳，荷兵而走，流汗相屬，唯恐居後，觸白刃，冒流失，義不反顧，計不旋踵，人懷怒心，如報私讎。彼豈樂死惡生，非編列之民，而與巴蜀異主哉？計深慮遠，急國家之難，而樂盡人臣之道也。故有剖符之封，析珪而爵，位爲通侯，居列東第，終則遺顯號於後世，傳土地於子孫。……是以賢人君子，肝腦塗中原，膏液潤野草而不辭也。今奉幣役至南夷，即自賊殺，或亡逃抵誅，身死無名，謚爲至愚，恥及父母，爲天下笑。人之度量相趣，豈不遠哉？然此非獨行者之罪也。

父兄之教不先，子弟之率不謹也。寡廉鮮恥，而俗不長厚也。……方今田時，重煩百姓，已親見近縣，恐遠所谿谷山澤之民不徧聞，檄到亟下縣道，使咸知陛下之意。唯毋忽也。

(四)《難蜀父老書》——徠四夷、揚大漢之天聲

相如還報。唐蒙已略通夜郎，因通西南夷道，發巴、蜀、廣漢卒，作者數萬人治道。士卒多物故，費以巨萬計。蜀民及漢內事者，多言其不便。相如乃著《書》，藉以蜀父老爲辭，而己詰難之，以諷天子。且因宣其使指，令百姓知天子之意。其辭曰：

漢興七十有八載，德茂存乎六世，威武紛紜，湛恩汪濊，群生澍濡，洋溢乎方外。於是乃命使西征，隨流而攘，風之所被，罔不披靡。因朝冄從駹，定筰存邛。略斯榆，舉苞滿。結軼還轅，東鄉將報，至於蜀都。耆老大夫薦紳先生之徒，……進曰：蓋聞天子之於夷、狄也，其義羈縻勿絕而已。今罷三郡之士，通夜郎之塗，三年於茲，而功不竟。士卒勞倦，萬民不贍。今又接以西夷，百姓力屈，恐不能卒業。……使者曰：烏謂此邪？……請爲大夫麤陳其略：蓋世必有非常之人，然後有非常之事。有非常之事，然後有非常之功。非常者，固常人之所異也。故曰：非常之原，黎民懼焉。及臻厥成，天下晏如也。……且夫賢君之踐位也，豈特委瑣握齱，拘文牽俗，循誦習傳。當世取說云爾哉？必將崇論閎議，創業垂統，爲萬世規。故馳騖乎兼容并包，而勤思乎參天貳地。且《詩》不云乎？『普天之下，莫非王土。率土之濱，莫非王臣。』是以六合之內，八方之外，浸潯衍溢，懷生之物，有不浸潤於澤者，賢君恥之。……故北出師以

討彊胡，南馳使以誚勁越。四面風德，二方之君，鱗集仰流，願得受號者以億計。故乃關沬若，徼牂柯，鏤零山，梁孫原。創道德之塗，垂仁義之統。將博恩廣施，遠撫長駕，使疏逖不閉，阻深闇昧，得耀乎光明。以偃甲兵於此，而自誅伐於彼，遐邇一體，中外禔福，不亦康乎！夫拯民於沉溺，奉至尊之休德，反衰世之陵遲，繼周氏之絕業，斯乃天子之急務也。百姓雖勞，又惡可以已哉！且夫王事固未有不始於憂勤，而終於佚樂者也。然則受命之符，合在於此矣。方將增泰山之封，加梁父之事。鳴和鸞，揚樂頌，上咸五（帝），下登三（皇）。

此無異爲漢廷對外政策之宣言：『振大漢之天聲，伸攘狄之大義。』主導孝武一生之帝業而終始實徹不懈者也。所云『世必有非常之人，然後有非常事。有非常之事。然後有非常之功。』寔深動帝心。錢師賓四先生謂：「武帝承漢七十年之厚積，即位之初，已有拓邊以耀威德之心。故建元元年制詔賢良，有『何修何飭而德澤洋溢，施乎方外，延及群生』之問。建元三年。閩越發兵圍東甌，東甌告急於漢，太尉田蚡以爲自秦時棄不屬，不足煩中國往救。而中大夫嚴助詰之曰：『特患力不能救，德不能覆。誠能，何故棄之？且秦舉咸陽而棄之，何但越也？今小國以窮困來告急，天子不救，尙安所愬？又何以子萬國乎？』上曰：『太尉不足與計。』是爲武帝初事開邊之第一聲。元光元年，策詔賢良，又曰：『德及鳥獸，教通四海。海外肅愼，北發渠搜，氐、羌來反。何施而臻此？』蓋武帝之侈心，欲廣徠四夷，以昭太平之盛業者，初未一日忘懷也。元光二年，即起馬邑之謀，與匈奴開衅。五年，發巴、蜀活南夷道。蜀人與大臣多言其不便，司馬相如乃爲文宣其使指，其言最足代表武帝一朝開邊之理論。所謂『反衰世之陵夷，繼周氏之絕業』者，蓋當時鄙薄秦廷規模，遠慕三代盛治。而務開邊以徠四夷者，徠四夷，即太平之徵。於是繼之以封禪而告成功。當時內廷詞臣見解率如此，亦惟此最足以深中武帝之所好。而外朝經生，重以《詩》、《書》古文爲之潤色，遂成一朝政治理論之中心。《秦漢史》第三章第三節《漢武拓邊之動機》所言深中肯綮。孰謂漢賦但有浮華之辭，不周於用哉！相如之《書》雖發布於元光六年，而其君臣朝夕論思，日月獻納，固別有在也。

或曰：征和四年，武帝下輪臺罪己之詔：『即位以來，所爲狂悖，使天下愁苦，不可追悔！』深責既往之咎，一反其初衷本懷，則又何說耶？按：此蓋武帝晚年，深悔一時孟浪，誤信巫蠱之言，迫反太子，以節發兵與丞相劉屈氂大戰長安，死者數萬人，太子自殺於湖。太子仁恕溫謹，每諫征伐四夷。帝傷太子無辜，乃作思子宮，爲歸來望思之臺於湖。會貳師將軍因與屈氂謀立昌邑王案發，妻子收吏，憂懼狐疑，違帝節度，引兵深入以要功自保，馴至兵敗降胡，軍士死略離散。因念曩者太子之諫，而深自引咎，遂罷輪臺田卒以安天下，由是不復出軍。封丞相車千秋爲富民侯，以明休息，思富養民。千秋本姓田，爲高廟衛寢郎，無他材能學術，亦乏伐閱功勞，特以上急變訟太子冤，一言寤意，立拜爲大鴻臚，數月遂代劉屈氂爲相，封富民侯，世未嘗有。此《輪臺》之詔之底蘊也。

復次，儒者忸於文德之教，每以用兵爲大戒。趙氏甌北謂：「《漢書·武帝紀贊》謂帝罷黜百家，表章《六經》，興太學，修郊祀，改正朔，定歷數，協音律，作詩樂，舉封禪，紹周後，號令文章，煥焉可述。後嗣得遵洪業，有三代之風。以帝之雄才大略，不改文、景之恭儉，雖詩、書所稱，何以加焉！是專贊武帝之文事，而武功則不置一詞。抑思帝之雄才大略，正在武功。統計武帝所闢疆土，視高、惠、文、景時，幾至一倍。西域之通，尚無與中國重輕。其餘所增地，永爲中國千萬年皆食其利。故宣帝時，韋元成等議以武帝豐功偉烈，奉爲世宗，永爲不毀之廟。乃班固一概抹煞，並謂其不能法文、景之恭儉，轉以開疆闢土爲非計者，蓋其窮兵黷武，敝中國以事四夷，當時寔爲天下大害。故宣帝時。議立廟樂，夏侯勝已有『武帝多殺士卒，竭民財力，天下虛耗』之語。至東漢之初，論者猶以爲戒，故班固之『贊』如此」（《廿二史劄記》卷二《漢書武帝紀贊不言武功》）。然《漢書．敘傳》則曰：「厥作伊何，有蠻是攘。恢我疆宇，外博四荒。武功既抗，亦迪斯文。述武紀。」又曰：「於惟帝典，戎、夷猾夏。周宣攘之，亦列風、雅。至於孝武，爰赫斯怒。王師雷起，霆擊朔野。宣承其末，迺施洪德，震我威靈，五世來服。述匈奴傳。」此皆美漢室之能恢彊攘夷也。

抑班孟堅《封燕然山銘》云：「遂踰涿郡，跨安侯，乘燕然。躡冒頡之區落，焚老上之龍庭。將上以攄高、文之宿憤，光祖宗之玄靈；下以安固後嗣，恢拓境宇，振大漢之天聲。茲可謂一勞而久逸，暫費而永寧也。」其頌揚竇憲之西征，亦云至矣。乃《漢書．匈奴傳》，則又以秦皇、漢武之征伐爲非。以爲《春秋》有道：守在西夷。此聖王制御夷、蠻之常道。選守境武略之臣，修障隧備塞之具，厲長戰勁弩之械，不與約誓，不就攻伐。力言和親之無益，與征伐之失策。以爲約之則賞賂而見欺，攻之則勞師而招寇。深許嚴尤之論：漢武帝選將練兵，約齎輕糧，深入遠戍，雖有克獲之功，胡輒報之。兵連禍結三十餘年，中國罷耗，匈奴亦創艾，而天下稱武，是爲下策。秦始皇不忍小恥而輕民力，築長城之固，延袤萬里，轉輸之行，起於負海。彊境既完，中國內竭，以喪社稷，是爲無策。而《食貨志》尤力短武帝事四夷之勞擾天下，府庫爲虛。其言前後互異，彼此相迕，殆書成衆手之故歟？

元帝之世，西域副校尉陳湯斬郅支單于於康居，威震百蠻，武暢四海。呼韓邪單于婿漢自親，上書願保塞，請罷邊備塞吏卒，以休天子人民。郎中侯應習邊事，以爲不可。曰：

周、秦以來，匈奴暴桀，寇侵邊境。漢興，尤被其害。臣聞：北邊塞至遼東，外有陰山，東西千餘里，草木茂盛，多禽獸，本冒頓單于依阻其中，治作弓矢，來出爲寇，是其苑囿也。至孝武世，出師征伐，斥奪此地，攘之於幕北。建塞徼，起亭燧，築外城，設屯戍以守之，然後邊境用得少安。幕北地平，少草木，多大沙，匈奴來寇，少所蔽隱。從塞以南，徑深山谷，往來差難。邊長老言：匈奴失陰山之後，過之未嘗不哭也。……臣恐議者不深慮其終始，欲以壹次省繇戍。……卒有他變，……累歲之功，不可卒復。開夷、狄之隙，虧中國之固，非所以永持至安，威制百蠻之長策也。《漢書．匈奴傳》

是知『守在四夷』，亦必當恃其險阻。使武帝不攘之幕北，漢將焉守之乎？《漢書．匈奴傳贊》又謂武帝雖開河南之野，建朔方之郡，亦棄造陽之北九百餘里。言下似譏漢武之得不償失者。不知此基於山川形勢需要，不得不爾。贊者昧於軍要，妄加譏評，陋矣。

哀帝建平五年，匈奴單于上書願朝，公卿以爲虛費府帑。黃門郎揚雄上書諫曰：

匈奴……本北地之狄。五帝所不能臣，三王所不能制。……武帝即位，……深惟社稷之計，規恢萬載之策。乃大興師數十萬，……浮西河，絶大幕。破寘顏，襲王庭。窮極其地，追奔逐北，封狼居胥山，禪于姑衍，以臨瀚海。……且夫前世豈樂傾無量之費，役無罪之人，快心於狼望之北哉？以爲不壹勞者不久逸，不暫費者不永寧。是以忍百萬之師以摧餓虎之喙，運府庫之財塡盧山之壑而不悔也。……北狄……眞中國之堅敵也，三垂比之懸矣！前世重之茲甚，未易可輕也。《漢書．匈奴傳》

此皆武帝征伐匈奴有功於天下後世之證。觀於武帝於征和二年，語大將軍衛青曰：『漢家庶事草創，加四夷侵陵中國，朕不變更制度，後世無法。不出師征伐，天下不安。爲此者不得不勞民。若後世又如朕所爲，是襲亡秦之跡也。』太子每諫征伐四夷。上笑曰：『吾當其勞，以逸遺汝，不亦可乎？』此長卿所謂『王事固未有不始於憂勤，而終於佚樂』之義也。漢武之征伐四夷，豈得已哉！何『所爲狂悖』之有乎？而漢自得匈奴昆邪王地，隴西、北地、河西益少胡寇，徙關東貧民以寔之，而減北地以西戍卒之半，以寬天下之繇。此不得如夏侯勝所言『無德澤於民』也。深恐失察者之泥於文德，害及大義。因及武帝《輪臺》之詔，不殫辭費，爲之辨章如上。庶幾乎長卿之《賦》旨得彰，而武帝之武烈得顯也。旨哉！劉申叔先生之言曰：「故觀子雲之《書》，則漢武出師，意在保民，非復窮兵黷武，黃帝滅四帝之旨也。讀侯應之議，則窮邊之地，設戍開屯，不可一日無兵，夏禹奮武衛之意也。讀長卿之《檄》，則八方之外，亦當兼容并包，使疏逖不閉，春秋大一統之遺也。閱孟堅之《銘》，則戎虜不臣，大張撻伐，執訊旅歸，銘功勒石，詩人歌出車之續也。若夫武帝封燕，爰作策文，于薰鬻氏之虐，三致意焉。防狄之思，形于言表。此兩漢之武烈所由，非後世所克邁也。」（《劉申叔先生遺書．兩漢學術發微論》）而夏曾佑先生亦謂：「自秦以前，神洲之境，分爲無數小國，其由來不可得知，歷千百萬年，而並爲七國。其後六國又皆爲秦所滅，中原遂定於一。秦又北逐匈奴，南開桂林、象郡，規模稍擴矣。天祐神洲，是生漢武。北破匈奴，西并西域，以及西羌，西南開筰，僰，南擴日南、交阯，東南滅甌、粵，東北平濊貊。五十年間，威加率土。於是漢族遂獨立於地球之上。巍然稱大國。微此兩皇，中國非今之中國也。故中國之教，得孔子而後立。中國之政，得秦皇而後行。中國之境，得漢武而後定。三者皆中國之所以爲中國也。」（《中國古代史》第二篇第一章第一節）斯皆通達之論，眞能察見漢武之豐功偉烈，永爲中國千萬年皆食其利者。

(五)《封禪書》——宣文教、彰漢氏之休

長卿前因武帝好虛無縹渺之僊道而奏《大人》之頌，以勸其開疆闢土，剋定禍亂，致君於豐功偉烈。復因武帝惑於鬼神之祀，至於病免居家，爲《封禪書》勸以宣明文教，修德禮神，以竟王者丕業之全功。兢兢翼翼，永保鴻名。其遺忠主上，可謂賢矣。其《書》曰：

伊上古之初肇，自昊穹兮生民。歷撰列辟，以迄於秦。率邇者踵武，逖聽者風聲。……大漢之德，逢涌原泉，沕潏漫衍。……協氣橫流，武節猋逝……。仁育群生，義征不譓，諸長樂貢，百蠻執贄。……符瑞臻茲，猶以爲薄，不敢道封禪。……夫修德以錫符，奉符以行事，不爲進越。故聖王弗替，而修禮地祇，謁款天神，勒功中嶽，以彰至尊。舒盛德，發號榮，受厚

福，以浸黎民也。皇皇哉斯事，天下之壯觀，王者之丕業，不可貶也。願陛下全之，而後因雜薦紳先生之略術，使獲耀日月之末光絕炎，以展采錯事。猶兼正列其義，校飭厥文，作春秋一藝，將襲舊六爲七，攄之無窮。俾萬世得激清流，揚微波，蜚英聲，騰茂寔。前聖之所以永保鴻名，而常爲稱首者用此。宜命掌故，悉奏其義而覽焉。於是天子沛然改容曰：愉乎！朕其試哉！乃遷思回慮，總公卿之議，詢封禪之事，詩大澤之博，廣符瑞之富。……披藝觀之，天人之際已交，上上相發允答。聖王之德，兢兢翼翼也。故曰：興必慮衰，安必思危。是以湯、武至尊嚴，不失肅祗。舜在假典，顧省厥遺。此之謂也。（《史記·司馬相如列傳》）。

此寔《尚書太甲》「先王惟懋敬厥德，克配上帝，無安厥位，惟危，愼終于始」之遺也。而早於元光五年時，相如已著《難蜀父老書》勸天子增泰山之封，加梁父之事。是武帝之封禪，寔相如有以啓之也。流風所被，子雲、孟堅之儔，斷作《美新》、《典引》之篇，皇皇爲漢人之盛業。揚子雲云：「往時司馬相如作《封禪》一篇，以彰漢氏之休。臣常有顛眴病，恐一旦先犬馬塡溝壑，所懷不章，長恨黃泉，敢竭肝膽，寫心腹，作《劇秦美新》一篇，雖未究萬分之一，亦臣之極思也。」（《文選·四八《符命·劇秦美新論》》）班孟堅亦云：「相如《封禪》，……揚雄《美新》，……皆游揚後世，垂爲舊式。臣固才朽不及前人，蓋詠雲門者難爲音，觀隋和者難爲珍。不勝區區，竊作《典引》一篇，雖不足雍容明盛萬分之一，猶啓發憤滿，覺悟童蒙，光揚大漢，軼聲前代。然後退入溝壑，死而不朽。」（《文選》四分《符命·典引》）皆殷殷以繼作爲大任。其後追風沿波者，代不乏人。《文心雕龍·

封禪篇》稱其：「戒愼以崇其德，至德以凝其化，七十有二君，所以封禪矣。……觀相如《封禪》，蔚爲唱首。……驅前古於當今之下，騰休明於列聖之上，歌之以禎瑞，讚之以介邱，絕筆茲文，固維新之作也。」長卿《封禪》之矜式群英，其意量亦偉矣。雖然，二子之作，全取其頌揚之旨，而沒有其諷諭之義。與長卿原意，稍違異已。惟太史公司馬子長深會長卿之旨，所撰《史記・封禪書》，論次自古以來用事於鬼神者，具其表裏。而於武帝一朝之祀神求僊，恢恑憰怪，尤覼縷其事，纖芥弗遺。而終言其無驗以著其妄，殷殷以『禮神以修德』爲戒，一書之中，三致其意，使後之君子，得以覽焉。

抑太史公《書》又曰：「古者先振兵澤旅，然后封禪，乃遂北巡朔方，勒兵十餘萬，還祭黃帝冢橋山，釋兵懌如。」故章太炎謂「葷鬻、東胡跨馬之寇，又時時盜邊圉，始作彈丸，以禦不庭。此其所以封禪者，必有職矣。古之華夏，河流分其中央，以岱爲齊。……帝王治神州，以是集瑞，渙其號令而徵戍卒填之，因以設險守固。其封大山者……因大麓之阻，累土爲高，以限戎馬，其制比于蒙古之『鄂博』。是故封禪爲武事不爲文事。古者政令，假威鬼神，故文之以祭天，以肅其志；文之祀后土，以順其禮，文之以秩群臣，以揚其職。是其示威也，則猶偃伯靈臺者也。三王接迹，文肆而質離，本意浸微，而日行以蒲車，懿傷山之土木者，爲仁物也。夫國有嶠隋，不崇其高，塹之鑿之，赭之蕩之，以爲魁陵糞土，即有大冠，其何以禦侮？爲封域計，土石可傷邪！古者野廬幾竟，宿息井樹。單襄公有言：列樹以表道，立鄙食以守路。故至于俠溝叢樹，而車騎𨎥矣。爲封域計，草木可傷邪。夫其志有備守，外以仁物叫號于九圍，故封禪可爲也。……嬴、鎦之君，南縣越裳，而北逐引弓之民，其所經略，則跨越乎七十二家之域矣！去病以武夫知狼居胥之可封，而人不以僭越視之也。令漢世博士諸生識此，望祀射牛之議，可以息矣！（《章太炎全集．（三）．檢論卷六．原教》）觀於竇憲之伐匈奴，登燕然山，去塞三千餘里，刻石勒功，紀漢威德，令班固作《封燕然山銘》曰：「躡冒頓之區落，焚老上之龍庭。上以攄高文之宿憤，充祖宗之去靈；下以安固後嗣，恢拓境宇，振大漢之天聲。玆可謂一勞而久逸，暫費而永寧也。乃遂封山刊石，昭銘盛德。」（《文選》卷五十六）足徵章氏『封禪爲武事』之論，卓然有據。秦、漢而下，誰及此解？此章太炎之所以爲章太炎也。

四　餘　論

近人論文，多傾心於個人主義文學，而鄙薄集團主義文學，在在與傳統異趣。王國維先生曰：

古今之大文學，無不以自然勝，而莫著於元曲。蓋元劇之作者，其人均非有名位學問也。其作劇也，非有藏之名山傳之其人之意也。彼以意興之所至爲之，以自娛娛人。關目之拙劣，所不問也。思想之卑陋，所不諱也。人物之矛盾，所不顧也。彼但群摹寫其胸中之感想，與時代之情狀，而眞摯之理，與秀傑之氣，時流露於其間。故謂元曲爲中國最自然之文學，無不可也。（《宋元戲曲史．元劇之文章》）

周作人先生更謂：

文學是無用的東西。因爲我們所說的文學，只是以達出作者的思想感情爲滿足，此外再無目的之可言。裏面，沒有多大鼓動的力量，也沒有教訓，只能令人聊以快意。（《中國新文學的源流・第一講關於文學之諸問題六、文學的用處》）

又曰：

文學最先是混在宗教之內的，後來因爲性質不同分化了出來。分出之後，在文學的領域內馬上又有兩種不同的潮流：

（甲）——詩言志——言志派

（乙）文以載道——載道派

晚周，由春秋以至戰國時代，正是大紛亂的時候，國家不統一，沒有強有力的政府，社會上更無道德標準之可言，到處只是亂鬧亂殺，因此，文學上也沒有統制的力量去拘束它，人人都得自由講自己願講的話，各派思想都能自由發展。這樣便造成算是最先的一次詩言志的潮流。

文學方面的興衰，總和政治情形的好壞相反背著的。西漢時候的政治，在中國歷史上總算是比較好些的，然而自董仲舒而後，思想定於一尊，儒家的思想統治了整個思想界，於是文學也走入了載道的路子。這時候所產生出來的作品，很少作得好的，除了司馬遷等少數人外，幾乎所有的文章全不及晚周，也不及這時期以後的魏、晉。（同上第二講《中國文學的變遷》）

按：王氏所言，蓋出於從吾所好，無可厚非。而周氏之說，幾全支配當世。影響所及，無不鄙薄漢賦。甚者謂漢賦爲權貴之娛樂品，有類俳優。即有所取，亦偏於諷刺之作。此蓋衰世學者之通病，錢賓四師所謂『惟知有變，不知有常』（《中國史學名著》評袁樞《通鑑紀事末末》語）是也。夫漢賦之價值，班氏孟堅論之審矣。（見前章引言）錢師復謂漢武內定制度，外攘四夷。凡所謂正禮樂，致太平者，皆導源於辭賦。此韓公所稱「鳴國家之盛」是也。善乎常燕生先之言曰：

> 近來許多文學史家……都忽略了漢賦在中國文學史上的地位。然而我以爲漢賦正是民族集團精神壯旺時代的產品。……拿漢賦與魏、晉以後的小賦比較起來，形式自然笨拙些，內容自然單調些。然而其氣勢之偉大，篇幅之宏麗，卻遠非六朝頹廢纖巧的作品所能及，這是民族壯旺時代的產品。特別可以看得出來的是：漢賦之中無所謂個人的感情，個人的哀怨，只有整個民族及社會的希望和歡欣。（《生物史觀研究·對於現代中國個人主義文學潮流的抗議》）

復次，漢賦之本於教化，形於治亂，尚可於學術源流一事徵之。《漢書·藝文志詩賦略敘》曰：「《傳》曰：不歌而誦謂之賦。登高能賦，可以爲大夫。言感物造耑，材知深美，可與國事，故可以爲列大夫也。」按登高能賦之言，本於毛公《詩傳》，在君子九能之內。而所謂九能，不外乎作文，故總名曰德音。《詩·鄘風·定之方中》毛《傳》云：「故建邦能命龜，田能施命，作品能銘，使能造命，升高能賦，師旅能誓，山川能說，喪記能誄，祭祀能語，君子能此九者，可謂有德音，可以爲大夫。」毛公所言，蓋周、秦以前古說。足徵古代文章，類皆緣政而作，尤以詩賦爲然，故《漢志》舉以爲說。章學誠《校讎通義·漢志詩賦》條云：「古之賦家者流，原本《詩》、《騷》，出入戰國諸子。假設問對，莊、列寓言之遺也。恢廓聲勢，蘇、張縱横之體也。排比諧隱，韓非儲說之屬也。徵材聚事，《呂覽》類輯之義也。雖其文逐聲韻，旨存比興。而深探本原，寔能自成一子之學，與夫專門之書，初無差別。」《文史通義・詩教下》又云：「賦家者流，猶有諸子之遺意，居然自命一家之言者，其中又各有其宗旨焉。殊非後世詩賦之流，拘於文而無其質，茫然不可辨其流別也。是以劉、班詩賦一略，區分五類，而屈原、陸賈、荀卿，定爲三家之學也。……馬、班二史，於相如、揚雄二家之著賦，俱詳載於列傳。……漢廷之賦，寔非苟作。長篇錄入於全傳，是見其人之極思，殆與賈疏、董策，爲用不同，而同主於以文傳人也。是則賦家者流，縱横之派別，而兼諸子之餘風，此其所以異於後世辭章之士也。」旨哉！言乎！《西京雜記》卷二稱「司馬相如爲《上林子虛賦》，意思蕭散，不復與外事相關。控引天地，錯綜古今。忽然如睡，煥然而興。幾百日而後成。其友人盛覽，字長通，牂牁名士，嘗問以作賦。相如曰：合綦組以成文，列錦繡而爲質。一經一緯，一宮一商。此賦之迹也。賦家之心，苞括宇宙，總覽人物，斯乃得之於內，不可得而傳。覽乃作合組歌列錦賦而退，終身不復敢言作賦之心矣。」由是觀之，輕薄漢賦之徒，安足以知作賦之心哉！

一九八三年九月六日初稿
一九八六年八月十五載《新亞學報》第十五卷
一九九五年九月十八日重訂

《史記・封禪書》微指試析

《太史公書卷二八・封禪書第六》，學者多不達其旨。『封禪』一事，不特其義蘊難明，即其音讀，亦不易辨。請先言其音讀。按：『封禪』一詞音讀之難辨，在於『禪』之一字。許叔重《說文解字・第一篇上》解『禪』字條云：「祭天也。從示單聲。」段玉裁《注》曰：『時戰切』。鈕樹玉《說文解字校錄》、桂馥《說文解字義證》、王筠《說文句讀》並同。《校錄》並引《玉篇》又市然切。徐鍇《說文繫傳》作時絹反。朱駿聲《說文通訓定聲》則標作霰韻。（以上見鼎文書局《說文解字詁林正補合編二、一上示部禪字條》，頁一五九至一六〇）蓋自唐顏師古《前漢書・郊祀志》注「禪，音上戰反」以降，《唐韻》、《集韻》、《韻會》、《正韻》諸字書，並作時戰切，音繕。（見《康熙字典》，午集下示部，中華書局精印同文書局原版）是『禪』字之音繕，殆衆無異詞矣。然《說文解字》明明謂『从示單聲』。今按其二篇上解『單』字條云：「大也。从吅甲，吅亦聲，闕。」段《注》曰：「吅，都寒切。闕，當云甲闕，謂甲形未聞也。」（藝文印書館經韻樓刊本）復據其解『吅』字條云：「驚呼也。从二口，凡吅之屬皆從吅，讀若讙。」而段氏以單字未聞有讀喧（況袁切）音者，而甲形又闕，遂作都寒切。而單與亶同。惠棟《惠氏讀說文記》曰：「單，大也。單與亶同，故云大。《般庚》誕告用亶，其有衆。馬融本作單。」又《假借義證》曰：「《詩・昊天有成命》單厥心，毛《傳》單，厚也。《周語》作亶厥心；《書・盤庚》誕告同亶，《釋文》亶，馬本作單，誠也。……凡似此訓，單皆亶之假借。」而《說文解字》解亶字云：「多穀也，从㐭旦聲。」段《注》作多旱切，《唐韻》同，《集韻》、《韻會》作黨旱切，《正韻》多簡切，並音僤。（見中華書局影印同文書局原版《康熙字典》・子集上・亠部）而『封禪』本作『封墠』。段玉裁《說文解字注・一篇上禪字條》曰：「凡封土爲壇，除地爲墠，古封禪字蓋祇作墠。項威曰，除地爲墠，後改墠曰禪，神之矣。……元鼎二年《紀》云，望見泰一，修天文襢，襢即古禪字。」朱駿聲《說文通訓定聲・乾部第十四禪字條》亦曰：「禪，祭天也。从示單聲。《風俗通・正失》：禪謂壇墠。按：《禮記・禮器》疏引《書》說：禪者除地爲墠。大戴《保傳》封泰山而禪梁父注：除地于梁甫之陰，爲墠以祭地也。變墠爲禪，神之也。《史記・衛將軍傳》：禪于姑衍。《續漢祭祀志》：禪，祭地于梁陰。……是墠爲祭地，壇爲祭天。襢从壇省，禪从墠省，皆秦以後字。許書收禪不收襢，故云祭天耳。其實爲壇無不先墠者，祭天之義，禪自得兼。……假借爲嬗，實爲傳。《孟子》：唐虞禪；《書堯典傳》，遂禪之。……《聲訓》：《白虎通・封禪》，言禪者，明以成功相傳也。《史記・秦始皇紀》：禪梁父。《正義》：禪，闡廣土地也。」朱氏謂墠爲祭地，壇爲祭天，爲壇無不先墠者，祭天之義，禪自得兼。所言誠是。特不當因禪之假借爲嬗遂采《白虎通義・封禪》相傳之說，與因《史記正義》以闡廣土地訓禪，歸禪入乾部標作霰韻耳。須知闡亦單聲，不當獨作『銑』韻或昌善切及齒善切。《玉篇》釋闡爲大也，即從單之大義而來。《史記正義》解『禪』爲闡廣土地，亦從單字得義。而『闡』古與『僤』爲通假字，朱氏已自言之矣。其《說文通訓定聲・乾部的十四僤字條》云：「《公羊》哀八，齊人取讙及僤。《左》、《穀》作闡。」今其書『單』字標有寒、先、旱、銑四韻，『僤』字標有旱、銑、翰三韻，則『闡』字不當獨限於一銑韻矣。準此，『禪』字亦不當獨標一霰韻也。

復次，朱氏既知禪从墠省，墠實即禪之本字。又知墠爲除地之義。而其書『墠』字條卻獨標銑韻，並舉《古韻》：「《詩・東門之墠》之墠叶墠、反、遠」爲證。按：《詩・鄭風・東門之墠》「東門之墠，茹藘在阪。其室則邇，其人甚遠。」墠實與阪叶耳。故陳奐《詩毛氏傳疏》曰：

> 墠，《釋文》、《正義》本作壇。《正義》云，除地者謂之墠，墠壇字異……蓋古字得通用也。《釋名・州國篇》，鄭町也，其地多平，町町然也，與此《傳》云町町者同。《華嚴經音義・世界品》引《韓詩傳》云，墠，猶坦也，義同。

王先謙《詩三家義集疏》又曰：

> 陳喬樅云，毛《傳》除地町町，言除地使之平坦。《論衡・語增篇》：町町若荊軻之閭，謂夷其里若平地也。墠，《五霸記》曰，置之空墠之地，空墠猶言空坦也。

是封禪之「禪」，不讀繕音，彰彰明甚。

綜上所言，封墠之墠，本當讀壇，音義與坦同，除地祭地也。後世讀作繕與蟬音者，蓋緣附會禪讓一事所致，雖博雅如朱允倩，亦不免失察。而始作俑者，殆爲班固，其《白虎通德論・封禪》云：

> 王者易姓而起，必升封泰山何？教告之義也。……所以必於泰山何？萬物所交代之處也。……封者，廣也；言蟬者，明以成功相傳也。梁甫者，太山旁山名。正以梁甫何？以三皇禪於繹繹之山，明已成功而去，有德者居之。繹繹者，無窮之意也。……三王禪于梁甫之山者。梁，信也，甫，輔也；輔天地之道而行之也。（《漢魏叢書》，頁三六二上，臺灣新興書局影印明・程榮刻本）

孟堅之論，雖能推闡儒家禪讓之旨，爲封禪進一新境。而「單」字據林義光《文源》稱：

> 單，古作（《伐余鐘》），作（《散氏器》），不从吅，當爲蟬之古文，像形，○○象雙目，下象腹尾也。單爲蟬，故有……變蜕之義。《爾雅》：在卯曰單閼（《釋天》），孫炎本作蟬焉，言如蟬蜕蟬嫣不絕也。禪讓之禪，賈誼《鵩鳥賦》變化而嬗之嬗，古皆與單同音，亦並有變蜕義。（見鼎文書局《說文解字詁林正補合編》，第二冊，一三二九頁，二篇上　部單字條）

雖可爲「禪」讀時戰切添一佐證。然以禪讓之「禪」迻作封禪之「蟬」（墠），終不免有張冠李戴之嫌。鄙意以爲封禪之「禪」，當據其本字爲「墠」，讀作除地坦坦之壇音。事實「墠」之與「壇」，根本爲通假字，此亦討葉沿根「通訓定聲」之一得歟？博物君子，幸進而教之。

辨章封禪之音讀既竟，請續言其義蘊。溯自史遷追本諸神名山大川禮作《封禪書》也，學者交相責難。博雅如馬貴與，亦以爲出於陋儒之說，《詩》、《書》所不載。曰：

> 按文中子曰：「封禪非古也，其秦、漢之侈心乎？」而太史公作《封禪書》，則以爲古受

命帝王，未嘗不封禪，且引管仲答齊桓公之語，以爲古封禪七十二家，自無懷氏至三代俱有之。蓋出於齊、魯陋儒之說，《詩》、《書》所不載，非事實也，當以文中子之言爲正。（新興書局影印乾隆重刻《文獻通考卷八十四·郊社考十七·封禪》，頁七六一）

蓋自梁朝之許懋，已深致其非。史載梁高祖集儒學之士草封禪儀，懋曰：

舜幸岱宗，是爲巡狩。而鄭引《孝經鉤命決》云：「封於太山，考績柴燎；禪於梁甫，刻石紀號。」此緯書之曲說，非正經之通義也。……漢武宗信方士，廣召儒生，皮弁搢紳，射牛行事，獨與霍嬗俱上；既而子侯暴卒，厥足用傷。……不想古道而欲封禪，皆是主好名於上，臣阿旨於下也。鄭玄有參、柴之風，不能推尋正經，專信緯候之書，斯爲謬矣！《禮》云：「因天事天，因地事地，因名山升中於天，因吉士享帝於郊。」燔柴岱宗，即因山之謂矣。故《曲禮》云：「天子祭天地」是也。誠敬之道，盡此而備。至於封禪，非所敢聞。（藝文印書館影印武眞殿刊本《梁書卷四十·許懋傳》頁二八一至二八二）

今按：照哲所言，雖明智雅正，而於漢武封禪之義，則似未深究。其後梁氏玉繩，似略知太史公之意矣，而猶未達一間。曰：

三代以前無封禪，乃燕齊方士所僞造。昉於秦始，侈於漢武。此書先雜引鬼神之事，比類見義，遂因其傅會，備錄於篇，正以著其妄，用意微矣。惟牽引郊社巡狩諸典禮，未免黷經。（中華書局二十四史研究資料叢刊《史記志疑卷十六·封禪書第六》，頁七九二）

曜北於漢人視爲「皇皇哉斯事，天下之壯觀，王者之丕業」（司馬相如《封禪書》語）之封禪，依然一知半解，故其《史記志疑卷三六・太史公自序傳》「是歲天子始建漢家之封，而太史公留滯周南，不得與從事，故發憤且卒。」之案語稱：

此，乃不述談語，不免失言。封禪之誣，君子嗤之。即《封禪書》亦深譏焉。而乃以其父不與爲恨乎？《咫聞錄》曰：「太史談且死，以不及與封禪爲恨。相如且死，遺《封禪書》以勸。當時不獨世主有侈心，士大夫皆有以啓之。杜子美天寶十三載獻《封西嶽賦》，勸玄宗封華山，帝未及行，明年安祿山反，天下大亂。文人孟浪類如此。」（同上頁一四六六）

馴至日儒中井積德，甚至詆爲漢儒之通病焉。曰：

按：《封禪書》，武帝初，與諸儒議封禪事，命草其儀。及且封，盡罷諸儒不用。談之滯留周南，以罷不用之故也。非疾。（藝文印書館瀧川龜太郎《史記會注考證卷一三〇，太史公自序第七十》，頁一三三六）

封禪出乎術士之妄，豈儒者所可言哉！談罷，可謂幸矣。乃發憤至死，何惑之甚！雖遷亦未知封禪之爲非也，是漢儒之通病矣。（同上）

竟罪及史公，此誠何說耶？諸賢斤斤於封禪淵源之所自，與正僞早晚之辨，而無片言隻字觸及其義蘊者，無乃不急之察，無用之辯乎？班固《白虎通德論・封禪》有云：

王者易姓而起，必升封泰山何？教告之義也。始受命之時，改制應天。天下太平，功成封

禪，以告太平也。（新興書局影本《漢魏叢書》，頁二六二）

張守節《史記・封禪書正義》引《五經通義》又云：

> 易姓而王致太平，必封泰山，禪梁父。荷天命以爲王，使理群生，報太平於天，報群神之功。（上海古籍出版社・上海書店《二十五史・史記卷二八・封禪書第六》，頁一七二）

此封禪大典之義蘊眞諦也。其說蓋亦上古所傳，盛行於燕齊，鄒衍輩昌之以顯名於諸侯。雖作怪迂之變、終始五德轉移。然要其歸，必止乎仁義節儉，使王侯大人，瞿然顧化，尙德修身，施及黎庶。其言治亂之事以干世主，非有意阿世俗苟合而已也。逮漢，司馬長卿暢發其旨，而撰成《封禪》一篇。以彰漢氏之休。其言曰：

> 伊上古之初肇，自昊穹兮生民，歷撰列辟，以迄於秦，率邇者踵武，逖聽者風聲。……大漢之德，逢涌原泉……符瑞臻茲，猶以爲薄，不敢道封禪。……夫修德以錫符，奉符以行事，不爲進越，故聖王弗替，而修禮地祇，謁款天神，勒功中嶽，以彰至尊。舒盛德，發號榮，受厚福，以浸黎民也。皇皇哉斯事，天下之壯觀，王者之丕業，不可貶也。……前聖之所以永保鴻名，而常爲稱首者用此。……天人之際已交，上下相發允答，聖王之德，兢兢翼翼也。故曰，興必慮衰，安必思危。是以湯，武至尊嚴，不失肅祗；舜在假典，顧省厥遺。此之謂也。（上海古籍・上海書店《二十五史1，史記卷一百十七・司馬相如列傳第五十七》，頁三三五）

蓋長卿有見於孝武帝惑於鬼神之祀，因撰《封禪書》奏之，殷殷以修德禮神，居安思危爲勸。此實《

尙書·太甲篇》「先王惟時懋敬厥德，克配上帝。無安厥位，惟危，愼終于始」之旨。故班孟堅稱其「至於疾病而遺忠主上求取其書，竟得頌述功德，言封禪事，忠臣效也。」（《文選第四十八卷·符命·典引》，頁六七五）安得指斥封禪爲緯書之曲說，非正經之通義哉！而流風所及，子雲、孟堅之儔，繼作《劇秦美新》、《典引》之篇，皇皇乎爲漢儒經國之大業，不朽之盛事。其後追風沿波者，代不乏人。所謂「文人孟浪」云云，固在彼不在此也。揚雄《劇秦美新》曰：

> 往時司馬相如作《封禪》一篇，以彰漢氏之休。臣常有顚眴病，恐一旦先犬馬塡溝壑，所懷不章，長恨黃泉。敢竭肝膽，寫心腹，作《劇秦美新》一篇，雖未究萬分之一，亦臣之極思也。（正中書局萬氏重刻胡本《文選卷四八·符命》，頁六七一）

班固《典引》亦曰：

> 相如《封禪》，……揚雄《美新》，……皆揚後世，垂爲舊式。臣固才朽不及前人，……竊作《典引》一篇。雖不足雍容明盛萬分之一，猶啓發憤滿，覺悟童蒙，光揚大漢，軼聲前代，然後退入溝壑，死而不朽。（同上頁六七五）

此皆殷殷以繼志爲無負此生。長卿之矜式群賢，其識亦偉矣。是以劉舍人論文，專篇以及之，許爲維新之作，誠有謂也。而揚、班二子之作，全取頌揚之旨，而沒其諷諭之義，於長卿之本旨，稍違異矣。惟太史公深會其微旨幽意，所撰《封禪書》，論次自古以來用事於鬼神者，具其表裏。而於孝武一朝之祠竈求僊，怪迂傅會，則覼縷其事，纖芥弗遺，而終言其無驗以著其妄，殷殷以「修德肅祗」爲言。

一篇之中，三致其意，使後之君子，得以覽焉。斯眞良史之用心也。李笠《史記訂補》曰：「《封禪書》盛推神鬼之異，而《大宛傳》云，張騫通大夏，惡睹《本紀》所謂崑崙者乎？又云，所有怪物，余不敢言之也。此皆恐犯忌諱，以雜見錯出而見正論也。」（藝文印書館瀧川龜太郎《史記會注考證・史記體制》，頁一三七一）而凌稚隆氏亦謂「此書直書其事，而其失自見。有諷意，無貶辭，可爲作史紀時事者之法。」（同上《史記會注考證卷二八・封禪書第六》引文，頁四八二）此眞能察見良史之用心者。乃議者徒見《封禪書》載「武帝得寶鼎，齊人公孫卿言黃帝得鼎僊登於天，漢興復當黃帝之時，寶鼎出，而與神通封禪，上封則能僊登天矣。」又載「齊人丁公年九十餘，曰封禪者，合（《漢書・郊祀志》作古）不死之名也。」云云。遂謂封禪出乎術士之妄，非儒者所可言，得無正僞不辨、錯認爲眞乎？方望溪蓋嘗辨章之矣。曰：

> 是書所譏武帝事，義皆顯著，獨雜引古事，則意各有指。武帝名爲敬鬼神之祀，而以封禪合不死。郊畤秘祝，不過與祠神君竈鬼同意耳。蓋好神而實比於慢矣。故首載夏孔甲好神三世而亡，殷武乙慢神三世而亡，復大書始皇封禪後十二歲秦亡，示無德而瀆於神，爲亡徵也。殷二宗遇物變懼而修德，國以興，歷年以永，示寶鼎一角獸，不足爲符應也。其詳秦先世事，及史敦、史儋語，以雍之諸祠興於秦，而敦、儋妄稱符命，以啓二君之汰，爲方士怪迂語之徵兆也。……傳所言易姓而王，封禪者七十餘君，……亦功至德洽而告成於天，如成王乃近之耳。豈以是爲不死之名，接僊人蓬萊士之術乎？……故其發端，即曰自古受命帝王曷嘗不封禪，蓋

謂非以是致怪物與神通耳！（廣智書局《方望溪全集卷二．書封禪書後》，頁二三）

是書義意尤隱深者，其稱或問禘之說，蓋謂禘雖典祀，然不知其義，禮不虛行，況以封禪致怪物與神通乎？禮之瀆！季氏嘗旅於泰山，孔子譏之，謂神弗享也。則以封禪合不死者，神其享之乎？漢興六十餘年，天下乂安，薦紳之屬，皆望天子封禪，改正度者，謂經禮雅樂，宜以時興也。豈謂其中於方士之怪迂語哉！……此子長之微指也。（同上《又書封禪書後》，二三）

又云：

此眞能察見史遷《封禪書》之微指幽隱者，其識力勝於餘子遠矣。太史公自云「余從巡祭天地諸神名山川而封禪焉，入壽宮侍祠神語，究觀方士祠官之意，於是退而論次自古以來用事於鬼神者，具見其表裏，後有君子得以覽焉。」（上海古籍出版社．上海書店《二十五史1．史記卷二八．封禪書》贊，頁一七七）所謂表裏者，正譎、白黑之謂也。方氏讀書得間，卓然洞見其表裏，判封禪爲方士與薦紳二途。前者致怪物與神通，所謂合不死之名。後者改正變，告成功，所謂維新之作。一正一僞，昭照然白黑兮。近人呂思勉先生謂「武帝之崇儒，在其即位之初，而封泰山乃在其後三十年。改正朔，易服色，則又在其後，其非用儒家言可知。武帝蓋全惑於方士之言，其封泰山，亦欲以求不死而已。」（臺灣開明書店《秦漢史第四章第九節．武帝求神仙》，頁一三四）以至諸賢之鄙夷封禪，皆緣於混同方士所言之封禪與縉紳所主之封禪所致耳。觀於武帝之封禪制詔御史曰：

朕以眇眇之身，承至尊，兢兢焉懼不任，維德菲薄，不明於禮樂，脩祠太一，若有象景光，屑如有望，震於怪物，欲止不敢，遂登封泰山，至梁父，而後禪肅然，自新嘉與士大夫更始。賜民百户牛一酒十石，加年八十孤寡布帛二匹，復博、奉高、蛇丘、歷城，無出今年租稅，其大赦天下，如乙卯赦令。行所過毋有復作，事在二年前，皆勿聽治。（上海古籍出版社．上海書店《二十五史1．史記卷二八．封禪書第六》頁一七六）

此豈中於方士之怪迂語哉！其詞旨全取長卿「修德以錫符，奉符以行事，……舒盛德，發號榮，受厚福，以浸黎民也。……天人之際已交，上不相發允答，聖王之德，兢兢翼翼也」（上海古籍出版社．上海書店《二十五史1．史記卷一一七．司馬相如傳第五十七》，頁三三三五）之意。

抑武帝之封禪也，實由長卿啓之。《前漢書卷五十八．兒寬列傳第二十八》具其始末云：

上議欲放古巡狩封禪之事，諸儒對者五十餘人，未能有所定。先是，司馬相如病死，有遺書頌功德，言符瑞，足以封泰山。上奇其書，以問寬。寬對曰，陛下躬發聖德，統攝群元，宗祀天地，薦禮百神，精神所鄉，徵兆必報，天地並應，符瑞昭明，其封泰山，禪梁父，昭姓考瑞，帝王之盛節也。……上然之，乃自制儀，采儒術以文焉。（上海古籍出版社．上海書店《二十五史1》頁六〇九）

史文所載，果一如長卿《封禪書》所逆料：「宜命掌故，悉奏其義而覽焉。於是天子沛然改容曰，愉乎！朕其試哉！乃遷思回慮，總公卿之議，詢封禪之事。」（同前）而於當日漢人對封禪之體會，李長之先生有眞確之認識：

封禪是一件大事，是士大夫和老百姓渴望了三十多年的大事。這不止是宗教上的大典，而且是政治上慶祝過去，更新將來的一種象徵。——至少那時的朝野是這樣想。（漢京文化事業《漢京文庫》：《司馬遷之人格與風格・第二章司馬遷的父親・四、司馬談與封禪》，頁三七）

必明乎此，然後知何以服膺儒教之賈誼亦以爲「漢興至孝文二十餘年，天下和洽，宜當改正朔，易服色制度，定官名，興禮樂。乃草具其儀法，色上黃，數用五，爲官名悉更，奏之。文帝謙讓未皇也。」（同前《前漢書卷四十八・賈誼傳第十八》，頁二一〇）而《太史公自序》「是歲天子始建漢家之封，而太史公留滯周南，不得與從事，故發憤且卒。……泣曰，……今天子接千歲之統，封泰山，而余不得從行。是命也夫！命也夫！」（同前《史記卷一三〇・太史公自序》，頁三五八）乃得索解也。然則「封禪出乎術士之妄，豈儒者所可言！」「封禪之誣，君子嗤之。」云云。此安足以知漢儒之抱負哉！善乎！洪頤宣先生之論曰：

世謂封禪之名不見於《六經》。案《史記・封禪書》云，文帝使博士刺《六經》作《王制》，謀議巡狩封禪事。又云，上與公卿諸生議封禪，群儒采《封禪》、《尚書》、《周官》、《王制》之『望祀射牛』事。又云，群儒既已不能辨明封禪事，又牽拘於《詩》、《書》古文而不能騁。是《六經》未嘗無封也。太史公首引《尚書》歲二月東巡守至於岱宗，柴望秩於山川，以爲封禪之始。下文引《周官》冬日至祀天於南郊，夏日至祭地祇，《論語》或問禘之說爲證。《白虎通說・封禪》云，增泰山之高以配天，附（坿）梁父之基以報地。是封即《周禮》南郊祭天，禪即北郊祭地。古者天子巡守所及，必祭天以告。……晚周巡守不行，郊祀禮廢，秦皇、漢武議復封禪，諸生眛于所見，言人人殊，宜無怪其然。加以方士怪迂阿諛苟合之徒，附會符瑞之說，然後封禪之名乃大壞。其實南北郊日月星辰山川神鬼之祀，本見於《周禮》，並非鑿空之談，故始皇禪梁父，采太祝祀雍上帝所用，武帝封泰山，詔如郊祀太一之禮。太一者，即《周禮》冬至圜丘所祀北辰耀魄寶。是當日所用典禮，猶知釐正，故太史公撰《封禪書》，重舉郊畤之禮，而於方士荒誕之說，略致微辭，猶得《六經》本恉。而後世迂腐之儒，動訾封禪，其毋乃爲方士所愚也哉！（董金榜刻印《邃雅齋叢書：筠軒文鈔卷一．釋封禪》，頁二十五至二十六）

而章太炎先生更進一解曰：

封禪七十二家，以無懷爲最近。當是時也，天造草昧，榛薄四塞，雄虺長蝮，盡爲烝民害。人主方教民佃漁，以避蜚征之螫。毒蟲漸夷，葷鬻、東胡跨馬之寇，又時時盜邊圉，始作彈丸，以禦不庭。此其所以封禪者，必有職矣。古之華夏，河流分其中央，以岱爲齊。轉東薄海，則蟠木堣夷所來賓；東北營州以外，肅愼守徼自太白。（唐時稱太白山，今日長白山。）度海輸絡，東齊南起，爲岱宗朝會所均，斥候所及。帝王治神州，以是集瑞，渙其號令，而徼戍卒填之，因以設險守固。其封大山者，于《周禮》則講封之典也。因大麓之阻，纍土爲高，以限戎馬，其制比於蒙古之鄂博。是故封禪爲武事，不爲文事。古者政令，假威鬼神，故文之以祭天，以肅其志；文之以祀后土，以順其禮；文之以秩群神，以揚其職。是其示威也，則猶偃伯靈臺者也。三王接迹，文肆而質離，本意漸微，而曰行以蒲車，惡傷山之土木者，爲仁物也。夫國有嶠隋，不崇其高，塹之鑿之，赭之蕩之，以爲魁陵糞土，即有大寇，其何以禦侮？爲封域計，土石可傷邪（也）！古者野廬幾竟，宿息井樹。單襄公有言：列樹以表道，立鄙食以守路。故至于俠溝叢樹，而車騎虔矣。爲封域計，草木可傷邪（也）！夫其志有備守，外以仁物叫號於九圍，故封禪可爲也。圜丘南郊，並百王而識其事，以無忘故實。郊又祈穀，趣於使民疾耕，故郊丘可爲也。儒者以郊丘不遹仙道，莫敢非議，獨竊竊然鄙夷封禪。封禪與郊丘者，上世誠皆有所爲耳。後代岱宗不爲朝集壇場，史官備文而世系因革可知；耕以謀食，不待勸惰農者，雖勸亦不厲。是諸大禮，一切當以巫咸方士妖蠱之說視之，安用抑揚焉？嗟乎！嬴、劉之君，南縣越裳，而北逐引弓之民，其所經略，則跨越乎七十二家之域矣！去病以武夫知狼居胥之可封，而人不以僭越視之也。令漢世博士諸生識此，望祀射牛之議，可以息矣。（上海人民出版社《章太炎全集（三）檢論卷六・原教》，頁五二四至五二五）

此眞發聾振聵之論。觀於《封禪書》「古者先振兵澤（《漢志》作釋是）旅，然後封禪。乃遂北巡朔方，勒兵十餘萬，還祭黃帝冢橋山，釋兵須如。」復觀史載竇憲伐匈奴登燕然山，去塞三千餘里，刻石勒功，紀漢威德，令班固作《銘》曰：「躡冒頓之區落，焚老上之龍庭。上以攄高、文之宿憤，光祖宗之玄靈，下以安固後嗣，恢拓境宇，振大漢之天聲。茲所謂『一勞而久逸，暫費而永寧』者也。乃遂封山刊石，昭銘上德。……」誠如章氏所云，封禪爲武事，比于蒙古之『鄂博』（游牧部落之境界，無山河爲識者，即疊石爲高阜，上插旗杆，作爲標誌，名曰鄂博。）舉霍去病封狼居胥山禪于姑衍，登臨翰海爲言。其識亦卓矣。秦漢而下，誰及此解？此章太炎之爲章太炎也。

爰本望溪之旨，據方、洪二氏之說，表解《史記・封禪書》於下，以爲初讀者之助。至於太炎先生之論，尤足爲好學深思者、窮其深詣之資焉。

- 史記封禪書（用事鬼神饗德報功）
  - 縉紳之封禪（改正度修德肅祇）
    1. 舜類上帝，禋於六宗，巡狩至岱宗，柴望秩于山川；
    2. 禹尊之；修社祀后稷稼穡，故有稷祠；
    3. 湯作夏社，太戊修德勝妖，武丁修德，位以永寧；
    4. 周公相成王，郊祀后稷配天，宗祀文王配上帝，成王德洽封泰山，禪社首，皆受命然後封禪；
    5. 漢高祖重祀敬祭，祀上帝山川諸神，各以其時；
    6. 孝文帝饗德報功，詔除祕祝，毋有所祈，歸福於百姓，與諸生草改歷服飾事，謀議巡狩封禪，以新垣平詐言氣神而怠；
    7. 漢武帝敬鬼神之祀，改正度，始建漢家之封，自新更始。
  - 方士之封禪
    7. 漢武帝濫祀鬼神：李少君祀竈卻老，少翁致鬼神，欒大致僊人，公孫卿與神通，上封禪能僊登天，終無有驗；
    6. 秦始皇祀名山大川及八神，求僊人羨門之屬，上自大泰山陽至顛，立石頌德，明其得封，下禪于梁甫，中阪爲暴風雨所擊，後十二歲秦亡，所謂無其德而用事者；
    5. 秦文公夢黃蛇作鄜畤郊祭白帝，宣公作密畤渭南祭青帝，繆

（不死之名

公病臥夢見上帝，命平晉亂，後世皆曰繆公上天；

4.齊威、宣、燕昭，使人入海求蓬萊、方丈、瀛洲三神山諸僊人及不死之藥，終莫能至，世主莫不甘心焉；

3.萇弘以方術事周靈王，諸侯莫朝周，乃明鬼神事，設射貍首（諸侯之不來者），依物怪欲以致諸侯，晉人執殺萇弘；

淫德怠慢）

2.殷帝武乙慢神而震死，帝紂淫亂，武王伐之；

1.夏帝孔甲，淫德好神，神瀆，二龍去之，其後三世，湯伐桀。

一九八四年初稿

一九九四年重訂

載嶺南學院《中文系系刊》第二期

爭信安仁拜路塵

——元遺山《論詩絕句》質疑之一

元遺山《論詩絕句》第六評潘岳云：

心畫心聲總失眞，
文章寧復見爲人。
高情千古閑居賦，
爭信安仁拜路塵！

意謂安仁言行相背，表裏不一。有違揚子雲「言、心聲也，書、心畫也，心畫形，而君子小人見矣」之旨。明都穆《南濠詩話》以爲有識者之論固如此。過矣。按：房玄齡等主修之《晉書》卷五五《潘岳傳》曰：

岳性輕躁，趨世利，與石崇等諂事賈謐，每候其出，與崇輒望塵而拜。……其母數誚之曰：『爾當知足，而乾沒不已乎？』而岳終不能改。既仕宦不達，乃作《閑居賦》曰：『岳嘗讀《

汲黯傳》至司馬安四至九卿，而良史書之，題以巧宦之目，未嘗不慨然廢書而歎曰：嗟乎！巧誠有之，拙亦宜然。顧常以爲士之生也，非至聖無軌微妙玄通者，則必立功立事，效當年之用。是以資忠履信以進德，修辭立誠以居業。僕少竊鄉曲之譽，忝司空太尉之命，所奉之主即太宰魯武公其人也。舉秀才爲郎，逮事世祖武皇帝爲河陽、懷令，尚書郎，廷尉平。今天子諒闇之際，領太傅主簿。府主誅，除名爲民。俄而復官，除長安令。遷博士，未召拜，親疾輒去官，免。自弱冠涉乎知命之年，八徙官而一進階，再免，一除名，一不拜職，遷者三而已矣。雖通塞有遇，抑亦拙者之效也。昔通人和長輿之論余也，固謂拙於用多。稱多則吾豈敢，言拙信而有徵。方今俊乂在官，百工惟時，拙者可以絕意乎寵榮之事矣。太夫人在堂，有嬴老之疾，尚何能違膝下色養，而屑屑從斗筲之役乎？於是覽止足之分，庶浮雲之志。築室種樹，逍遙自得。……（孝乎惟孝，友于兄弟）此亦拙者之爲政也。乃作《閑居賦》以歌事遂情焉。其辭曰：傲墳索之場圃，步先哲之高衢。雖吾顏之云厚，猶內媿於甯（武子）、蘧（伯玉）。有道吾不仕，無道吾不愚。何巧智之不足，而拙艱之有餘也。於是退而閑居，於洛之涘。身齊逸民，名綴下士。陪京泝伊，面郊後市。……爰定我居，築室穿池。……太夫人乃御版輿，升輕軒，遠覽王畿，近周家園，體以行和，藥以勞宣，常膳載加，舊痾有痊。……或宴于林，或禊于汜，昆弟班白，兒童稚齒，稱萬壽以獻觴，咸一懼而一喜。壽觴舉，慈顏和，浮杯樂飲，絲竹駢羅，頓足起舞，抗音高歌，人生安樂，孰知其佗？退求己而自省，信用薄而才劣，奉周任之格言，敢陳力而就列，幾陋身之不保，尚奚擬於明哲，仰衆妙而絕思，終優遊以養拙。』……史臣曰：『安仁思緒雲騫，詞鋒景煥，前史儔於賈誼，先達方之士衡。……然其挾彈盈果，拜塵趨貴，蔑棄倚門之訓，乾沒不逞之間，斯才也而有斯行也，天之所賦，何其駁歟！……』

贊曰：『岳實含章，藻思抑揚，趨貴冒勢，終亦罹殃！』

此實元遺山《論詩絕句》之六所本。而《晉書》（指房玄齡等主修者，下同。）多誣，好采詭謬碎事，不足盡信。其載安仁與季倫拜路塵之事，大有可疑。請先辨安仁。《潘岳傳》稱「安仁與石崇等諂事賈謐，每候其出，與崇輒望塵而拜。」而《石苞傳附石崇傳》則謂季倫「與潘岳諂事賈謐，謐與之親善，號曰二十四友。廣城君每出，崇降車路左，望塵而拜。」一謂二人同拜賈謐，一謂季倫獨拜廣城君（賈充婦郭槐），兩傳所說不同，未知孰是。而《資治通鑑》卷八二，《晉紀四・惠帝元康元年》復作「崇與岳尤諂事謐，每候謐及廣城君郭槐出，皆降車路左，望塵而拜」，別成一說，迄無定準，其疑一也。安仁爲賈謐二十四友之首，且爲謐之父黨，謐雖驕佚，而好學有才思，既開閤延賓，共相朋昵，安容安仁輒望塵而拜以自捐人望乎？且亦無每候其出之理，其疑二也。史稱夏候湛「與潘岳友善，每行止，同輿接茵，京都謂之連璧。」（《晉書・夏候湛傳》）安仁自道其與湛「心照神交，唯我與子，且歷少長，逮覩終始。」（潘岳《夏侯侍郎誄》）又謂：「子之承親，孝齊閔、參；子之友悌，和如琴瑟；事君直道，與朋信心。」（同下）湛固一君子仁人也，《晉書》因其侯服玉食，遂謂其不砥礪名節，此言妄也。《北堂書鈔》一六〇《齊王攸與山濤書》稱：「太子舍人夏后湛，秉心居正，理識明徵（徹）。」又《太平御覽》卷二一五《山濤啓事》云：「皇太子東宮，多用雜才爲官屬，宜令純取清德。太子舍人夏侯湛，字孝若，有盛德。……今殿中郎缺，宜得才學，不審其可遷此選不？」綜上所言，孝若之秉心居正，孝悌忠信，可無疑也。苟安仁果爲一輕躁趨利，猥至拜塵道左，孝若肯與之『同輿接茵，心照神交』乎？其疑三也。《晉書》載閻纘疏陳賈謐亂國，其責潘岳謐之父黨，共相沈浮，而不及其拜路塵之事，其疑四也。

安仁之拜路塵可疑若此，季倫又何獨不然？史稱崇爲人有才氣而任俠，劉輿兄弟少時爲王愷所嫉，愷召之宿，因欲坑之，崇素與輿等善，聞當有變，夜馳詣愷，問二劉所在，徑造後齋，索出同車而去。季倫爲人任俠如此，安有屈膝拜路塵之可能乎？其疑一也。季倫爲晉室開國元勳大司空石苞之少子，年二十餘爲修武令，有能名，入爲散騎郎，遷城陽太守，伐吳有功，封安陽鄉侯，拜黃門郎，屢遷散騎常侍、侍中，深爲武帝器重。兄統忤扶風王駿，有司承旨奏統將加重罰，崇自表辯兄爲扶風王駿橫所誣謗，有司望風承旨，深文枉劾。楊駿輔政，大開封賞，多樹黨援，崇與散騎侍郎何攀奏止之。又崇與裴楷志趣各異，不與之交，長水校尉孫秀舒嘗與崇酣燕，慢傲過度，崇欲表免之，楷聞之謂崇曰：足下飲人狂藥，責人正禮，不亦乖乎，崇乃止。王愷武帝之舅氏，崇與之爭豪，數輕侮之：愷以粘澳釜，崇以蠟代薪；愷作紫絲布步障四十里，崇作錦步障五十里以敵之；武帝每助愷，嘗以珊瑚樹賜之，高二尺許，世所罕比，愷以示崇，崇便以鐵如意擊之，應手而碎，命左右悉取珊瑚樹有高三四尺者六七株還之。愷怳然自失；嘗與愷出遊，爭入洛城，崇牛迅若飛禽，愷絕不能及，愷每以此三事爲恨。季倫之勇於服善，不避權貴，輕侮皇親國戚若此，寧肯拜路塵之卑佞如斯乎？其疑二也。季倫「少有大志，夸邁流俗。弱冠登朝，歷位二十五載，晚節更樂放逸，篤好林藪，遂肥遁于河陽別業。」（《思歸引序》）官至太僕卿，其出持節監青徐諸軍事征虜將軍也，帳飲于金谷別業，送者傾都，與安仁同爲賈謐二十四友之首，如此官位人望，賈謐理當厚結之爲援，奚致容其拜廣城君之路塵乎？其疑三也。《太平御覽·二四七·山公啓事》曰：「太子左率缺，侍衛威重，宜得其才無疾患者，城陽太守石崇，忠讜有文武，河東太守焦勝清貞有信義，皆其選也。」歐陽建《答石崇贈》稱其「岩岩其高，即之惟溫。居盈思沖，在貴忘尊。……人樂其量，士感其敦。」又曹嘉《贈石崇》稱其「文武應時用，兼才在明哲。嗟嗟我石生，爲國之俊杰。」（日人興膳宏《石崇與王羲之——蘭亭序外說》以爲虛假之奉承與露骨之贊美，並引朱杰勤《王羲之評傳》稱石崇爲一迷戀財貨之徒，與王羲之有天壤之別云。此皆受《晉書》所誤導。豈山公亦作奉承之辭耶！）其獲時人之好評如此。安有『忠讜有文武』，『岩岩其高』，而竟作廣城君每出望塵而拜之劣行哉？且亦斷斷無每出皆拜之理。其疑四也。

抑《晉書》之厚誣季倫，復不限於諂事賈謐，並謂其「無行檢，在荊州劫遠使商客，致富不貲。」說更無稽，此蓋濫采何法盛《晉中興書》之「石崇爲荊州刺史，數劫商賈。」（見《北堂書鈔七二》）與王隱《晉書》之「石崇爲荊州刺史，劫奪殺人，以致巨富」（《世說新語·汰侈篇注》）等讕言而成。試思季倫之出爲荊州刺史，乃緣於與散騎侍郎何攀奏止楊駿輔政大開封賞所致，方以待罪之身臨民，安敢爲此駭人聽聞之不法事耶？縱爲事實，又何以不爲有司所劾乎？須知「自晉興已來，用法太嚴，遲速之間，輒加誅斬，一身伏法，猶可彊爲，今世之誅，動輒滅門。」（《晉書・閻纘傳》語）季倫奚愚至以身試法哉！其後季倫拜太僕，出爲征虜將軍假節監徐州諸軍事，鎭下邳，與徐州刺史高誕爭酒相侮，爲軍司所奏，免官。則其爲荊州刺史時，可劫遠使商客致富，而不爲人揭發乎？此亦不思之甚矣！王隱之《晉書》有云：「石崇百道營生，積財如山。」（見《初學記》一八）此季倫致巨富之眞相也。初，其父石苞臨終分財物與諸子，獨不及崇，其母以爲言，苞曰：「此兒雖小，後自能得。」蓋知子莫若父，石苞原先乃販鐵於鄴市起家者，其分財之舉，實早已被露其子日後將以營生致富之消息矣。《晉書》失察，不知抉擇，去此取彼，宜其有『好采詭謬碎事，以廣異聞』（《舊唐書・房亦齡傳》語）之譏也。

辨章安仁與季倫拜路塵之可疑既竟，請進言安仁《閑居賦》之是否言行相悖，致貽遺山『文章寧復見爲人』之譏。《閑居賦》者，李善《文選》注曰：「此蓋取於《禮記》『不知世事，閑靜居坐』之意也。《晉書》稱其既仕宦不達，乃作《閑居賦》。苟《晉書》所言屬實，則安仁誠難逃物議。奈何安仁此賦，實賦於五十歲徵補博士未召，以母疾去官之時，不得謂「既仕宦不達，乃作《閑居賦》」也。善乎！李長之之言曰：

在他五十歲時卻已經寫《閑居賦》，『覽止足之分，庶浮雲之志』，連博士官也以母老爲辭，不曾擔任甚麼職務了。《閑居賦》是他第二次對於自己的生活有著的反省，這是十八年前作《秋興賦》時的情調的再現，但因爲經過了憂患之故，比《秋興賦》深刻多了。這時，他對自己的經歷也作了一番總結，他說：『自弱冠涉乎知命之年，八徙官而一進階，再免，一除名，一不拜職，遷者三而已矣。』所謂八徙官是：舉秀才、爲郎、河陽令、懷令、尚書度支郎、廷尉評、領太傅主簿、長安令、遷博士。一進階指由懷令徙爲尚書度支郎。再免指任廷尉評時，以公事免官，以及遷博士，以去官免。一除名指的當太傅主簿時，因楊駿誅除名。一不拜職，仍指博士。合起任廷尉評，領太傅主簿，遷博士，是所謂三遷。現在他五十歲了，把自己的官階起伏這樣列出來，是眞的在反省，在清算過去，頗想放棄用世之心了。他於是又重彈起像《歸去來辭》樣的調子，他想：『築室種樹，逍遙自得。池沼足以漁釣，舂稅足以代耕。灌園鬻蔬，以供朝夕之膳；牧羊酤酪，以俟伏臘之費。孝乎惟孝，友於兄弟，此亦拙者之爲政也。』正是陶潛那樣『悅親戚之情話，樂琴書以消憂』似的了。

《閑居賦》是一篇眞正抒情的賦，也就是作者自己所謂『歌事遂情』，和一般賦匠的賦或只以堆垛爲事的玩意兒大不相同。在這賦裏，兼有田園和家庭之樂，最後說到：『壽觴舉，慈顏和。浮杯樂飲，絲竹駢羅。頓足起舞，抗音高歌。人生安樂，孰知其佗？退求己而自省，信用薄而才劣。奉周任之格言，敢陳力而就列。幾陋身之不保，尚奚擬於明哲？仰衆妙而絕思，終優遊以養拙。』比《秋興賦》酣暢多了，這回的『終優遊以養拙』，是比以前的『優哉遊哉，聊以卒歲』更心安理得了，上次的歸田是哲學的意味——老、莊思想——重些，這回卻是『幾陋身之不保』，由實際生活的痛苦經驗作骨子了！（《西晉詩人潘岳的生平及其創作》・《國文月刊》

第六十八期）

好一句「由實際生活的痛苦經驗作骨子」，孰謂「文章寧復見爲人」哉！李長之先生眞可謂安仁《閑居賦》千載而下難得之解人矣。抑安仁之《閑居賦》，又不限於一篇眞正抒情之賦也，其所謂「歌事遂情」者，尙有彰晉氏之休之鳴國家之盛者存焉，此非深知詩賦源流者所能道也。其辭曰：

浮梁黝以徑度，靈臺傑其高峙。闞天文之秘奧，究人事之終始。其西則有元戎禁營，玄幙綠徼，谿子巨黍，異絭同機，礮石雷駭，激矢蝱飛，以先啓行，耀我皇威。其東則有明堂辟雍，清穆敞閑，環林縈映，圓海迴淵。聿追孝以嚴父，宗文考以配天，祗聖敬以明順，養更老以崇年。若乃背冬涉春，陰謝陽施，天子有事於柴燎，以郊祖而展義，張鈞天之廣樂，備千乘之萬騎，服振振以齊玄，管啾啾而並吹，煌煌乎，隱隱乎，茲禮容之壯觀，而王制之巨麗也。兩學齊列，雙宇如一，右延國胄，左納良逸，祁祁生徒，濟濟儒術，或升之堂，或入之室，教無常師，道在則是，故髦士投紱，名王懷璽，訓若風行，應如草靡，此里仁所以爲美，孟母所以三徙也。

班固《漢書・藝文志・詩賦略敘》稱：「登高能賦，可以爲大夫。言感物造耑，材知深美，可與國事，故可以爲列大夫也。」按：登高能賦，乃君子九能之一。《毛詩・鄘風・空之方中傳》云：「建邦能命龜，田能施命，作器能銘，使能造命，升高能賦，師旅能誓，山川能說，喪記能誄，祭祀能語，君子能此九者，可謂有德音，可以爲大夫。」蓋古之文章，皆緣政而作，尤以詩賦爲然，故《漢志》舉以爲說。章學誠《校讎通義・漢志詩賦》云：「古之賦家者流，原本《詩》、《騷》，出入戰國諸子。

假設問對，莊、列寓言之遺也；恢廓聲勢，蘇、張縱橫之體也；排比諧隱，韓非《儲》、《說》之屬也；徵材聚事，《呂覽》類輯之義也。雖其文逐聲韻，旨存比興，而深探本原，實能自成一子之學，與夫專門之書，初無差別。」章氏《文史通義・詩教下》又云：「賦家者流，猶有諸子之遺意，居然自命一家之言者，其中又各有其宗旨焉。殊非後世詩賦之流，拘於文而無其質，茫然不可辨其流別也。是以劉、班《詩賦》一略，區分五類，而屈原、陸賈、荀卿，定爲三家之學也。……馬、班二《史》，於相如、揚雄二家之著賦，俱詳載於列傳。……漢廷之賦，實非苟作。長篇錄入於全傳，是見其人之極思，殆與賈《疏》，董《策》，爲用不同，而同主於以文傳人也。是則賦家者流，縱橫之派別，而兼諸子之餘風，此其所以異於後世辭章之士也。」由是觀之，安仁猶知君子德音之義，其《閑居賦》實有其宗旨存焉，殊非後世詩賦之流，拘於文而無其質者比也。唐代史臣，茫然不識其微旨所在，長篇錄入於本傳，以見其人乾沒不已、言行不符之證，此安足以知是且非耶！

最可惜者，安仁始終難逃權力傾軋之禍，爲小人孫秀所害。其初入仕途，由司空太尉賈充舉秀才爲郎，逮事武帝爲河陽、懷令、尚書郎、廷尉平，武帝死，楊駿爲太傅輔政，領太傅主簿，由是即捲入黨爭旋渦，楊駿被誅，爲當時操生殺之權楚隱王瑋長史公孫宏所救，免爲平民。其間周折，諒出於賈謐之力爲多，此安仁其後依附賈謐之故。其母洞悉政海凶險，擔心愛子安危，故屢爲曉喻，所謂『倚門之訓』，當如是求解也。安仁非不知之，特身不容已，故有『匪廣廈之足榮，有切身之近患』（《狹室賦》）之悲，與『飲湛露於曠野，庇一業之垂柯。無干欲於萬物，豈顧恤於網羅』（《螢火賦》））

之歎。蓋去就之際，易生嫌疑，觀此可以知當時安仁慄慄危懼之情矣。《晉書》於此未有所會，遂謂「其母數誚之曰：『爾當知足，而乾沒不已乎！』而岳終不能改」。史稱夏侯湛作《周詩》成，以示潘岳。曰：此文非徒溫雅，乃別見孝弟之性。（《世說新語．文學篇注》引其詩曰：「既殷斯虔，仰說洪恩。夕定辰省，奉朝侍昏。宵中告退，雞鳴在門。孳孳恭誨，夙夜是敦。」）岳因此遂作《家風詩》：

綰髮綰髮，髮亦鬢止。日祗日祗，敬亦慎止。靡專靡有，受之父母。鳴鶴匪和，析薪弗荷。隱憂孔疚，我堂靡搆。義方既訓，家道穎穎。豈敢荒寧，一日三省。（《藝文類聚》卷二三）《人部．鑒誡》

其與孝若以孝義相切磋如此，安會『蔑棄倚門之訓，乾沒不逞之間』乎？

按安仁之最爲人所非議者，厥爲構愍懷太子之事。《晉書》卷五三《愍懷太子傳》載云：

賈后……遣婢陳舞賜以酒棗，逼飲醉之，使黃門侍郎潘岳作書草，若禱神之文，有如太子素意，因醉而書之，令小婢承福以紙筆及書草使太子書之，文曰：『陛下宜自了，不自了，吾當入了之。中宮又宜速自了，不自了，吾當手了之。并與謝妃共要刻期兩發，勿疑猶豫，以致後患。茹毛飲血於三辰之下，皇天許當掃除患害，立道文（太子長子虨）爲王，蔣氏（虨母蔣保林）爲內主。願成，當以三牲祠北君，大赦天下，要疏如律令。』太子醉迷不覺，遂依而寫之。其字半不成，既而補成之，后以呈帝。

胡三省謂潘岳此事自當赤族，其後天假手於孫秀耳。今按：搆愍懷太子之文，其辭鄙俚，太子幼有令名，雖長不好學，亦不致如斯不文，苟安仁冒作，亦斷不作此不文之辭。此觀於太子遺王妃書可知也。其書曰：

鄙雖頑愚，心念爲善，欲盡忠孝之節，無有惡逆之心，雖非中宮所生，奉事有如親母。自爲太子以來，敕見禁檢，不得見母，自宜城君亡，不見存恤，恆在宮室中坐。去年十二月，道文疾病困篤，父子之情，實相憐愍，于時表國家乞加徽號，不見聽許。疾病既篤，爲之求請恩福，無有惡心。自道文病，中宮三遣左右來視，……又小婢承福持筆研墨黃紙來使寫，急疾不容復視，實不覺紙上語輕重。父母至親，實不相疑，事理如此，實爲見誣，想衆人見明也。

辭氣雅馴，與禱神之文，相去遠甚。是禱神之文，殆出於賈后之手筆無疑。蓋賈后篤信妖巫，其絕楊太后之膳使崩也，謂太后必訴冤先帝，覆而殯之，施諸厭劾符書藥物，故禱神文有「茹毛飲血於三辰之下」、「以三牲祠北君」等語，此非篤信妖巫者所不能道，安仁實不解作此等語。故當日愍懷太子之廢也，楊駿舍人閻纘輿棺詣闕上書理太子之冤，痛叱賈謐之尸曰：「小兒亂國之由，誅其晚矣！」及皇太孫立，纘復疏陳曰：「世俗淺薄，士無廉節。賈謐小兒，恃寵恣睢，而淺中弱植之徒，更相翕習，故世號魯公二十四友。……潘岳、繆徽（當從《賈充傳》作徵）等，皆謐父黨，共相沈浮，人士羞之，聞其晏然，莫不爲怪。今詔書暴揚其罪，並皆遣出，百姓咸云清當。」（《晉書》卷四八《閻纘傳》）其指斥安仁之罪，但謂其淺薄無廉節而已，而無一言半語涉及搆愍懷太子之事，足徵安仁實未嘗作書草，否則當日閻纘斷無不暴揚其惡之理。夫『知人未易，人未易知。』（安仁《馬汧督誄》用侯嬴語）胡三省謂潘岳自當赤族，豈其然乎？試思傲然獨得任性不羈之阮嗣宗，雖遺落世事，而恒游府內，朝宴必與，並草勸進之文。（魏帝封晉太祖爲晉公，進位相國，備禮九錫，太祖讓不受，公卿將校，皆詣府勸進，使阮籍爲其辭。略曰：「竊聞明公固讓，沖等眷眷，實懷愚心，以爲聖王作制，百代同風，褒德賞功，其來久矣。周公藉已成之業，據既安之勢，光宅曲阜，奄有龜蒙。明公宜奉聖旨，受茲介福也。」）況其餘哉！而遺山《論詩絕句》之五論嗣宗曰：「縱橫詩筆見高情，何物能澆塊壘平？老阮不狂誰會得，出門一笑大江橫。」一樣『高情』，而褒貶異價，何其厚嗣宗而薄安仁哉！無亦曰受《晉書》之影響耳！

夷考安仁之爲人，實無敗德之行，安得謂「斯才也而有斯行」之譏？《晉書》稱其出爲河陽令，負其才，而鬱鬱不得志。時尚書僕射山濤領吏部，王濟、裴楷等並爲帝所親遇。岳內非之，乃題閣道爲謠曰：「閣道東，有大牛，王濟鞅，裴楷鞧，和嶠刺促不得休。」此無稽之談也，山公器重朝堂，王濟有俊才，與和嶠、裴楷齊名，楷有清通之目，和嶠安仁於《閑居賦》稱之爲通人，安有爲謠諷之之理？今讀安仁《兩堦銅人訓》曰：「言之有臧，託乎多士；言之不臧，絕之由己。無曰莫傳，宣于四海；無曰莫聞，響振萬里。樞機之發，榮辱之徵，怨豈在大，纖介是興。」（《藝文類聚》卷二三《人部七．鑒誡》）其自律若此，可爲此無聊之事乎？況《世說新語．政事》作「有署閣柱曰：『閣東有大牛，和嶠鞅，裴楷鞦，王濟剔嬲不得休。』或云，潘尼作之。」所傳不一，潘尼勤學崇德之士，其不足置信審矣！

太傅楊駿之誅也，《晉書斠注》引《寰宇記・五》曰：「《晉陽秋》云：惠帝永平元年，殺太傅楊駿並父及子孫門人，故吏潘岳等收葬之。」而《晉書》卷四十《楊駿傳》作「駿既誅，莫敢收者，惟太傅舍人巴西閻纂（纘）殯斂之。」又《晉書》卷四八《閻纘傳》作「駿之誅也，纘棄官歸，要駿故主薄潘岳掾崔基等共葬之，基、岳畏罪，推纘爲主，墓成當葬，駿從弟模（《讀史舉正》曰，駿傳誅親黨，夷三族，安得有從弟在？駿爲賈后所害，則模者乃后族兄賈模耳。）告武陵王澹，將表殺造意者，衆咸懼，塡冢而逃，纘獨以家財成墓，葬駿而去。」《晉陽秋》與《晉書》說法各異，莫知其正。而《晉書》謂安仁等畏罪，推纘爲主。似不可信，蓋既然畏罪，又何必參與？既然參與，不論主從，亦皆有罪，何必畏首畏尾？要之，葬楊駿之事，安仁實參與其事，以視愍懷太子廢爲庶人，與妃王氏（王衍女）三子幽於金墉城，王衍自表離婚，妃慟哭而歸，太子遺王妃書，自陳誣枉，王衍不敢以聞，賢之多矣。

史稱「譙人公孫宏，少孤貧，客田於河陽，善鼓琴，頗能屬文，岳之爲河陽令，愛其才藝，待之甚厚。」（《晉書》卷五五《潘岳傳》）「熊遠祖翹，嘗爲石崇蒼頭，而性廉直，有士風，黃門郎潘岳見而稱異，勸崇免之，乃還鄉里。」（《晉書》卷七一《熊遠傳》）「芘（岳父）爲琅邪內史，孫秀爲小史給岳，而狡黠自喜，岳惡其爲人，數撻辱之。」（《晉書》卷五五《潘岳傳》）是安仁固一善善惡惡，賢賢而賤不肖之正人君子也。《世說新語・仇隙第三十六》云：「孫秀既恨石崇不與綠珠，又憾潘岳昔遇之不以禮。後秀爲中書令，岳省內見之，因喚曰：『孫令、憶疇昔周旋不？』秀曰：『中心藏之，何日忘之？』岳於是始知必不免。後收石崇、歐陽堅石，同日收岳。石先送市，亦不相知。潘後至，石謂潘曰：『安仁，卿亦復爾邪？』潘曰：『可謂〔白首同所歸〕』潘《金谷集》詩云：『投分寄石友，白首同所歸。』乃成其讖。」又同上注引裴啓《語林》曰：「潘、石同刑東市，石謂潘曰：『天下殺英雄，卿復何爲？』潘曰：『俊士塡溝壑，餘波來及人。』」於此可以見其氣度與爲人矣。其從子潘尼稱其『峨峨嵩岳，有嚴其峻。』『邦人宗德，朝野歸眞。』『出不辭難，處不悶滯，望色斯聽，溫言則厲，志在恤人，損己濟代。』（《獻長安君安仁詩》）又云：『表奇髫齔，成名弱冠。令德內光，文雅外煥。』『納言帝側，正色皇朝。』「昔聞顏子，今也吾生。克己復禮，在貴不盈。」『伊余鄙夫，秩卑才朽，溫溫恭人，恂恂善誘。坐側接茵，行則攜手，義惟諸父，好同朋友。』『年時易逝，進德苦晚，嘉彼駿逸，愧此疲蹇，雖欲望塵，前驅遂遠，解銜散轡，徘徊吳阪。』（《贈司空掾安仁詩》）其企慕安仁之爲人如此。正叔靜退不競，惟以勤學著述爲事，著《安身論》以明所守，謂崇德莫大乎安身，安身莫尚乎存止，存止莫重乎無私。則其所賦安仁各節，諒不致私其所親而有所虛美也。《晉書》既於《趙王倫傳》稱「前衛尉石崇，黃門郎潘岳，皆與秀有嫌，並見誅，于是京邑君子，不樂其生矣！」又於《潘尼傳》稱「趙王倫篡位，孫秀專政，忠良之士，皆罹禍酷。」隱然以「君子」，「忠良」予安仁矣，又安得於《潘岳傳贊》中，斥其『趨權冒勢，終亦罹殃』哉！吳士鑑《晉書斠注．自序》云：「齊萬年之役，周處戰歿，而汧督馬敦，立功孤城，枉死囹圄，論其遭際，厄蹁解系。乃史無其名（按：此唐史臣之陋耳。《文選》卷五七《潘岳馬汧督誄》注引臧榮緒《晉書》」曰：『汧督馬敦，立功孤城，爲州司所枉，死於囹圄，岳誄之』）幸有潘岳《誄》文，錄於蕭《選》，千載而下，可雪冤誣。」足見安仁之守正好義。！乃『資忠履信以進德，脩辭立誠以居業』之安仁，本欲『立功立事，效當年之用』，而屬天下多故，竟爲小人所害，以此獲譏於唐之史臣而蒙不白之羞者，垂一千三百餘年，悲夫！

一九九一年秋九月歲次辛未完稿

嶺南學院中文系《文苑革新號》第一期

《隋書》榮毗李密二《傳》「書語」一詞試釋

——兼論修史刪繁就簡之難

《隋書》卷六六《榮毗傳》及卷七零《李密傳》均載有「書語」一詞曰：

> 毗兄建緒，性甚亮直，兼有學業。仕周爲載師下大夫、儀同三司。及平齊之始，留鎮鄴城。……建緒與高祖有舊，及爲丞相，加位開府，拜息州刺史。將之官，時高祖陰有禪代之計，因謂建緒曰：『且躊躇，當共取富貴。』建緒自以周之大夫，因義形於色曰：『明公此旨，非僕所聞。』高祖不悅。建緒遂行。開皇初來朝，上謂之曰：『卿亦悔不？』建緒稽首曰：『臣位非徐廣，情類楊彪。』上笑曰：『朕雖不解書語，亦知卿此言不遜也。』（《榮毗傳附兄建緒傳》）

> 〔李〕密與〔宇文〕化及隔水而語，密數之曰：「卿本匈奴皁隸破野頭耳，父兄子弟並受隋室厚恩，富貴累世，至妻公主，光榮隆顯，舉朝莫二。荷國士之遇者，當須國士報之，豈容主上失德，不能死諫，反因眾叛，躬行殺虐，誅及子孫，傍立支庶，擅自尊崇，欲規篡奪，污辱妃后，枉害無辜？不追諸葛瞻之忠誠，乃爲霍禹之惡逆。天地所不容，人神所莫祐，擁逼良

善，將欲何之！今若速來歸我，尚可得全後嗣。」化及默然，俯視良久，乃瞋目大言曰：「共你論相殺事，何須作書語邪？」密謂從者曰：「化及庸懦如此，忽欲圖爲帝王，斯乃趙高、聖公之流，吾當折杖驅之耳。」（《李密傳》）

論者每誤以『書語』爲『書面語』之省稱，如周祖謨先生在其《從『文學語言』的概念論漢語的雅言、文言、古文等問題》一文中曰：

無論是漢代的文章或者是唐代以後的文章都是古代的書面語言，書面語言古人有一個名字，稱爲『書語』。《隋書》《李密傳》說：「密與（宇文）化及隔水而語，密數之，化及默然，俯視良久，乃瞋目大言曰：共爾論相殺事，何須作書語耶？」『書語』就是書面上的語言。（北京大學中國語言文學系教研室編：《文學語言問題討論集》，《語文彙編》第三十一輯）

此蓋承章太炎先生之失而誤。章先生在其《白話與文言之關係》一文稱：

隋末士人，尚能出口成章，當時謂之書語。文帝受周之禪，與舊友榮建緒商共享富貴，榮不可，去之。後入朝，帝問：『悔否？』榮曰：『臣位非徐廣，情類楊彪』，文帝曰：『我雖不解書語，亦知卿此言爲不遜。』（見《隋書・榮毗傳》）文帝不讀書，故云『不解書語。』李密與宇文化及戰時，其對化及之辭，頗似一篇檄文，化及聞而默然。良久，乃曰：『共爾作相殺事，何須作書語耶？』（見《隋書・李密傳》）可見士人口語，即爲文章，隋唐尚然，其後乃漸變耳。（見曹聚仁述章太炎先生講之《國學概論・附錄一》，原文於民國二十四年（一九三五）五月二十七日在《大公報》發表。）

章氏原文指陳「今人思以白話易文言，陳義未嘗不新，然白話究能離去文言否？此疑問也！」又謂「白話中藏古語甚多，如小學不通，白話如何能好？」此皆至精至卓之論，非淺人所能解。然謂「士人口語，即爲文章，隋唐尚然，其後乃漸變耳」，則非事實。蓋口語自口語，文章自文章，二者殊致，不可強同。至謂文帝不讀書，故云「不解書語」，實有曲解與斷章取義之嫌。蓋《隋書・榮毗傳》所載文帝謂「朕雖不解書語，亦知卿此言不遜也」。所謂「書語」，實指書傳雅語而言，非謂書面語言也。李延壽《北史・李弼傳》載李密與宇文化及隔水相語事，即將《隋書・李密傳》所稱之「書語」作「書傳雅語」。延壽嘗參與修撰《隋書》十《志》，足徵隋唐之時，二語原無分別。而文帝所稱之「此言」，乃指「位非徐廣，情類楊彪」二語而說，亦即所謂「書語」也。徐廣之行誼，載於《宋書》卷五五《徐廣傳》①；楊彪之行誼，載於《後漢書》卷八四《楊震傳》②。前者眷戀故主，不滿劉裕篡晉，乞歸終桑梓；後者抗衡董卓，盡節衛主。榮建緒舉以明志，且以刺文帝。苟未嘗閱讀其傳，當不解「位非徐廣，情類楊彪」二語之旨。文帝未嘗讀之，故云「不解書語」。

文帝少時嘗入太學受業，周太祖稱其風骨不似代間人，則其非徒識弓馬者可知。雖史稱其「素無學術」，「又不悅《詩》、《書》。」（《隋書・高祖紀》語）然不悅《詩》、《書》，不等於不讀書，此不可不辨。太炎先生謂其不讀書故不解書語，過矣。據史傳所示，文帝非不讀書者。《隋書》卷四二《李德林傳》載：

（開皇）五年，敕令撰錄作相時文翰，勒成五卷，謂之《霸朝雜集》。……高祖省讀訖，明旦謂德林曰：『自古帝王之興，必有異人輔佐。我昨讀《霸朝集》，方知感應之理。昨宵恨夜長，不能早見公面，必令公貴與國始終。』

同書卷六九《王劭傳》又載：

高祖受禪，授〔王劭〕著作郎。以母憂去職，在家著《齊書》。時制禁私撰史，爲內史侍郎李元操所奏。上怒，遣使收其書，覽而悅之。於是起爲員外散騎侍郎，修起居注。

又《資治通鑑》卷一七九《隋紀三》「開皇二十年」載：

朕近覽《齊書》，（是時李百藥所撰《齊書》未出，帝所覽者，蓋崔子發《齊紀》也。）見高歡縱其兒子，不勝忿憤，安可效尤邪！

抑文帝於書不惟讀也，而又知其優劣焉。《隋書》卷五八《魏澹傳》曰：

高祖以魏收所撰《書》，褒貶失實，平繪爲《中興書》，事不倫序，詔澹別成《魏史》。……澹所著《魏書》，甚簡要，大矯收、繪之失。上覽而善之。

又同書卷五四《崔彭傳》曰：

上（高祖）每謂彭曰：『卿當上日，我寢處自安。……卿弓馬固以絕人，頗知學不？』彭曰：『臣少愛《周禮》、《尚書》，每於休沐之暇，不敢廢也。』上曰：『試爲我言之。』彭因說君臣戒愼之義，上稱善。觀者以爲知言。

再者，復就其接納竇榮定拒居三公之位一事觀之，文帝實未嘗不解典故者也。《隋書》卷三九《竇榮定傳》稱：

竇榮定……其妻則高祖姊安成長公主也。……高祖受禪，來朝京師。……上欲以爲三公，榮定上書曰：『臣每觀西朝衛（青）、霍（光），東都梁（冀）、鄧（統），幸託葭莩，位極台鉉，寵積驕盈，必致傾覆。向使前賢少自貶損，遠避權勢，推而不居，則天命可保，何覆宗之有！臣每覽前修，實爲畏懼。』上於是乃止。

文帝又解詩章。同上卷五二《賀若弼傳》曰：

開皇十九年，上幸仁壽宮，讌王公，詔弼爲五言詩，詞意憤怨，帝覽而容之。

並解誹諧雜說，非椎魯不文者比。同上卷五八《陸爽傳》稱：

侯白……好學有捷才，性滑稽，尤辯俊。……好爲誹諧雜説，人多愛狎之，所在之處，觀者如市。楊素甚狎之。素嘗與牛弘退朝，白謂素曰：「日之夕矣。」素大笑曰：「以我爲牛羊下來邪？」高祖聞其名，召與語，甚悅之，令於秘書修國史。

而于宣敏與柳昂上表疏，辭甚古雅，文帝省而嘉之③。許善心奏《神雀頌》，意極深遠，文帝覽而激賞④。其餘鄭譯、蘇威、李穆、盧賁、韋世康諸《傳》所載其與朝臣相語之辭，皆語語雅馴，有典有則⑤。賀婁子幹與宇文述等破賊懷州，文帝手書美之⑥。又嘗曰：『薛道衡作文書稱我意。然誡之以迂誕。』（見《隋書》卷五七《薛道衡傳》）此皆文帝深通文墨之證，孰謂其不讀書故不解書語哉！

周祖謨先生似知文帝不解書面語之無稽，故避而不提，但舉《隋書・李密傳》以爲證。按此亦有辯。宇文化及雖爲代郡人，世爲將軍，然賦性不循法度，有『輕薄公子』之號，史稱其於「煬帝爲太子時，常領千牛，出入臥內。……太子嬖昵之，……處公卿間，言辭不遜，多所陵轢。」（見《隋書》卷八五《宇文化及傳》）煬帝自負才學，善屬文，化文既能得其嬖昵，則其人之應對便給，善解人意，可想而知。安有李密數之而不知所云者乎？是知化及所云『共你論相殺事，何須書語邪？』意即謂你我之事，武力解決可也，何用多言？所謂『書語』（《北史》作『書傳雅語』）蓋指李密數其『不追諸葛瞻之忠誠，乃爲霍禹之惡逆』二語而言⑦。絕非鄙言俚語之對文。太炎先生失察，以爲李密對化及之辭，頗似一篇檄文，可見士人口語，即爲文章，隋唐尙然。周祖謨先生因仍其誤，遂謂『書語』就是書面上的語言。試思與人相語，揆諸常情，焉有出口成章之理乎？李密才兼文武，識度非凡，奚致如彭書袋者流之迂腐哉⑧！

或曰：今讀《隋書》李密數化及一事，誠如太炎先生所云頗似一篇檄文者，則又何說乎？曰：此實無他故，乃出於史家之潤色耳。李德林《霸朝雜集序》有言：「檄書露板，及以諸文，有臣所作之，有臣潤色之。」（《隋書》卷四二《李德林傳》）一切史筆之載言，當作如是觀。前乎德林者固如是，後乎德林者亦莫不如是。昔劉子玄譏評自漢以下爲史者之失云：「後來作者，通無遠識，記其當世口語，罕能從實而書，方復追效昔人，示其稽古。……用使周、秦言辭，見於魏、晉之代，楚、漢應對，行乎宋、齊之日。而僞修混沌，失彼天然，今古以之不純，眞僞由其相亂。……而彥鸞〔崔鴻〕修僞國諸史，〔魏〕收、〔牛〕弘撰《魏》、《周》二書，必諱彼夷音，變成華語，等楊由之聽雀，如介葛之聞牛，斯亦可矣。而於其間，則有妄益文彩，虛加風物，援引《詩》、《書》，憲章《史》」、《漢》。遂使沮渠〔北涼〕、乞伏〔西秦〕，儒雅比於元封；拓拔〔元魏〕、宇文〔北周〕，德音同於正始。華而失實，過莫大焉！」（《史通・言語第二十》）誠有謂也。苟如太炎先生所云，則隋文帝與朝臣相語之言（具見上文注⑤），辭氣雅馴，有典有則，實不在李密之下，而遠出榮建緒之上。是豈眞文帝君臣出口成章哉？其亦史家潤色之功耳。

夷考《隋書》所稱之『書語』，或《北史》所作之『書傳雅語』，於中國古代傳統文化中，實居崇高獨特之位。孔穎達《尚書序疏》稱：「聖賢闡教，事顯於言。言愜群心，書而示法。既書有法，因號曰『書』。……故百氏六經，曰『書』也。」此『書』之通義也。又其《尚書正義・序》曰：「書者人君辭誥之典，右史記言之策。古之正（王）者，事總萬機，發號出令，義非一揆。或設教以馭下，或展禮以事上，或宣威以肅震曜，或敷和而散風雨。得之則百度惟貞，失之則千里斯謬。樞機之發，榮辱之生，絲綸之動，不可不愼。所以辭不苟出，君舉必書。欲其昭法誡，愼言行也。」此『書』之專義也。

要之，『書』之爲用，其紀事載言，皆所以善善而惡惡，賢賢而賤不肖。誠如仲達所言「言愜群心，書而示法。」抑漢人戴德《大戴禮記・武王踐阼》曰：「武王踐阼，三日，召士大夫而問焉。曰：『惡有藏之約，行之行萬世，可以爲子孫常者乎？』諸大夫對曰：『未得聞也。』然後召師尙父而問焉。曰：

『黃帝、顓頊之道存乎？意亦忽不可得見與？』師尚父曰：『在《丹書》。』……師尚父西面道《書》之言，曰：『敬勝怠者吉，怠勝敬者滅；義勝欲者從，欲勝義者凶。凡事不強則枉，弗敬則不正。枉者滅廢，敬者萬世。藏之約，行之行（萬世），可以爲子孫常者，此言之謂也。』」此實『書語』或『書傳雅語』本義之最佳說明也。

孔穎達與魏徵奉敕修撰《隋書》，又與顏師古諸儒撰定《五經正義》，是《隋書》所稱之『書語』，又豈無『昭法誡，愼言行』之微旨存哉！細味《隋書》文帝『朕雖不解書語，亦知卿此言不遜也』一語，以及宇文化及之避談『書語』一事，其所顯露『昭法誡，愼言行』之意，不亦彰彰明甚乎！

至於李延壽《北史》之作『書傳雅語』，義無異致。『雅語』猶『雅言』也。諸葛武侯《出師表》有云『咨諏善道，察納雅言。』雅言與善道對言，義蓋相當。簡朝亮《論語集注補正述疏·述而篇》「子所雅言詩書執禮皆雅言也」條曰：「《詩序》云：『雅者，正也，言王政所由廢興也。』《禮·王制》云：『樂正崇四術，立四教，順先王《詩》、《書》、《禮》、《樂》以造士。』今孔子雅言，斯教術之言也。」按：『書語』之誤爲『書面語』，猶可說也。而『書傳雅語』，則當無解作「書面語」之理。後漢杜篤，可謂深會『書語』之旨，其《書摳賦》云：「惟書摳而麗容，象君子之淑德。載方矩而履規，加文藻之脩飾。能屈伸以和禮，體清淨而坐立。承尊者之至意，惟高下而消息。雖轉旋而屈橈，時傾斜而反側。抱六藝而卷舒，敷五經之典式。」（《藝文類聚·雜文·經典》）而《文心雕龍·書記第二十五》亦曰：「大舜云：『書用識哉！』所以記時事也。蓋聖賢言辭，總爲之書。」又曰：「夫書記廣大，衣被事體。……雖藝文之末品，而政事之先務也。」舍人所論，雖爲書記之體，而所涉「書語」一詞之奧賾，可思過半矣。

綜上所言，所謂「書語」，或「書傳雅語」，從一貫之學術傳統言之，皆指教術之言，所以明乎得失之迹，存王道之正，善善惡惡，賢賢賤不肖，而垂勸戒於天下萬世者也。其不能以泛泛之「書面語」釋之也亦審矣。

復次，李密共宇文化及隔水相語一節，諸史所載，不盡相同，其間得失優劣，有可言者。如司馬溫公譽爲「近世佳史，無煩冗蕪穢之辭」（《貽劉道原書》語）之李延壽《北史》，其卷六十《李弼傳》載曰：

> 密共化及隔水語，密數之曰：「卿本匈奴皁隸破野頭耳；父與兄弟皆受隋恩，豈容躬行殺虐？今若速來歸義，（《隋書》作「我」，〔義〕字爲長。）尚可全後嗣。」化及默然，俯仰良久，乃瞋目大言曰：「共你論相殺事，何須作書傳雅語！」密謂從者曰：「化及庸懦如此，忽欲圖帝王，吾當折杖驅之。」

傳中竟略去《隋書》所載之「不追諸葛瞻之忠誠，乃爲霍禹之惡逆」二語。諸葛瞻之忠誠美節，載於陳壽《三國志．蜀書》卷五《諸葛亮傳附諸葛瞻傳》（見上文注⑦）；霍禹之惡逆劣行，載於班固《漢書》卷六七《霍光傳附霍禹傳》（見上文注⑦）。故《隋書》得云「書語」。今《北史》略而弗載，安得云「書傳雅語」耶？往者趙甌北嘗取諸史與《北史》核對而譽之曰：「大概較原書事多而文省，洵稱良史。』（《陔餘叢考》八）今就其略去二語而觀之，則佳史云乎哉？良史云乎哉？

而趙瑩·劉昫等之《舊唐書》卷五三《李密傳》更不載其共宇文化及隔水而語之事。《四庫全書總目提要》嘗稱《舊唐書》『列傳敘述詳明，贍而不穢，頗能存班、范之舊法。』揆諸班《書》多載有用之文之旨，似未必然也。蓋李密與化及隔水相語之事，善善而惡惡，賢賢而賤不肖，治亂興衰之所由，政教得失之所繫，何可忽耶？

歐陽文忠·宋子京等重修之《唐書》，號稱『其事則增於前，其文則省於舊。』（曾公亮《進新唐書表》語）其卷八四《李密傳》載云：

> 密與隔水陣，遙謂化及曰：『公家本戎隸破野頭爾，父子兄弟受隋恩，至妻公主。上有失德不能諫，又虐弒之，冒天下之惡，今安往？能即降，尚全後嗣。』化及默然良久，乃瞋目爲鄙語辱密。密顧左右曰：『此庸人，圖爲帝，吾當折箠驅之。』

此雖載李密共宇文化及隔水相語之事，較《舊唐書》之不載爲得。然亦由於不解《隋書》所載『書語』一詞之旨，不惟因仍《北史》略去『不追諸葛瞻之忠誠，乃爲霍禹之惡逆』二語之陋，並《北史》『共你論相殺事，何須作書傳雅語』之句亦不存，逕作『乃瞋目爲鄙語辱密』。今按《隋書》及《北史》，並無鄙語辱密之事，不知《新唐書》何所據而云然。依理化及果爲鄙語辱密，則密固當不僅以『庸儒』回斥之。則所謂『鄙語辱密』云云，乃宋子京輩以意爲之者居多，此文人修史之通病，子玄所謂『後來作者，通無遠識，記其當世口語，罕能從實而書』是也。獨司馬溫公之《資治通鑑》，融會衆家，治於一鑪，剝膚存液，取精用宏，洵冠絕古今之作也。其卷一八五《唐紀一》〈高祖武德元年〉載曰：

密與化及隔水而語，密數之曰：『卿本匈奴皁隸破野頭耳；父兄子弟，並受隋恩，富貴累世，舉朝莫二。主上失德，不能死諫，反行弒逆，欲規篡奪。不追諸葛瞻之忠誠，乃爲霍禹之惡逆，天地所不容，將欲何之！若速來歸我，尚可得全後嗣。』化及默然，俯視良久，瞋目大言曰：『與爾論相殺事，何須作書語邪！』密謂從者曰：『化及庸愚如此，忽欲圖爲帝王，吾當折杖驅之耳！』

今取《隋書·李密傳》與之核對，《隋書》凡三十九句二百零五字，此則二十六句一百三十八字，其刪繁就簡，幾去其半。而於『不追諸葛瞻之忠誠，乃爲霍禹之惡逆』二語，則一字不遺，悉數保留。誠如其進書表所稱『刪削冗長，舉撮機要，專取關國家盛衰，繫生民休戚，善可爲法，惡可爲戒』也。而其易《隋書》李密斥化及「庸懦」爲「庸愚」，尤見其潤色之功。以視《舊唐書》之不載其事，《北史》之載焉而略去『不追諸葛瞻之忠誠，乃爲霍禹之惡逆』二語，以及《新唐書》之並「書語」一詞而略去之，其優劣固不可同日而語也。

【附　註】

① 《宋書》卷五五《徐廣傳》云：「初，桓玄篡位，安帝出宮，廣陪列悲慟，哀動左右。及高祖受禪，恭帝遜位，廣又哀感，涕泗交流。謝晦見之，謂之曰：『徐公將無小過？』廣收淚答曰：『身與君不同。君佐命興

王，逢千載嘉運；身世荷晉德，實眷戀故主。」因更歔欷。永初元年，詔曰：『秘書監徐廣，學優行謹，歷位恭肅，可中散大夫。』廣上表曰：『臣年時衰耄，朝敬永闕，端居都邑，徒增替怠。臣墳墓在晉陵，臣又生長京口，戀舊懷遠，每感暮心。息道玄謬荷朝恩，忝宰此邑，乞相隨之官，歸終桑梓，微志獲申，殞沒無恨。』許之。」

②《後漢書》卷五四《楊震傳》云：「彪字文先，少傳家學。……關東兵起，董卓懼，欲遷都以違其難。乃大會公卿，……百官無敢言者。彪曰：『移都改制，天下大事，故盤庚五遷，殷民胥怨。……無故捐宗廟，棄園陵，恐百姓驚動，必有糜沸之亂。』……及李傕、郭汜之亂，彪盡節衛主，崎嶇危難之閒，幾不免於害。」

③《隋書》卷三九《于義傳》云：「宣敏……奉使撫慰巴、蜀。及還，上疏曰：『臣聞開盤石之宗，漢室於是惟永；建維城之固，周祚所以靈長。昔秦皇置牧守而罷諸侯，魏后暱諂邪而疎骨肉，遂使宗社移於他族，神器傳於異姓。此事之明，甚於觀火。然山川設險，非親勿居。且蜀土沃饒，人物殷阜，西通邛、僰，南屬荊、巫。周德之衰，茲土遂成戎首，炎政失御，此物便爲禍先。是以明者防於無形，治者制其未亂，方可慶隆萬世，年逾七百。伏惟陛下日角龍顏，膺樂推之運，參天貳地，居揖讓之期。億兆宅心，百神受職，理須樹建藩屏，封植子孫，繼周、漢之宏圖，改秦、魏之覆軌，抑近習之權勢，崇公族之本枝。但三蜀、三齊，古稱天險，分王戚屬，今正其時。若使利建合宜，封樹得所，巨猾息其非望，姦臣杜其邪謀。盛業洪基，同天地之長久；英聲茂實，齊日月之照臨。臣雖學謝多聞，然情深體國，輒申管見，戰灼惟深。』帝省表嘉之，謂高熲曰：『于氏世有人焉。』竟納其言，遣蜀王秀鎭於蜀。」

同書卷四七《柳機傳》：「高祖受禪，……昂見天下無事，可以勸學行禮，因上表曰：『臣聞帝王受命，建學制禮，故能移既往之風，成惟新之俗。自魏道將謝，分割九區，關右、山東，久爲戰國，各逞權詐，俱殉干戈。……晚世因循，遂成希慕，俗化澆敝，流宕忘反。自非天然上哲，挺生於時，則儒雅之道，經禮之制，衣冠民庶，莫肯用心。世事所以未清，軌物由茲而壞。伏惟陛下稟靈上帝，受命昊天，合三陽之期，膺千祀之運。……端坐廊廟，蕩滌萬方，俯順幽明，君臨四海。擇萬古之典，無善不爲，改百王之弊，無惡不盡。至若因情緣義，爲其節文，故以三百三千，事高前代。然下土黎獻，尙未盡行。臣謬蒙獎策，從政藩部，人庶軌儀，實見多闕，儒風以墜，禮教猶微，是知百姓之心，未能頓變。仰惟深思遠慮，情念下民，漸被以儉，使至於道。臣恐業淹事緩，動延年世。若行禮勸學，道教相催，必當靡然向風，不遠而就。家知禮節，人識義方，比屋可封，輒謂非遠。』上覽而善之。」

④

《隋書》卷五八《許善心傳》：「〔開皇〕十六年，有神雀降於含章闥，高祖召百官賜讌，告以此瑞。善心於座請紙筆，製《神雀頌》，其詞曰：『臣聞觀象則天，乾元合其德；觀法審地，域大表其尊。雨施雲行，四時所以生殺，川流岳立，萬物於是裁成。出震乘離之君，紀鳲司鳳之后，玉鍾玉斗而降，金版金縢以傳。並陶冶性靈，含煦動植，眇玄珠於赤水，寂明鏡乎虛堂。莫不景福氤氳，嘉貺雥集，馳聲南、董，越響雲、韶。粵我皇帝之君臨，闡大方，抗太極，負鳳邸，據龍圖。不言行焉，攝提建指；不肅清焉，喉鈐啓閉。括地復夏，截海剪商，就望體其尊，登咸昌其會。緜區浹宇，遐至邇安；騰實飛聲，直暢傍施。無體之禮，威儀布政之宮；無聲之樂，綴兆總章之觀。上庠養老，躬問百年；下土字民，心爲百姓。月棲日浴，熱坂寒門，吹鱗沒羽之荒，赤蛇青馬之裔，解辮請吏，削衽承風。豈止呼韓北場，類勒狼居之岫；熄慎南境，近表不耐之城。故使天弗愛道，地寧吝寶，川岳展異，幽明效靈。狎素游頳，團膏漱醴，半景青赤，孳歷虧盈。足足懷仁，般般擾義，祥祐之來若此，升隆之化如彼。而登封盛典，云亭佇白檢之儀；致治成功，柴燎靡玄珪之告。雖奉常定禮，武騎草文，天子抑而未行，推而不有。允恭克讓，其在斯乎？七十二君，信蔑如也！故神禽顯貢，玄應特昭，白爵主鐵豸之奇，赤爵銜丹書之貴。班固《神爵》之頌，履武戴文，曹植《嘉爵》之篇，棲庭集牖。……臣面奉綸綍，垂示休祥，預承嘉宴，不勝藻躍。李虔僻處西土，陸機少長東隅，微臣慚於往賢，逢時盛乎曩代。敢竭庸瑣，敢獻頌云：太素式肇，大德資生，功玄不器，道要無名。質文鼎革，沿習因成，祥圖瑞史，赫赫明明。天保大定，於鑠我君，武義迺武，文教惟文。……永緝韋素，方流管絃。頌歌不足，蹈儛無宣，臣拜稽首，億萬斯年。』頌成，奏之，高祖甚悅，曰：『我見神雀，共皇后觀之。今旦召公等入，適述此事，善心於座始知，即能成頌。文不加點，筆不停豪，常聞此言，今見其事。』因賜物二百段。」

⑤《隋書》卷三八《鄭譯傳》：「高祖爲宣帝所忌，情不自安，嘗在永巷私於譯曰：『久願出藩，公所悉也。敢布心腹，少留意焉。』譯曰：『以公德望，天下歸心，欲求多福，豈敢忘也。謹即言之。』……及上受禪，以上柱國公歸第。……復爵沛國公，位上柱國。上顧謂侍臣曰：『鄭譯與朕同生共死，間關危難，興言念此，何日忘之！』譯因奉觴上壽。上令內史令李德林立作詔書，高熲戲謂譯曰：『筆乾。』譯答曰：『出爲方岳，杖策言歸，不得一錢，何以潤筆。』上大笑。未幾，詔譯參議樂事。……在職歲餘，復奉詔定樂於太常。……上勞譯曰：『律令則公定之，音樂則公正之。禮樂律令，公居其三，良足美也。』」

同書卷四一《蘇威傳》云：「梁毗……抗表劾威。上曰：『蘇威朝夕孜孜，志存遠大，舉賢有闕，何遽迫之？』顧謂威曰：『用之則行，捨之則藏，惟我與爾有是夫！』因謂朝臣曰：『蘇威不植我，無以措其言；我不得蘇威，何以行其道？楊素才辯無雙，至若斟酌古今，助我宣化，非威之匹也。蘇威若逢亂世，南山四皓，豈易屈哉！』」

同書卷三七《李穆傳》云：「穆遣令渾入京，奉熨斗於高祖曰：『願執威柄，以熨安天下也。』高祖大悅。

同書卷三八《盧賁傳》云：「賁恒典宿衛，後承問進說曰：『周歷已盡，天人之望實歸明公，願早應天順民也。天與不取，反受其咎。』高祖甚然之。」

同書卷四七《韋世康傳》云：「尉迥之作亂也，高祖憂之，謂世康曰：『汾、絳舊是周、齊分界，因此亂階，恐生搖動。今以委公，善爲吾守。』……（開皇）十三年，入朝，後拜吏部尚書。……因侍宴，世康再拜陳讓曰：『臣無尺寸之功，位亞台鉉。今犬馬齒載，不益明時，恐先朝露，無以塞責。願乞骸骨，退避賢能。』上曰：『朕夙夜庶幾，求賢若渴，冀與公共治天下，以致太平。今之所請，深乖本望，縱令筋骨衰謝，猶屈公臥治一隅。』於是出拜荊州總管。」

⑥《隋書》卷五三《賀婁子幹傳》云：「賊圍懷州，子幹與宇文述等擊破之。高祖大悅，手書曰：『逆賊尉迥，敢遣蟻衆，作寇懷州。公受命誅討，應機蕩滌，聞以嗟贊，不易可言。丈夫富貴之秋，正在今日，善建功名，以副朝望也。』」

⑦諸葛瞻之忠誠，載於《三國志・蜀書》卷五《諸葛亮傳附諸葛瞻傳》：「魏征西將軍鄧艾伐蜀，自陰平由景谷道旁入。瞻督諸軍至涪停住。前鋒破，退還，住緜竹。艾遣書誘瞻曰：『若降者必表爲琅邪王。』瞻怒，斬艾使。遂戰，大敗，臨陣死，時年三十七。」

霍禹之惡逆，載於《漢書》卷六八《霍光傳附霍禹傳》：「禹既嗣爲博陸侯，……廣治第室，作乘輿輦，加畫繡絪馮，黃金塗，韋絮薦輪，侍婢以五采絲輓（太夫人）顯，游戲第中。……使蒼頭奴上朝謁，莫敢譴者。

……於是始有邪謀。……會事發覺，雲、山、明友自殺，顯、禹、廣漢等捕得。禹要斬，顯及諸女昆弟皆棄市。」

⑧ 馬令《南唐書》卷二五《談諧傳附彭利用傳》：「利用性朴鄙，頗拘古禮，雖燕居，常拱手正坐，對家人稚子，下逮奴隸，言必據書史，斷章破句，以代常談，俗謂之掉書袋，因自爲彭書袋。每出遠塗，雖冒雨雪，不徹冠幘。或喻之曰：『跋涉勞頓，當從簡易。』利用對曰：『有禮則安，無禮則危，焉可悖之，以爲先聖之罪人哉！』或問其高姓。對曰：『隴西之遺苗，昌邑之餘胄。』又問其居處。對曰：『生自廣陵，長僑螺渚。』其僕嘗有過，利用責之曰：『始予以爲紀綱之僕，人百其身，賴爾同心同德，左之右之。今乃中道而廢，侮慢自賢，故勞心勞力，日不暇給。若而今而後，過而勿改，予當循公滅私，撻諸市朝，任汝自西自東，以遨以遊而已。』時江南士人，每於宴語，必道此以爲戲笑。……會鄰家火災，利用往救，徐望之曰：『煌煌然，赫赫然，不可嚮邇！自鑽燧而降，未有若斯之盛，其可撲滅乎！』又嘗與同志遠遊，迨至一舍，俄不告而返。詰旦復至。或問之故。利用曰：『忽思朱亥之核，猶倚陳平之戶，切恐數鈞之重，轉傷六尺之孤。』其言可哂者類如此。」

一九八九年三月九日初稿
一九九一年七月十五日重訂
原載香港中文大學文化研究所學報二十二卷

周洪謨《周正辯》與《雲夢秦簡》記月合辯

——與曾憲通先生商榷「秦時楚曆」之問題

古時王者易姓，有改正朔之舉。《尚書大傳・略說》曰：「夏以十三月（孟春建寅之月）爲正，以平旦爲朔；殷以十二月（季冬建丑之月）爲正，以雞鳴爲朔；周以十一月（仲冬建子之月）爲正，以夜半爲朔。」此所謂三正迭代也。秦初併天下，始皇推終始五德之傳，以爲周得火德，有赤烏之符，秦代周德從所不勝，方今水德之始（司馬貞《史記索隱》曰：「《封禪書》曰：秦文公獲黑龍，以爲水瑞，秦皇因自謂爲水德也。」）於是更命河曰德水，以冬十月爲年首，朝賀皆自十月朔。逮漢，張蒼緒正律歷（史稱其好書律歷，專遵用秦之《顓頊歷》），以高祖十月始至霸上，故因秦時本十月爲歲首不革。至武帝太初元年正歷，始以正月（夏正建寅之月）爲歲首，至今因之。由於周、秦、漢初之正朔與太初正歷後之歲首相差兩月或一季，一歲之中常跨夏正之兩年。如《前漢書》卷六《武帝紀第六》載：

太初元年冬十月，行幸泰山。十一月甲子朔旦冬至，祀上帝於明堂。……十二月禪高里，祠后土。……二月起建章宮。夏五月正歷，以正月爲歲首。……秋八月行幸安定。

先言冬十月，次十一月，次十二月，次二月，次夏五月，次秋八月。是一歲而跨夏正兩年也。遂生出諸儒改時改月紛紛不決之臆説，使四時紛更錯亂，位隨序遷，名與實悖。顏師古之注《前漢書·高帝紀》「元年春正月」也，謂「凡此諸月時號，皆太初正曆之後記事者追改之，非當時本稱也。以十月爲歲首，即謂十月爲正月，今此眞正月，當時謂之四月耳，他皆類此。」此蓋昧於正朔之與正月原爲二事。明周洪謨《周正辯》嘗辯之曰：

或問南皐子曰：「唐、虞、夏后，皆以建寅爲歲首，今之曆是也。周人以建子爲歲首，是以子月爲正月乎？」曰：「歲首云者，言改元始於此月，是以此月爲正朔，非以此月爲正月也。」曰：「正朔正月有以異乎？」曰：「正之爲言端也，端之爲言始也。正朔者，十二朔之首，史官紀年之所始也；正月者，十二月之首，曆官紀年之所始也。」或曰：正者，長也。正朔之爲第一朔，正月之爲第一月，猶長子之爲第一子也，故皆可謂之歲首。前乎商之建丑也，《書》曰惟元祀十有二月，是商之正朔以十二月爲歲首，而非以十二月爲正月也。後乎秦之建亥也，《史》謂秦既并天下，始改年，朝賀皆自十月朔，故曰元年冬十月。是秦之正朔以十月爲歲首，而非以十月爲正月也。由是推之，則周人之建子者，以十一月爲歲首，而不以十一月爲正月也。後世儒者不得其義，故有紛紛不決之論。漢孔安國、鄭康成則謂周人改時與月，宋程伊川、胡安國則謂周人改月而不改時，獨九峰蔡氏謂不改時亦不改月。至於元儒吳仲迂、陳定宇、張敷言、史伯璿、吳淵穎、汪克寬輩，則又遠宗漢儒之謬，而力詆蔡氏之說，謂以言《書》則爲可從，以言《秋春》則不可從。於乎！四時之序，千萬古不可易，而乃紛更錯亂，以冬爲春，以春爲夏，以夏爲秋，以秋爲冬，位隨序遷，名與實悖，雖庸夫騃子，且知其不可，而謂聖人平秩四時，奉天道以爲政者，乃如是乎！（程敏政《明文衡》卷之十五《辯》）

周氏所辯，至爲精當，其區分『正朔』爲史官紀年之始，『正月』爲歷官紀年之始，二者判然有別，足解古今來諸儒月改春移之惑。乃論者罕有援以爲說者，即以高郵王氏父子，博通群籍，王引之於其父念孫《讀書雜志・漢書雜志・春正月》中，合考諸書，詳舉十七證，以明秦及漢初無改時改月之舉，亦不及之，誠可異也。王氏因未讀及《周正辯》之文，不解「正朔」與「正月」之有別。前者爲史官紀年之所始，後者爲曆官紀年之所始，二者爲用不同：一歷天時，一列人事，判然有別。宋魏了翁《正朔考》稱：「正朔之改，示一代興亡，各有所尙也。月次之不可改，四時之序不可紊也。苟紊之，則時令乖張，民聽疑惑，雖耕耘斂藏亦將失其候，《堯典》所謂『欽若昊天，敬授民時』者，萬世不可易也。若夫正朔迭尙，不過以新民視聽，如大朝會大典禮等用此日，民曰歲首，太史公所謂『朝以十月者』是其例也。」（《叢書集成初編・寶顏堂祕笈》本）王氏於此未窮深詣，故其駁正顏師古漢初改月之說（見前引《前漢書・高帝紀》・元年春正月」注），不惟辭費，且有失誤。其言曰：『顏說非也。古者三正迭用，夏以寅月爲歲首，商以丑月爲歲首，周以子月爲歲首，而皆謂之正月。正者、長也，十二月之長也。獨秦自謂獲水德之瑞，於是詔改年始，朝賀自十月朔。《史記・曆書》謂之正以十月，又謂之秦正朔，漢初襲用之，《孝文紀》所謂今水德始明正十月也。然當時以十月爲歲首，究未嘗以爲四時之首，四時之首惟春耳，萬物孳萌於子，紐芽於丑，引達於寅，故夏之寅月，商之丑月，周之子月，皆謂之春。若亥月則天地閉塞，不可謂之春矣。（《秦始皇紀》：『維二十九年，時在中春，陽和方起。』云陽和方起，則爲建卯之月可知。然則孟春在建寅之月，而建亥之月不謂之春矣。）不可謂之春，則不可以爲正月。故《史記．秦始皇紀．漢高、惠、高后、文、景紀．秦楚之際月表》及本書《武帝紀》元封六年以前，凡歲首皆稱十月，無以爲正月者。其所謂正月，則在建寅之月。蓋當時曆用《顓頊》（見《史記．張蒼傳贊》及本書《律曆志》），建寅之月，《顓頊曆》之正月也。……秦及漢初，皆用《顓頊曆》，正月安得不建寅乎？曆譜最重建元，又安得於曆元所起之寅月不謂之正月，而以非曆元所起之亥月爲正月乎？』又曰：『合考諸書，則知亥月爲十月，寅月爲正月，乃當時本稱如是，非太初以後記事者所追改也。……蓋師古但知正以十月之文，以爲秦及漢初之正月必在此月。及其不合，則以爲後人追改。不知所謂正以十月者，謂歲首以十月，非謂改十月之號爲正月也。當時所用《顓頊曆》，惟以建寅之月爲正月，若以亥月爲正月，則《顓頊曆》無此法，故當時不能謂十月爲正月也。《顓頊曆》湮廢已久，後世鮮有習之者，宜乎昧於秦人月號之所由來，而妄生臆說矣。』其駁正顏說改月之非，援引《顓頊曆》，以證秦及漢初當時不能謂十月爲正月，於史確然有據。然而究不如周氏之指出『正朔』與『正月』原爲二事之便捷，且探本窮源也。《史記．曆書》有言：「昔自在古歷建正，作於孟春。於時冰泮發蟄，百草奮興，秭鳺先滜，物迺歲具，生於東，次順四時，卒於冬分時。……王者易姓受命，必慎始初，改正朔，易服色，推本天元，順承厥意。」是建正指歷天時而言，周氏所謂曆官紀年之所始也；正朔指列人事而言，周氏所謂史官紀年之所始也。夫四時之序，萬古不可易，故歷法建正，必於孟春，固不獨《顓頊曆》爲然，《上元太初歷》及黃帝調歷，亦莫不皆然。至於正朔，則隨遇而遷，靡有定焉。而王氏竟混同之，謂『古者三正迭用，夏以寅月爲歲首，商以丑月爲歲首，周以子月爲歲首，而皆謂之正月。正者、長也，十二月之長也。』不知何據？王氏既知顏師古『以十月爲歲首，即謂十月爲正月』之說爲非，安得云『古者三正迭用，而皆謂之正月』耶？又謂『四時之首惟春耳！萬物孳萌於子，紐芽於丑，引達於寅。故夏之寅月，商之丑月，周之子月，皆謂之春。若亥月，則天地閉塞，不可謂之春矣。』此亦不知何據？亥月不得謂之春固也，而丑月子月，皆得謂之春，則將置卯月辰月於何地耶？夷考王氏以至諸儒之混同『正朔』與『正月』，疑出於錯解《史記·歷書》之文——『夏正以正月，殷正以十二月，周正以十一月。蓋三王之正若循環，窮則反本，天下有道則不失紀序，無道則正朔不行於諸侯。』以爲『三王之正若循環，窮則反本』，皆指正月。不知三王之正乃指正朔而言，非謂建歷之正月也，《曆書》篇首已明言『古歷建正，作於孟春』矣。復觀《曆書》云：「黃帝考定星歷……於是有天地神祇物類之官……各司其序。……顓頊……命南正重司天以屬神。……堯……立羲和之官，明時正度。……年耆禪舜，申戒文祖云，天之歷數在爾躬。……天下有道則不失紀序，無道則正朔不行於諸侯。幽、厲之後，周室微，陪臣執政，史不記時，君不告朔。」益見《周正辯》謂正朔者史官紀年之所始，正月者曆官紀年之所始爲確鑿有據也。

抑《周正辯》所主『秦之正朔，以十月爲歲首，而非以十月爲正月』之論，因《雲夢秦簡》之出土（一九七五年十二月，考古學者於湖北雲夢縣睡虎地，發現十二座戰國末至秦之墓穴，在其中十一號墓穴發掘出秦簡一千多枝，內容豐富，爲研究秦史之珍貴資料）而得其實證，紛擾千多年之月改春移臆說，至是不攻自破。而周洪謨之卓識先發，尤使人欽佩不已。《雲夢秦簡．編年記》載：

> 昭王五十六年，後九月，昭死。正月，遫產。
>
> 今（始皇）七年，正月甲寅，鄢令史。
>
> 十八年，攻趙。正月，恢生。

按：秦以十月爲歲首，九月爲歲終，而歸餘於終，故閏月謂之後九月。若當時謂十月爲正月，則九月爲十二月，閏月當爲後十二月矣。且其先言後九月，次正月。當時果謂十月爲正月，則不當同繫一歲，而爲五十七年始合，更不當繫於閏餘之後也。亦唯有以建亥之月爲歲首，然後一歲之中常跨夏正之兩年，至於始皇七年及十八年之正月，徵諸餘簡之正月與十月一再同時並列（見後），亦足以推知其爲建寅之月而非建亥之月也。又《田律》載：

> 春二月，毋敢伐材木山林及雍隄水。不夏月，毋敢夜草爲灰。

此與《禮記．月令》：仲夏月『毋燒灰』之文相合。是知秦改正朔，但以十月爲歲首，並無改時改月也。若當時果謂十月爲正月，則此二月便爲夏正之十一月，時維仲冬，不得謂之春二月矣。又《金布律》載：

> 受衣者，夏衣以四月盡六月稟之，冬衣以九月盡十一月稟之，過時者勿稟。

此與《詩經·豳風·七月》：『九月授衣』《傳》：「九月霜始降，婦功成，可以授冬衣矣」之文相合。秦以十月爲歲首，周以十一月爲歲首，而授衣之月無別，可見改正朔絕無改時改月之舉也。《廄苑律》又載：

> 以四月、七月、十月、正月膚田牛。卒歲，以正月大課之，最，賜田嗇夫壺酉、束脯，……

……

此以十月與正月同時並列，而當時不以十月謂正月亦明矣，孰謂秦改十月爲正月哉！

復觀秦簡《日書》所載有關月次之排列，無論其爲起於十一月迄於十月（分別見於《日書》甲種及乙種之篇首，此所謂周正）；或起於正月迄於十二月（凡二十六處，此所謂夏正）；或起於十月迄於九月（僅見於《亦戈》篇，此所謂秦正），皆十月自十月，正月（或謂一月）自正月，二者判然不同，當時雖改正朔以十月爲歲首，而絕無謂十月爲正月者，蓋建歷仍舊，史稱其歷用《顓頊》是也。（見史記·張蒼傳贊）及《前漢書·律歷志》）王引之曰：「建寅之月，《顓頊歷》之正月也。《大衍歷議》引《洪範傳》曰：『歷記始顓頊《上元太始》：閼蒙（即閼逢）攝提格之歲，畢陬之月，朔旦己巳立春，七曜俱在營室五度。』（見《唐書·歷志》）案《爾雅》：『月在甲曰畢，正月爲陬。』畢陬之月，正月月在甲也。蔡邕《明堂明令論》引《顓頊歷術》亦曰：『天元正月己巳朔旦立春，日月俱起於天廟營室五度』，其以建寅之月爲正月明矣。」（《讀書雜志・漢書雜志・春正月》條）故曾憲通《秦簡日書歲篇疏證・三、秦楚月名及其相關問題》謂：「從……日書幾乎都用始正月終十月的月序看來，秦簡日書的用曆，正是正月建寅的夏曆。這是我們對日書用曆的基本估計。」（見《雲夢秦簡日書研究》及中山大學中文系主編《古文字學與語言學論集》）可惜曾氏亦未嘗讀周洪謨《周正辯》之文，不解『正朔』與『正月』之別，於『秦正』與『秦曆』之區分不甚了了，故其疏述《秦簡・日書・歲篇》用曆一節，不符史實，流於臆說。爰先具錄其所疏述各節於下，然後加以辯正：

從天文學的觀點看，所謂夏曆，並非真正行於夏時，它是春秋戰國時期的天文曆法家為了調整曆數與氣節之間的差異而託古建立起來的。所以，夏曆在天能同日月星辰的運行相應，在地能與四季農時相合，所謂『夏數得天』，就是這個道理。秦曆之所以只改歲首，而不改正月與四季搭配，正是由於以十月為正，與時令大有牴牾。只是為了附會『五德終始』之說，才改十月為歲首以牽合所謂『水德』，而實際上用的仍是『得天』的夏曆。……

現在再回到《歲》篇上來。……據對照表，秦四月為楚七月，秦五月為楚八月，……依此類推，楚曆十二個月之月次為：

一月冬夕　二月屈夕　三月援夕

四月刑夷　五月夏床　六月紡月

七月	八月	九月
十月	十一月爨月	十一月獻馬

按照這樣的序列，楚曆是以亥月為歲首，與夏曆、殷曆、周曆都不一樣。但是很明顯，這樣的月序是同楚月名之初誼不相符的。冬夕、屈夕、援夕三個月名皆稱為「夕」，根據饒宗頤教授的研究：「冬夕、屈夕、援夕相連在一年之終，故得稱為夕。」也就是說，楚月名之冬夕、屈夕、援夕，應分別指代楚曆中的十月、十一月和十二月。然而秦楚月名對照表上的冬夕、屈夕、援夕，卻是代表一月、二月、三月。這樣一來，「三夕」本為年終，卻變成年首，冬夕之「冬」原為四時之盡，反變為一歲之春了。殊不合理。……我們可以根據楚月名之初誼以恢復楚曆原來之序列：

一月刑夷	二月夏杘	三月紡月
四月	五月	六月
七月	八月爨月	九月獻馬
十月冬夕	十一月屈夕	十二月援夕

將此表與秦曆月次（暫不按十月為歲首之月次）作一比較，便可看清秦楚用曆的實質。

秦曆	正月	二月	三月	四月	五月	六月
楚曆	刑夷	夏床	紡月	七月	八月	九月
秦曆	七月	八月	九月	十月	十一月	十二月
楚曆	十月	爨月	獻馬	冬夕	屈夕	援夕

上表秦月次起於正月，迄於十二月，與夏曆月次無異。這樣的月次於秦之用曆既不違背，與楚代月名之初誼又相對應。二者在夏曆月次上顯示出來的一致性，表明秦曆和楚曆的共同基礎是夏曆。……按照楚月名原先的序列，紡月至爨月之間本是四月、五月、六月、七月，到秦楚月名對照表便變爲七月、八月、九月、十月了。這種改變，可能發生在楚地入秦之後，當是秦人用秦曆統一了楚曆的結果。……秦人爲何要改變楚曆的歲首和月次呢？王引之在《論夏正秦正紀歲相錯》中有一段話可以參考。他說：

> 秦自文公以建亥之月為歲首，而終於建戌之月，漢初因之，每歲取夏正之冬，並以第二年之春夏秋為一歲。於是一歲之中常跨夏正之兩年，而記歲之名亦兼年之甲子。如歲首為夏正甲寅年之冬，則紀歲可稱甲寅歲，而春夏秋則在夏正乙卯年中，故亦可以乙卯紀歲。……自太初二年以正月為歲首，與夏正同，故紀年之名，一年一易，不復跨兩年矣。（《經義述聞》卷三

十。按：當作卷二十九，曾氏誤記。）

王氏這裡說的是漢太初改曆前後的情況，然與秦楚用曆之差異正相彷彿，秦曆同太初前，楚曆類太初後。楚用夏曆，其紀歲之名一年一易，不必跨兩年。而秦則每歲取夏正之冬，益以第二年之春夏秋爲一歲。如不改動楚曆則秦曆一歲跨楚曆兩年，殊不統一。爲求一律，故秦人將楚曆第一年之冬與第二年之春夏秋連在一起，作爲一年，而以十月爲歲首，九月爲歲終，保持與秦曆一致，這便是《秦楚月名對照表》的來由。因此，我們稱這個表中的楚曆爲秦時楚曆，或許是比較切合實際的。

如果我們將《歲》篇開頭的楚曆，代之以《秦楚月名對照表》上相應的月份（外加圓括號），那麼，歲星在各個月份的運行方位是：

（四月）八月（十二月）東
（五月）九月（一月）南
（六月）十月（二月）西
（七月）十一月（三月）北

這是按照秦時楚曆代入的格式。在這個格式中，歲星的運轉如從一月計起，其行向則爲南西北東，方向與月份的搭配雜亂無章，極不規則，顯然不是制作者的用意。反之，如將《歲》篇開頭的楚月名代之以夏曆的月次，即戰國時的楚曆，那麼，歲星運行的方向與月份的搭配便井井有條地顯示出來：

正月五月九月　歲在東方

二月六月十月　歲在南方

三月七月十一月　歲在西方

四月八月十二月　歲在北方

這樣，歲星……每年自正月至十二月按東南西北方向運行，周而復始，表現十分有規律。由此證明，夏曆式的楚曆才是《歲》篇用曆的本來面目。……順便指出，在秦曆問題上，過去存在一個不太明確的觀念，即往往把秦之歲首與秦正混爲一談，或者把秦曆不恰當地稱爲秦正。從秦楚月名對照表看來，二者區分甚明。秦之歲首爲十月，但沒有改十月爲正月，故不能稱十月爲秦正。另一方面，秦仍沿用夏曆正月，也沒有改夏曆正月爲四月。因此，如果非稱秦正不可，便與夏正無異，更不能拿秦正來代表秦曆了。其實，所謂秦曆，有它自己特殊的內涵，即指秦以十月爲歲首，而又保留夏正月份與四季搭配，這是秦曆與「三正」不同的地方。

首先，要指出者：曾氏誤將秦之歲首與秦正歧爲二物。不知所謂秦正也者，以冬十月爲歲首之謂也。曾氏殆不知『王者易姓受命，必愼始初，改正朔，易服色，推本天元，順承厥意』（《史記．歷書》語）之旨，謂『秦沒有改十月爲正月，故不能稱十月爲秦正。』不知周亦未改十一月爲正月，殷亦未改十二月爲正月，而並得與夏之正月稱爲「三正」，此又何說耶？蓋秦正之正，與夏殷周三王之正，皆指其列人事之『正朔』而言，而非謂歷天時、建正作於孟春之『正月』也，如何不能稱十月爲秦正乎？氏又謂秦曆與『三正』不同，『有特殊內涵，即以十月爲歲首，而又保留夏正與四季搭配。』此又混同『正朔』與『正月』，自毀其上文所說『秦曆與秦正不得混爲一談』之明見。然其謂秦曆不改正月與四季搭配（即不改時與月），則確鑿不移，特不當云『秦曆只改歲首』耳。

其次，曾氏據《歲》篇《秦楚月名對照表》指陳經秦人改變之楚曆以亥月爲歲首，其月序與楚月名之初誼不符。『三夕』本爲年終而變成年首，冬夕之『冬』原爲四時之盡，反變爲一歲之春，殊不合理。誠以自古曆法建下，皆作於孟春，有秦曆用《顓頊》，皆知其以建寅之月爲正月矣。曾氏亦謂秦簡日書之用曆，正是正月建寅之夏曆，然則世上安可能有此歲星運行方向與月份搭配雜亂無章、極不規則之《秦時楚曆》者乎？曾氏蓋不知《歲》篇《秦楚月名對照表》所顯示者，根本爲楚人奉行秦廷正朔而作，而非楚曆也。《史記・歷書》稱：「天下有道則不失紀序，無道則正朔不行於諸侯。」又謂：「秦滅六國，頗推五勝，自以爲水德之瑞，……而正以十月。」於時楚地入秦，秦正施於楚地乃當然之舉，此乃《秦楚月名對照表》之由來。曾氏於此不得其義，無端翻出幾許不切實情之推斷，其於曆也，不亦徒勞乎？

再者，曾氏由於不達《秦楚月名對照表》由來之底蘊，強作解人，謂《秦時楚曆》乃秦人用秦曆統一楚曆之結果，援引王引之《論夏正秦正紀歲相錯》爲說。不知王文所論乃正朔之『正』，且篇首引《史記・數書》說脩數之事曰：「日辰之度，與夏正同，是數法以夏正爲本也。」此《周正辯》所謂『史官紀年之所始』是也。秦簡《編年記》昭王五十六年：「後九年，昭死。正月，遬產。」即其明證。漢初以冬十月五星聚於東井（在秦地），高祖始至霸上，亦自以爲獲水德之瑞，因襲秦正朔不革。故太初正曆之前，史官紀年，皆以十月爲歲首。如《前漢書・武帝紀》太初元年載：「冬十月，行幸泰山。十一月，甲子朔旦冬至，祀上帝於明堂。……十二月，禮高里，祠后土，……二月，起建章宮。夏五月，正歷，以正月爲歲首。……秋八月，行幸安定。」其紀歲皆跨夏正之兩年，而四時月次不改。足知無論其爲太初正曆前之曆用《顓頊》（見《史記・張蒼傳贊》及《前漢書・律曆志》），或太初改曆之後，未有建正不作於孟春之月者。然則所謂『秦時楚曆』云云，乃嚮壁虛構之臆說而已，實無勞曾氏爲之恢復本來面目也。

順帶一說，文學史上備受爭議之《古詩十九首》年代問題，主兩漢之作者，每舉太初正曆前以十月爲歲首，與夏正相差一季爲據，以爲南山可移，月改春移之案不可移。至是，因《雲夢秦簡》之出土而完全推翻，再不能節外生枝矣。本書上編《古詩『秋草萋已綠』及『涼風率已厲』試解》一文，於此有詳細之辯解，可參閱。

一九九三年七月十二日初稿

載香港嶺南學院中文系系刊第一期

也談五四運動與中國傳統

五四運動距今不足百年，而國人對此運動之認識，已樊然淆亂，莫衷一是。其中以五四運動與新文化運動混爲一體者最具影響力。其說國父孫中山先生啓其端，先生於民國九年一月二十九日與海外同志書曰：

自北京大學學生發生五四運動以來，一般愛國青年無不以革新思想，爲將來革新事業之預備，於是蓬蓬勃勃，發抒言論，國內各界輿論，一致同唱，各種新出版物爲熱心青年所與辦者，紛紛應時而出，揚葩吐艷，各極其致，社會遂蒙絕大之影響。……此種新文化運動，在我國今日誠思想界空前之大變動。……吾黨欲收革命之成功，必有賴於思想之變化，兵法攻心，語曰革心，皆此之故。故此種新文化運動，實爲最有價值之事。

其後毛澤東先生繼之曰：

五四運動的傑出的歷史意義，在於它帶著爲辛亥革命還不曾有的姿態，這就是徹底地不妥協地反帝國主義和徹底不妥協地反封建主義。……五四運動所進行的文化革命則是徹底反封建文化的運動，自有中國歷史以來，還沒有過這樣偉大而徹底的文化革命。當時以反對舊道德提倡新道德，反對舊文學提倡新文學，爲文化革命的兩大旗幟，立下了偉大的功勞。（《毛澤東選集・二卷・新民主主義論》）

馴至以研究五四運動蜚聲國際之周策縱先生，於其《五四運動史・第一章導言五四運動的意義》稱：

「五四運動」是一個復雜現象，它包括新思潮、文學革命、學生運動、工商界的罷市罷工，抵制日貨運動，以及新知識分子所提倡的各種政治和社會改革。這一連串的活動都是由下列兩個因素激發出來的：一方是二十一條要求和山東決議案所燃起的愛國熱情；另一方面是知識分子的提倡學習西洋文明，並希望能依科學和民主觀點來對中國傳統重新估價，以建設一個新中國。

又謂：

我們很有理由把「五四時代」定在一九一七年到一九二一年這段時期之內。

總之，五四運動應看作歷史整體發展過程中的一個階段；事實上，自十九世紀西方勢力開始撞擊古老的中國，中國就開始了她的蛻變，她調整了腳步，走了相當遠的一段路程來適應現代文明，而五四運動實是這段旅程中，要事頻繁，最富於決定性的一個階段。（據周陽山《五四與中國》鍾玲譯本）

周氏又於五四運動六十週年接受《明報月刊》總編輯胡菊人先生訪問，發表《五四的成就，五四的感召》稱：

五四運動是中國知識分子首次覺察到有徹底改革中國文化與社會思想的必要。……五四運動的力量不單祇影響了政府的外交政策，更重要的是對新思想，新文化及新文學的推進產生了莫大的助力。由愛國運動，發展爲批評傳統文化，推進新文化的產生，是五四運動最具特色之處。

根據親手草擬《五四北京學界全體宣言》之羅家倫先生《逝者如斯集・蔡元培先生與北京大學》一文所說：「在他主持北大的時候，發生了三個比較大的運動。第一是國語文學運動。（按；時維民國五年）……第二是新文化運動。（按：時維民國六年）……第三是五四運動。（按：時維民國八年）五四運動也很簡單，他是爲山東問題中國在巴黎和會裡失敗了。國際間沒有正義，北京軍閥官僚的政府又親日恐日，辱國喪權，於是廣大的熱血青年，發生這愛國運動。……中國歷史上漢朝和宋朝太學生抗議朝政的舉動，也給大家不少的暗示。五四那天發表的宣言，也是那天唯一的印刷品，原文如下：『現在日本在國際和會，要求併吞青島，管理山東一切權利，就要成功了。他們的外交，大勝利了。我們的外交，大失敗了。山東大勢一去，就是破壞中國的領土。中國的領土被破壞，中國就要亡了。所以我學界，今天排隊到各公使館去，要求各國出來維持公理，務望全國農工商各界，一律起來，設法開國民大會，外爭主權，內除國賊。中國存亡，在此一舉。今與全國同胞立下兩個信條：㈠中國的土地，可以征服而不可以斷送！㈡中國的人民可以殺戮而不可以低頭！國亡了，同胞起來呀！』」在此之前林長民於五月二日在《晨報》發表《山東亡矣》云：「膠州亡矣，山東亡矣，國不國矣，此惡耗前兩日僕即聞之。今得梁任公電，乃證實矣。……聞日本力爭之理由無他，但執一九一五年之《廿一條約》，及一九一八年之《膠濟換文》及諸鐵路草約爲口實。……此皆國民所不能承認者也。國亡無日，願和四萬萬民衆誓死圖之！」此條《晨報》新聞，不但激起三千學生的運動，並引起日本小幡酉吉公使之抗議。……原文如下：「連日中國商學各界，以山東問題，群起抵制日貨，本公使深致不懌！五月二日，《晨報》及《國民公報》載有林長民君外交問題警告國人一文，內有『山東亡矣，國不國矣，聯合我四萬萬之民衆，全力圖之』等語。此次學潮，自與此文不無關係，應請貴國政府警告林君，加以取締，請限期答覆！」（見梁敬錞《日本侵略華北史述・我所知道的五四運動》）足徵『五四運動』實動機純潔，目的對外，手段和平。蓋於五月三日晚之決議案中見之。準此而觀，五四運動原來是繼承中國歷史傳統之簡單學生愛國運動，《北京學生宣言書》謂『學生等以內除國賊，爲外爭國權之資，爰有五四運動』是也。與國語文學動及新文化運動實不可同年而語，又何勞周氏刻意使之複雜化哉！而國語文學運動及新文化運動之首腦胡適之先生，亦認爲『五四運動』一詞不應包括新文化運動在內，蓋新文化運動乃獨立存在者也。夫孫、毛二氏之將五四運動與新文化運動混爲一談，以爲其革命事業推廣之資，猶情有可原，而治史者則不容任情闡釋也。

復觀陶希聖《潮流與點滴・從五四到六三》云：「北大的學生紛紛集會……那些演講的人們沒有北大的教職員，也很少看見白話文學或新文化運動諸位的蹤跡。……五四運動從前到後，除蔡校長勸導之外，沒有教職員參加。……陳獨秀是文科學長，並未曾參加學生運動。學生的會議或大會裡更沒有他的影子。胡適之此時到上海去了（迎接來華的老師杜威），根本不在北京。李大釗是在北大圖書館。圖書館的職員在學生中間沒有說話乃至交往的地位。」而李大釗之評論五四也，但云：「五月四日一天，是中國學界……用一種直接行動，反抗強權世界。」（一九二一年五月四日《晨報》又云：「此次五四運動，係排斥大亞世亞主義，即排斥侵略主義……故鄙意以為此番運動僅認為愛國運動，尚非恰當，實為人類解放運動之一部分也。」）（一九一九年，十月十二日《國民雜志》第二卷第一號）皆無一語涉及文化革命。證諸當日上海全國學生聯合會籌備會通電各地學生聯合會『外爭國權，內除國賊為我學界揭櫫之唯一宗旨』之語，吾人固不得節外生枝，而使之複雜化也。誠如林自森先生《五四運動求原》所言：

新文化運動主張摒棄從孔子以來的思想倫理道德文學，他們主要的言論，如陳獨秀提『德先生』和『賽先生』，吳虞提出「打倒孔家店」，胡適的『整理國故，輸入學理』，周樹人說中國歷史『吃人』，陳序經的『全盤西化』，以及吳稚暉先生主張把線裝書丟進茅坑至少三十年等等，在精神上是全部師法西方，鄙視中華民族的歷史和文化遺產。五四運動產生的最直接原因，是反對巴黎和會將山東權益讓給日本，是要收回德國在第一次世界大戰以前佔據的山東權利，是以國家的利益放在一切考慮之上的運動。如果我們多想一想，山東正是孔子的故鄉，便不難明瞭為甚麼當時山東省民痛哭流涕地說：『山東可以割，何處不可割』的心境了。因此，我們有理由相信，五四運動不僅不反對傳統民族文化，甚而肯定了民族歷史文化的價值。……基於上述……理由，毫無疑問，五四運動絕不是新文化運動。

抑五四運動不惟不反對傳統民族文化，且建基於傳統文化而發生，特不如部分時賢所論者耳。例如余英時先生對五四運動與傳統之關係便有一高深莫測之大文——《五四運動與中國傳統》，爲方便參詳，錄之如下：

『五四』運動的倡導者一方面固然受到前一時代學人所鼓吹的進化論、變法、革命等等源於西方的社會政治思想的深刻而明顯的刺激，但另一方面則在不知不覺中接受了他們對於中國傳統的解釋。因此，要分析『五四』與傳統之間的複雜關係，我們便不能不上溯到清末民初的中國思想界。而康有爲與章炳麟兩人更是佔據了中心的地位。……對於新思想運動的風氣，康、章都有其創始之功。不但五四運動打破傳統偶像的一般風氣頗導源於清末今古文之爭，而且它的許多反傳統的議論也是直接從康、章諸人發展出來的。……梁啓超分析康氏《新學僞經考》和《孔子改制考》兩書對思想界的影響共分四點。其中第三、第四兩項都和『五四』的新思想運動有直接的關係。……章炳麟……在對待舊傳統的態度上則與康氏有異曲同工之妙。最近錢賓四師論章氏《國故論衡》一書，有非常深刻的觀察。他說：

『太炎深不喜西學，然亦不滿於中學，故其時有國粹學報，而太炎此書特講國故，此國故兩字乃爲此下提倡新文化運動者所激賞。論衡者，乃慕王充之書。太炎對中國已往二千年學術思想，文化傳統，一以批評爲務。所謂國故論衡，猶云批評這些老東西而已。故太炎此書即是

一種新文化運動，惟與此下新文化運動之一意西化有不同而已。』（中央研究院成立五十週年紀念論文集，第二輯，《太炎論學述》）

章氏對中國傳統的態度影響胡適最大，所以胡適的《中國哲學史大綱》上卷〈自序〉對於當代學者最感謝章太炎先生。……『五四』以來大家所推崇的非正統的思想家如王充、嵇康、阮籍、顏元、戴震等人差不多都先由他作過近代的評價。……章氏雖沒有公開反對禮教，但他提倡『五朝學』，盛稱錢大昕《何晏論》爲何氏辨誣，對玄學清談有著相當高的估價，甚至嵇康『非湯武而薄周孔』之語他也從當時政治背景上去加以同情的解釋。這一點對魯迅的反傳統、反禮教思想尤其有很深的淵源。……由於章氏的提倡魏晉文章，魯迅從此便對嵇康集發生了濃厚的興趣，……一部嵇康集便不知校過多少次。但更值得注意的是他在思想人格方面所受到的孔融、阮籍、嵇康等人的影響。……

我們有了魯迅的例子便最能明白『五四』的新文化運動，其所憑藉於舊傳統者是多麼的深厚。當時在思想界有影響力的人物。在他們反傳統、反禮教之際，首先便有意或無意地回到傳統中非正流或反正統的源頭上去尋找根據。……所以在五四時代，中國傳統中一切非正統、反正統的作品（從哲學思想到小說戲曲歌謠）都成爲最時髦的，最受歡迎的東西了。胡適把『整理國故』當作『新思潮的意義』的一部分，正可見『五四』與傳統之間是有著千絲萬縷的牽連的。（見汪榮祖編《五四研究論文集》）

原來余英時先生所說之『五四運動』是指廣義之一種文化運動或思想運動而言者，其誤與周策縱無異，林自森先生已駁正此說之非矣。余文篇中引述錢賓四師論章氏之《國故論衡》爲一種新文化運動，作爲其疏解五四運動在思想方面和中國舊傳統有千絲萬縷關係之張本。不知錢先生乃視五四運動實與新文化運動有別者，先生於其《回念五四》一文曰：

五四運動畢竟和新文化運動有別。五四運動主要是一種民族復興意識之強烈的表現，新文化運動則是一種自我文化之譴責與輕蔑。照理，民族復興，必與文化新生相依隨，相扶翼。文化是民族之靈魂，民族是文化之骨骼。二者同根同源，無可畫分。對自己傳統文化極度譴責輕蔑，這是民族精神之衰象，決不能與要求民族復興的強烈意識同時並壯。中國近百年史，所以只成爲一段悲苦紛亂的歷史，正爲在民族復興意識強烈要求的主潮浮層，有此一種對自己傳統文化極度輕蔑，極度厭棄的逆流來作領導。（《歷史與文化論叢》第四篇）

抑余氏之誤，尚不在其混同五四運動與新文化運動，而尤在其以新文化運動之反傳統爲傳統，遂生出『五四運動雖然以提倡新文化運動爲主旨，而其中仍不免雜有舊傳統的成份』（《五四研究論文集》，頁一一三）之『妙論』。誠如錢先生所言：『論衡者，乃慕王充之書。太炎對中國已往二千年學術思想，文化傳統，一以批評爲務。所謂國故論衡，猶云批評這些老東西而已。』余氏又安得目批評傳統者爲傳統之背情悖理哉！然則五四運動果與傳統無涉乎？曰：『否！否！五四運動實秉承我國歷史上學生愛國運動之優良傳統而發者，親手草擬《五四北京學界全體宣言》』之羅家倫先生已明言之矣。（見前）而最無稽者竟謂『五四運動是在當時世界革號召下，是在俄國革號召之下，是在列寧號召之下發生的。』（鄧拓《誰領導了五四運動》引毛澤東先生《新民主主義論》語，華中工學院馬克思列寧主義資料室編：《五四運動文輯》）此眞數典而忘其祖者也。請觀當日上海全國學生聯合會籌備會於五月十二日致電全國之全文云：

各省省議會，各農、商、工會、教育會，各報館均鑒：比以外交失敗，禍變荐臻，凡屬有生之倫，莫不切齒痛恨于賣國賊，憤欲手刃其頭，漆爲飲器，寢皮食肉猶嫌寬縱，而政府優庇曲護，始則褒辭挽留，繼則寵令慰勉，忍令梟獍當道，逆勢熏赫，至使莽莽神州，無公理、無法律而獨有賣國賊，士類寒心，弦歌輟響，停工罷市，于焉激成，全國陷于生機奄奄者數日矣。至昨晚，始有准免曹汝霖、陸宗輿、章宗祥本職之消息，不知者或謂民氣可畏，政府已稍挫鋒鋩，實則如曹、陸、章實繁有徒，若段祺瑞、徐樹錚實爲元惡，倘不除惡務盡，雖有華盛頓莫與維新，陳東等之伏闕上書，庸有濟耶？同人等力竭聲嘶，無復凭借，寧漢學生橫被軍警凌虐，忍病扶傷，哭聲震地，惟愿國賊早日翦除，此身生死罔所計較。務望國內明達本我智仁勇之國風，共起討賊，或訴諸法律以繩其奸，或形諸輿論以遏其焰，積極進行，再接再勵，庶幾國運方有休明之一日也。迫切陳詞，伏維亮察。上海全國學生聯合會籌備會叩，侵。

其思慕效陳東等之上書翦除國賊，彰彰明甚。按：陳東，宋朝丹陽人（在江蘇鎮江縣南）。史稱其俶儻負氣，以貢入太學。欽宗即位，與陳朝老率衆上書請誅蔡京、梁師成、李彥、朱勔、王黼、童貫六人以謝天下。主張抗金之李綱罷，東復率諸生伏宣德門上書請留李綱而罷黃潛善、汪伯彥，不報。請親征以還二聖，又不報。會布衣歐陽澈，亦上書言事，語涉高宗，爲黃、汪所構，並斬於東市。陳東等之上書請留李綱誅蔡京輩，與全國學生聯合會籌備會之要求翦除國賊，先後如出一轍，孰謂五四運動爲反傳統耶？復觀其當日所作之電文，通篇全用文言。除卻羅家倫之宣言外，其餘一切有關五四運動之宣言、書辭、通電、呈文、專著等等，莫不以文言出之。（具見中國社會科學院近代史研究所近代史料編輯組編：《五四愛國運動》）所謂『五四運動對新文學之推進產生莫大助力』（周策縱先生語）之實安在哉！而最可笑者爲陳毓祥於香港專上學生聯會紀念五四四十五週年大會，以《從『五四精神看當前學運方向』》爲題發表講話：『五四運動提出了「打倒孔家店」的口號』。又謂『五四運動又是文化革新的運動』（香港專上學生聯會出版《五四紀念特刊》）。彼蓋不知有『骨可碎，身可粉，孔孟聖域決不可使外人稍有侵犯。』（雲南留日同學通電語），與夫『青島乃海濱要塞，山東爲文化淵源，此而不保，國于何有』之語（五月九日上海學生聯合會成立之《上海學生聯合會宣言(一)》）。

更遑論國民外交協會之宣言也：

「青島何地也？山東何地也？此鄒魯之名邦也，此孔孟之聖跡也。以我國之耶路撒冷，爲數千年民族信仰之中心，文明吐露之源泉；此乃我國民所形影相依，萬不容他人之鼾睡于臥榻之側者。無端而有德國之豪奪於前，有日本之巧取於後，侵犯我文化之發祥地；彌天大辱，九世深仇，凡有血氣，誰能忍此！」

復觀巴黎和會，我國代表提出《山東問題說帖》之《綱要（丙）中國何以要求歸還》之三曰：

以歷史言之，山東爲中國兩大聖賢孔子、孟子誕生地，中國文化所肇始，實人民之聖域。中國崇奉孔教之文儒，每歲跋涉至此，省謁聖迹於曲阜者，數以千計，全國人民之目光，胥集於此。蓋中國之發展，此省之力爲多，今猶然也。（《五四愛國運動》龔振黃編《青島潮》第三章《青島問題與歐洲和會》）

蓋朝野上下，同此一心。安得云五四運動提出『打倒孔家店』一類無知之讕言哉！

綜上所言，五四運動之與新文化運動，若區而別之，則怡然順理；苟混而同之，則窒礙難通。吾人何必強作解人，使此本來秉承優良傳統之簡單愛國運動，無端變成複雜之反傳統運動哉！

原載香港嶺南學院中文系《文苑》第二期